가만히 있지 못하는 아이들

ADHD

Teaching the Restless

가만히 있지 못하는 아이들

ADHD

Teaching the Restless

크리스 메르코글리아노 씀 * 조응주 옮김

민들레

차례

2부 변화하는 아이들

한국어판 서문

약점을 파고들기보다 장점을 키워주는 교육

무언가에 집중하거나 가만히 앉아 있거나 충동을 참는 것을 힘들어하는 아이들, 또는 다른 아이들보다 유난히 에너지가 넘치는 아이들이 있습니다. 그런데 이런 아이들이 어떤 의학적 질병을 앓고 있다는 생각은 근대적 사고가 만든 허상입니다. 아이들이 무언가 '결핍'되었을 때 그 원인이 단 한 가지라고 보는 기계적 사고, 이것이야말로 진짜 장애입니다. 이 기계적 사고에 의하면, 아이들의 결핍은 뇌의 화학적 불균형 때문이며, 이 불균형은 또 유전에서 비롯된다고 합니다.

이런 사고방식은 오늘날 점점 더 많은 심리학자와 의사와 교육자들에게 영향을 미치고 있고, 전염성이 강해서 암세포처럼 지구 곳곳에 퍼지고 있습니다. 최초로 발병한 것은 1960년대 미국에서였습니다. 당시 백인 중산층 학생들 중 글을 배우지 못하는 아이들이 갑자기 늘어나기 시작했습니다. 그 전에는 주로 소수인종이나 저소득층 아이들한테서 이런 문제가 나타났었는데, 당시 교육자들은 원인을 '사회적 박탈'에서 찾았었습니다. 그런데 백인 중산층 아이들까지 비슷한 문제를 겪게 되자, 걱정이 된 부모들은 다른 설명을 찾아내라고 요구하기 시작했고, 교육 및 의료 당국은 머리를 맞대더니 잘 배우지 못하는 아이들에게 '학습장애'가 있다고 발표하기에 이르렀습니다. 그리고 학습장애의 원인은 아직 밝혀지지 않았지만 환경적 요인보다는 유전적 요인이 분명하다고 주장했습니다.

그러다 1970년대에 이르면서 어떤 학생들은 뇌에 도파민이라는 신경전달물질 수치가 상대적으로 낮다는 연구결과가 나왔습니다. 도파민은 뇌가 무언가에 집중하게 해주는 기능과 연관이 있는 것으로 알려져 있는데, 연구자들이 문제의 학생들에게 약물을 투여해서 도파민 수치를 올렸더니 일부 학생들이 더 쉽게 진정을 하고 학업에 집중했다고 합니다.

그렇게 문제의 원인을 발견했다고 생각한 의학계는 문제에 새로운 이름을 붙이게 되었습니다. 바로 주의력결핍과잉행동장애(ADHD)라는 '병명'입니다. 그때부터 학교에 적응하지 못하는 아이들은 죄다 이 병에 걸렸다는 단세포적 사고가 모든 영어권 나라로 퍼지기 시작했고, 최근에는 한국과 일본에까지 번지게 되었습니다.

아이의 행동에 대한 이해를 단지 신경화학적 설명으로 국한시키는 것은 터무니없고 위험한 생각입니다. 터무니없다고 말하는 데는 몇 가지 이유가 있는데, 우선 이 생각이 뒤떨어진 과학에 근거를 두고 있기 때문입니다. 예를 들어 유전자가 그 자체만으로 아이의 발달을 좌우하지 않는다는 사실은 이미 최첨단 생물학 연구를 통해 밝혀졌습니다. 사실 머리카락이나 눈동자 색깔 같은 사람의 기본적인 생김새를 결정하는 유전자 말고는 모든 유전자가 환경에서 오는 자극에 의해 작동하게 됩니다. 뇌 안에서 뉴런의 수와 모양을 결정짓는 것은 유전자이지만, 아이가 무언가를 배울 수 있도록 뉴런들을 연결시켜주는 것은 후천적 경험의 몫이 절대적입니다. 조각가가 조각상을 만들어내듯이 경험이 서서히 신경계를 조각하는 것입니다.

위의 새로운 과학적 발견이 시사하는 바는 실로 어마어마합니다. 한마디로 아이의 발달에 영향을 미치는 요인들은 매우 복잡하다는 사실을 우리에게 일깨워주고 있습니다. 다운증후군 같은 희귀한 유전적 결함을 제외하면 그 어떤 문제도 단 하나의 원인에서 비롯되지 않습니다. 아이가 정말로 배우는 것을 힘들어 한다거나 건강에 해로울 정도로 활동적이라면 다양한 원인이 있을 테고, 대부분의 경우 그 원인들은 서로 연관되어 있을 겁니다. 또한 똑같은 방식으로 똑같은 시간에 발달하는 아이는 한 명도 없습니다. 모든 아이들이 저마다 서로 다른 내외적 여건 속에서 자라기 때문입니다.

아이의 발달 및 행동 상의 문제를 신경화학적으로만 해석하는 것이 위험하다고 말하는 데에는 두 가지 이유가 있습니다. 우선 뇌의 신경화학적 구조를 조절하기 위해 사용되는 약물은 매우 독하기 때문에 심각한 부작용을 일으키고, 때로는 돌이킬 수 없는 문제를 초래합니다. 예를 들어 ADHD 처방약은 두통, 식욕부진, 신경과민, 심장마비 등을 일으킬 수 있고, 심지어 뇌 크기를 영구적으로 축소시킬 수도 있습니다. 신경화학적 접근이 위험한 두 번째 이유는, 약물요법으로 문제를 해결하려다 보면 아이의 삶에서 찾아야 할 문제의 또 다른 원인들이 관심 밖으로 밀려나기 때문입니다. 내가 개인적으로 교사생활을 하면서 관찰한 바로는 주의력이 부족한 학생들 대부분이 제대로 된 관심을 받지 못하는 것이 진짜 문제입니다. 아이들에게 '결핍'된 것은 자신의 주의력이 아니라 우리의 관심인 것입니다.

내 직업적 경험은 위에 제시한 이론을 완벽하게 뒷받침해준다고 할 수 있습니다. 나는 35년 동안 알바니 프리스쿨이라는 학교와 함께 해왔는데, 우리 학교는 주어진 환경에 적응하지 못하거나 주변의 기대에 못 미치는 아이들에게 꼬리표를 달고 약물을 처방하는 방식을 거부합니다. 우리는 쉼 없이 날갯짓을 하는 벌새를 닮은 아이들, 진득하니 앉아서 읽기와 쓰기, 수학과 같은 정신노동에 집중하기 싫어하는 아이들을 '주의를 쉽게 다른 데로 돌리는 아이들'이라고 부르지, 절대 ADHD가 있다고 말하지 않습니다. 그리고 우리가 보기에 한시도 가만 있지 않는 아이는 매우 활동적인 것이지, '과잉행동'은 아닙니다. 전자는 아이를 묘사하는 단어고, 후자는 아이를 규정짓는 단어입니다.

우리 학교에서는 학생들의 약점을 파고들기보다는 장점을 키우려고 합니다. 우리가 깨달은 바에 의하면, 아이들은 자기가 집중하고 싶은 대상에 집중할 수 있도록 해주었을 때 그 대상이 그림 그리기든, 시 쓰기든, 무술 동작이든, 시간 가는 줄 모르고 열중합니다. 아이들에게 선택권을 내주었을 때, 아이들은 좋은 책을 집어삼킬 듯이 읽어버리고는 또 책을 찾습니다. 반면 배울 의욕도 흥미도 없는 아이들에게 억지로 배움을 강요하면, 그때부터 모든 문제가 시작됩니다.

우리 학교는 항상 이런저런 활동으로 시끌벅적하기 때문에 아무리 활동적인 아이라고 해도 튀지 않을 뿐더러 문제가 되거나 문제아로 여겨지지 않습니다. 나아가 우리 학교는 아이들이 마음껏 달리고 뛰어오르고 기어오르고 소리 지르고 춤추고 흙 파고 목공실에서 무언가 만들게 해줍니다. 그러다 보면 조금씩 차분해지면서 스스로 에너지를 조절하는 능력이 생긴다는 것을 알기 때문입니다. 행동조절 약물이 그 능력을 대신 해줄 필요가 없습니다.

배우는 것을 힘들어 하거나 감정조절을 잘 못하는 아이들은 수백만 명이 똑같이 앓고 있는 무슨 유전적 장애가 있어서 약물요법을 필요로 하는 아이들이 아닙니다. 각자의 고유한 처지에서 자신만의 문제를 겪는 아이들입니다. 그리고 그 문제를 스스로 극복하기 위해서 이 아이들이 필요로 하는 것은 자신을 있는 그대로 받아주고 믿어주는 사람들과 자신에 대한 이해를 키우고 자신만의 개성을 개발할 수 있는 환경입니다. 그리고 무엇보다도 이 아이들은 애정 어린 관심을 듬뿍 받아야 합니다. 꼬리표와 약물로는 대체할 수 없는 우리의 관심 말입니다.

아무쪼록 이 책이 한국의 어른들에게도 많이 읽혀서 아이들도 어른들도 꼬리표와 약물을 달고서 잘못된 길로 접어들지 않을 수 있게 되길 바랍니다.

2009년 9월

들어가는 이야기

이 아이들에게 결핍된 것은 '주의력'이 아니다

이 책은 교실이라는 환경에 적응하지 못한다는 이유로 신경정신과 치료제를 처방받는 아이들이 심각하게 늘어나는 추세에 대한 대응이다. 전국 차원의 통계는 없으나, 현재 미국 남자아이들의 약 15~20퍼센트가 학교에서의 행동이 문제가 되어 리탈린이라는 이름으로 더 널리 알려진 메틸페니데이트나 그 비슷한 각성제를 복용하고 있는 것으로 추정된다. 이들 대다수는 예닐곱 살 때부터 약물을 복용하는데, 복용을 시작하는 연령은 현재 점점 낮아지고 있다. 「미국의학협회지」 2000년 2월호에 실린 조사결과에 따르면, 1991년에서 1995년까지 만 두 살과 네 살 아이에게 리탈린을 처방하는 건수가 3백 퍼센트 가까이 증가했다고 한다.

리탈린 같은 신경정신과 치료제는 아이들의 행동 중 유기적 장애에 따른 증상으로 분류되는 몇 가지 행동에 대해 의료업계가 내놓은 대책이다. 오늘날 이러한 장애에 붙여진 이름은 우스꽝스러울 정도로 많이 생겨났다. 끈질기게 말을 안 듣는 아이들은 품행장애conduct disorder(CD)를 앓는다고 표현하고, 그보다 더 심각한 경우는 적대적 반항장애oppositional defiance disorder(ODD)라고 말한다. 남들과 어울리지 못하는 아이들은 반사회성 인격장애antisocial personality disorder(APD)로 분류된다. 불안하고 변덕스러운 아이들은 범불안장애generalized anxiety disorder(GAD), 괴이하거나 역기능적인 행동을 습관적으로 보이는 경우는 강박증obsessive compulsive disorder(OCD)이라고 말한다. 이 책에서는 교실 물을 흐리는 미꾸라지 취급을 받는 아이들을 통틀어 부를 때 사용되고 있는 명칭, 즉 주의력결핍과잉행동장애(ADHD attention deficit hyperactivity disorder)만 사용하겠다.

ADHD는 여러 다른 반응을 불러일으키고 있다. 양극화된 논쟁의 한 극단에는 ADHD라는 질병이 존재한다고 절대적으로 믿는 주류 교육자와 아동심리학자, 소아과 전문의, 뇌과학자, 학부모 등이 있다. 이들이 볼 때 지나치게 활발하거나, 지나치게 산만하거나, 지나치게 고집이 세거나, 지나치게 충동적이거나, 지나치게 인내심이 없거나, 지나치게 감정적이거나, 지나치게 공격적인 아이들은 유전으로 추정되는 뇌의 생화학적 불균형이 문제인 것이다. 이러한 불균형의 결과로 뇌는 스스로의 활동, 예컨대 무언가에 집중하거나 충동을 제어하는 기능을 가능하게 해주는 신경전달물질이 부족해진다. 따라서 각성제를 복용하면 신경전달물질을 내보내는 뇌의 관제센터가 깨어남으로써 아이가 보다 고분고분해지고 집중력도 향상된다는 것이다.

반대 극단에는 ADHD가 존재하지도 않는다고 확신하는 심리학자와 과학자, 학부모가 연대를 형성하고 있는데, 지금은 작지만 빠르게 세를 불리고 있다. 이들은 특정 증상을 장애로 분류할 만한 과학적 근거가 부족하다는 비판과 함께 치료법으로 약물을 사용하는 것은 부당하고 백해무익한 개입이라고 주장한다.

양 극단 사이에는 각양각색의 입장을 취하는 단체와 개인들이 있다. 예를 들어 어떤 사람들은 ADHD라는 진단은 유효하다고 믿되 치료제로 사용되는 약물이 위험한 데다 과잉처방되는 경향이 있다고 지적한다. 이들은 약물이 아닌 행동적 개입을 선호하고, 맞춤 식단, 동종요법, 자연약초 등 대안적 치료법을 권장한다. 또 다른 이들은 생체자기제어 또는 바이오피드백 요법을 활용하면 주의가 산만하고 충동적인 아이들도 집중력과 자기 통제력을 키울 수 있다고 주장한다. 그리고 또 다른 이들은 ADHD 아이들이 사실은 뛰어난 지능의 소유자이기 때문에 그들의 엄청난 인지력과 빠른 두뇌회전에 걸맞는 학습 환경을 만들어줘야 한다고 믿는다.

ADHD를 둘러싼 논란은 이 문제의 복잡성을 반영한다고 하겠다. ADHD라는 꼬리표가 붙여진 아이들 중 대다수는 아무런 문제가 없는 아이들이다. 문제는 이들의 고유한 욕구와 개성을 받쳐주지 못하는 학교 환경에 있다. 또 어떤 아이들은 초기에 학습장애가 있다는 이유로 ADHD 진단을 받지만, 이러한 학습장애는 유기적 결함이 아니라 배움에 자신을 투자할 준비도 의지도 능력도 없는데 공부를 강요당해서 생긴 결과다. 또 어떤 아이들은 학교 안팎의 생활을 감당하는 것 자체를 힘들어한다. 그러나 나는 이러한 아이들 또한 무슨 유기적 장애를 앓고 있는 것이 결코 아니라고 믿는다. 오히려 이 아이들의 역기능적이고 반사회적인 행동은 일종의 조난 호출, 즉 구원해달라는 요청이다. 욕구불만과 정서불안의 표출이지 질병이 아니라는 것이다.

지금껏 출판된 ADHD에 관한 책들은 소아과 전문의나 심리학자가 쓴 것이 대부분이다. 나는 이 문제를 또 다른 관점에서 접근해보았다. 뉴욕 도심의 저소득층 거주지역인 알바니에서 두 살부터 열네 살의 아이들에게 자유를 기반으로 대안교육을 실천하는 프리스쿨에서 30년 동안 아이들을 가르치면서 많은 깨달음을 얻은 교사의 관점에서 말이다.

우리 학교는 사설기관으로서 갖는 독립성 덕분에 필요에 따라 다양한 교육 전략을 실험할 수 있다. 다시 말해 우리 학교는 일반적인 학습 또는 행동 규범에 순응하지 못하는 아이들을 도울 수 있는 방법을 개발하기에 안성맞춤인 실험실인 셈이다. 실제로 우리는 이 실험실에서 아이들이 긴장을 풀고, 주의력을 기르고, 감정표현을 조절하고, 책임 있는 선택을 하고, 자신과 타인을 인정하고, 깊고 길게 친구를 사귀는 등 배움의 전제 조건들을 갖추는 데 도움이 되는 몇 가지 방법을 개발했다. 이 과정에서 아이들의 행동을 병리현상으로 치부하거나 리탈린 같은 약물 처방에 의존하지 않은 것은 물론이다.

우리 학교 정원인 50명의 학생들 중 절반 정도는 전에 다니던 학교에서 심각한 학습 및 행동 상의 문제를 겪다가 우리를 찾아온다. 자녀를 장애아로 분류하고 약물을 먹이는 것이 미치는 악영향이 걱정되는 부모가 대안을 찾던 중 우리 학교는 아무리 아이가 우리를 힘들게 해도 꼬리표를 달거나 약물요법을 사용하지 않는 것이 철칙이라는 소문을 듣고 선택하는 경우가 많다. 이러한 학생들 말고 나머지 반은 즐겁고 수월하고 자연스럽게 배움에 임하는 아이들로, 어떤 환경에서도 충분히 잘 자랄 아이들이다. 다만 자녀가 육체적, 지적, 정서적 자유를 충분히 누리고, 사랑과 보살핌을 받고, 무엇보다 자신의 개성을 늘 존중받는 환경에서 자라기를 원하는 부모가 의식적으로 우리 학교에 아이를 보내는 경우가 되겠다.

어떤 이유에서건 일반적인 학교 환경에 적응하지 못하는 아이들을 배움의 길로 이끌어주는 프리스쿨의 성공 비결은 다음 네 가지 핵심 원칙에서 찾을 수 있다.

1. 모든 아이들은 자신만의 계발 과정이 따로 있다. 프리스쿨에서는 학생이 세 살에 글을 깨우치든 열 살에 글을 깨우치든 중요하지 않다. 아이마다 각기 다른 것을 각기 다른 시기에 배울 준비가 된다는 사실을 잘 알기 때문이다.

2. 학교는 말뿐이 아닌 실질적인 공동체여야 한다. 아이들도 이 공동체를 이끌어나가는 데 발언권을 행사할 수 있어야 하며, 가능한 한 서로 간의 의견 차이를 자기들끼리 조율할 수 있도록 격려 받아야 한다. 진정한 공동체는 본질적으로 모두를 포용하며, 각 개인에게 전체의 안녕을 믿고 맡긴다. 경쟁보다는 협동을 더 소중히 여기며, 누구도 소외되거나 낙오되지 않게 한다.

3. 학교에서는 그 무엇보다도 아이의 정서적 건강을 최우선시 한다. 행복한 아이는 배울 준비가 되어 있고 본디 사교적이다. 『마법 같은 아이The Magical Child』와 『진화의 종말Evolution's End』을 쓴 조셉 칠튼 피어스의 아주 적절한 표현을 빌리자면, "머리는 언제나 마음을 따른다."

4. 모든 아이들은 자신을 사랑하고 어루만져주는 손길이 필요하다. 세상 속에서 자기 위치를 찾는 데 어려움을 겪는 아이들은 더더욱 그렇다. 이런 아이들에게는 당근과 채찍으로 다그치기보다는 자신을 있는 그대로 받아주는 사람이 필요하다. 특수아라는 냉정한 분류보다는 특별한 존재라는 따뜻한 관심이 필요한 것이다.

이 책에서 나는 위의 원칙들을 설명하기 위해 프리스쿨 학생 몇 명의 일상을 일 년에 걸쳐 들여다본다. 윌리엄, 데미안, 카알, 브라이언, 월터, 마크라는 남자아이 여섯과 무마사토, 타냐, 가브리엘이라는 여자아이 셋인데, 하나같이 전에 다니던 학교에서 일찌감치 ADHD 진단을 받고 약을 복용했거나 우리 학교와 인연을 맺지 못했다면 그렇게 될 처지에 놓였던 아이들이다. 내 사전에 '전형적인 아이'란 있을 수 없지만, 이 아홉 명은 미국에 무려 6백만 명이나 되는 아이들의 표본이라 할 수 있겠다. 그 많은 아이들이 학습 및 행동장애 진단을 받고 처방약을 먹고 있는 것이다.

나는 이 아이들 한 명 한 명의 이야기를 최대한 생생하고 친밀감 있게 전달하려고 모든 노력을 기울였다. 현존하는 교육 이론이나 실제는 너무 나 많은 경우 실존하는 아이가 아니라 가상의 아이를 분석한 결과에 기반을 두고 있기 때문이다. 그리고 중간 중간 아이들의 이야기를 끊고 관련된 과학적 연구결과를 분석하겠다. 유년기 고통의 심리적, 사회학적 근원에 대한 독자들의 이해를 돕고자 하는 바람에서다.

나는 이 책을 통해 학교제도의 개혁을 위해 대량복제가 가능한 해결책이나 양식을 제시하지 않는다. 대신 문제가 되는 방식으로 배우고 행동하는 아이들을 바라보는 우리 사회의 시선이 바뀌어야 한다고 피력한다. 이제는 아이들에게 무슨 전염병처럼 퍼지는 뇌의 생화학적 결함이 있다는 기계적 이론에서 벗어나 아이들 개개인의 내외면적 삶의 질에 대한 인정어린 배려가 필요한 때다. 가르치기 힘든 아이들의 삶을 나와 함께 아주 가까이서 지켜봄으로써, 학부모와 교사, 행정가와 정책입안자 모두가 심적 고통을 겪는 아이들이 어떤 낙인이나 약물 없이도 자신의 삶에 최선을 다하고 세상에 보탬이 되는 인격과 실력을 겸비한 참된 인간으로 성장할 수 있다는 사실을 깨닫게 되길 진심으로 바란다.

아이들의 개인적 차이와 독특한 행동을 포용하고, 아동발달 이론을 맹목적으로 따르기보다는 참고만 하고, 배움을 의무적인 일로 만들기를 거부하고, 강압이나 강요보다는 믿음과 책임감에 의존하고, 무엇보다 "싫다"고 말할 수 있는 아이의 천부적 권리를 존중하는 공동체에서 함께 일하고 놀 때, 정말 놀라운 일들이 일어날 수 있다. 이것이 지금도 아이들과 함께 일하고 생활하고 있는 나의 신념이다.

지금부터 펼쳐질 아이들의 이야기를 읽으면서 많은 독자들이 나와 같은 신념을 갖게 되길 소망한다.

첫 번째
이야기
꼬리표
붙이기의
함정

동서고금을 막론하고 훌륭한 선생은 미숙하거나 무책임한 학생을
개과천선하게 만드는 가장 빠른 방법을 잘 알고 있었다.
그런 학생에게 중대한 일을 맡기고
독립적으로 일을 해낼 거라고 믿어주는 것이다.

윌리엄의 엄마 아이린이 내게 처음 전화한 때는 8월 초였다. 동네 초등학교 부설 유치원을 다니다 말다 하며 겨우 졸업한 아들을 데리고 검진을 받으러 간 지역 보건소에서 우리 학교를 소개받았다고 했다. 윌리엄은 이른바 주의력결핍과잉행동장애 또는 ADHD의 전형적인 증세를 보이고 있었다. 유치원에서는 산만하고 충동적인 데다 집중은 둘째치고 다른 친구들까지 방해하고 때로는 남을 공격하기까지 했다. 선생님 말씀을 안 듣고 끝까지 고집을 부리는 바람에 부모가 유치원에 불려가는 일도 한두 번이 아니었다. 상황이 계속 악화되자, 유치원 원장은 결국 아이린에게 아들의 ADHD 검진을 권유하면서 제발 다음 학기에는 다른 유치원을 알아보라고 부탁했단다.

아이린에게 우리 학교를 소개해준 보건소 직원은 우리가 ADHD 아이들을 성공적으로 가르치고 있다는 소문을 들었다고 했다.(알바니 프리스쿨은 5세부터 15세까지 아이들이 다니고 있다._옮긴이) 이제부터 이러한 아이들을 농담 반 진담 반으로 '리탈린파'라 부르겠다. 아무튼 보건소 직원은 윌리엄한테 약물요법을 쓰면서 또다시 일반학교에 보내느니 프리스쿨을 한번 고려해보라고 권유했다.

윌리엄 위로 아홉 살 형이 있는데, 형은 다섯 살 때부터 리탈린을 복용했다고 한다. 윌리엄의 부모는 건전하고 자기주장이 강한 삼십대 흑인 부부로, 리탈린이 큰아들에게 미치는 영향에 불만이 많았던 터라, 작은아들을 위해서는 대안적인 방법을 써보기로 결심했다.

나는 우리 학교에 자녀를 보내고자 하는 모든 학부모들과 하듯이 아이린과 긴 대화를 나누면서 우리 학교의 비전통적 교육방식과 특히 학습이나 행동에 문제가 있는 아이들을 다루는 방법에 대해 설명했다. 우선 우리 학교는 의무적인 수업이나 공부가 없다는 이야기부터 꺼냈다. 이러한 급진적인 말을 들으면 흔히 나오는 반응이 있는데, 아이린도 예외가 아니었다. "그럼 우리 아들이 하루 종일 놀기만 하겠다면 어떡해요?"

나는 답변 1단계로 들어갔다. "아이들이 놀면서 얼마나 많이 배우는지 모르시죠? 이건 우리 사회의 가장 잘 은폐된 진실 중 하나인데요, 놀이를 통해 신체발달과 사회화만 되는 게 아니라 중요한 인지 능력도 생깁니다."

아이린이 아무런 대꾸도 하지 않자, 나는 1단계로는 설득이 안 된다는 것을 눈치채고 2단계로 들어갔다. "언어발달의 상당 부분은 놀이를 통해 이뤄집니다. 상상력도 마찬가지고요. 아인슈타인도 말하지 않았습니까? 상상력이 지식보다 훨씬 더 중요하다고."

아이린은 여전히 반응이 없었다. 나는 마지막 단계로 들어가 윌리엄은 한꺼번에 여러 가지 일을 하면서도 배울 건 다 배우는 영재일지도 모른다고 했다. 그리고 그런 윌리엄을 겨드랑이에 신문을 끼고 입에는 토스트를 문 채 넥타이를 매면서 출근길에 오르는 전형적인 비즈니스맨 모습에 비유했다.

드디어 말문을 연 아이린의 목소리에는 근심과 절망이 배어 있었다. "윌리엄은 정말 똑똑한 아이예요. 근데 노력할 생각을 안 하는 것 같아요."

"이제 겨우 여섯 살이잖습니까. 차분히 앉아서 읽기나 셈 같은 순차적 사고에 집중할 준비가 안 됐을지도 모릅니다. 요즘은 학교에서 점점 더 어린 아이들한테 너무 많은 것을 시키려 드는데, 별로 좋은 방법이 아닙니다. 특히 윌리엄 같은 아이한테는요."

화제는 윌리엄의 못된 행동으로 넘어갔다. 아이린은 지난해를 회상하며 말했다. "윌리엄이 작년에 겪었던 일을 또 겪게 하고 싶지 않아요. 정말 끔찍했거든요. 애가 좀 심하게 말썽을 피운 건 알아요. 하지만 천성이 나쁜 애는 아니거든요."

나는 아이린이 아들의 어려움을 파악하고 있으면서도 계속 아들의 편이 되어주는 것이 다행이라는 생각을 하면서 대화를 이어갔다. "윌리엄이 작년에는 너무 엄격하고 억압적인 환경에 빈항하느라 그렇게 말썽을 피운 게 아닌가 싶습니다. 그렇다고 우리 학교에서는 문제를 일으키지 않을 거란 보장은 없습니다. 하지만 우린 조금 다르게 대처할 겁니다."

나는 아이린에게 학교 규칙을 마저 설명해줬다. 건강, 안전, 상호존중에 관한 몇 가지 타협 불가능한 규칙만 지키면 윌리엄이 학교에서의 자기 일과를 마음대로 정해도 된다고 설명했다. 윌리엄이 우리의 신뢰를 얻는 만큼 자유가 주어진다고 말했고, 동시에 상황과 필요에 따라 윌리엄의 행동에 확실하고 적절한 한계를 설정할 것이라고 아이린을 안심시켰다.

설명을 마치면서 나는 아이린에게 하루아침에 기적이 일어나기를 기대하지 말라고 당부했다. 윌리엄이 자신을 문제아나 실패자로 취급하는 환경에 갇혀 보낸 시간이 일 년밖에 되지 않은 것은 다행이지만, 그래도 그 사이에 이미 자신에 대한 부정적인 이미지를 내재화했을지도 모를 일이고, 그동안 학습했을 여러 가지 역기능적 행동을 고치는 데도 시간이 걸릴 거라고 예고했다.

내 짐작에 아이린은 완전히 설득된 게 아닌 듯했다. 그래도 앞으로 계속 관계를 더 긴밀하게 유지해 나갈 기반은 닦았다는 생각이 들었다.

등교 첫날 엄마 손을 잡고 들어오는 윌리엄을 지켜보면서, 나는 이른바 ADHD 아이들이 형성되는 과정의 기본 패턴을 마치 몰래카메라로 훔쳐보고 있다는 느낌이 들었다. 윌리엄 팔을 단단히 붙잡고 학교로 들어선 아이린은 상냥하면서도 단호하게 아이를 아침식사가 차려진 식탁으로 끌고 온다. 나는 식탁에 앉아 나와 함께 프리스쿨을 책임지고 있는 낸시와 모닝커피를 마시며 이야기를 하던 중이다. 엄마와 아들은 서로 밀고 당기는 데 너무 몰두한 나머지 낸시와 내가 지켜보고 있다는 사실도 의식하지 못한다.

우리는 일어나서 악수를 청하며 인사를 건넨다. "안녕하세요, 아이린. 이렇게 직접 뵙게 돼서 반갑습니다." 그리고 엄마 코트자락을 붙잡고 머쓱한 표정을 짓고 있는 윌리엄에게도 인사를 한다. "네가 윌리엄이구나. 만나서 반갑다."

낸시도 윌리엄에게 말을 건다. "윌리엄, 아침 먹을래? 계란 프라이도 있고, 크림치즈랑 젤리 바른 토스트도 있는데."

또래보다 큰 키에 사랑스럽고 잘생긴 얼굴의 윌리엄은 대꾸도 하지 않는다. 엄마 다리에 기대서서 새로 산 농구화 가죽에 찍힌 무늬만 뚫어지게 쳐다보고 있다. 엄마가 자기를 내려다보며 낸시가 한 질문을 여러 번 되풀이하고 나서야 배고프지 않다고 기어들어가는 소리로 대답한다.

아이린은 금방이라도 미소가 번질 듯한 서글서글한 얼굴의 매력적인 여성이다. 한눈에 보기에도 임신한 게 틀림없다. 지금은 불안한 표정으로 자기 옆에 들러붙은 아들한테 신경 쓰느라 나와 대화를 못하고 있다. 아들의 점퍼를 벗기려는 시도는 아들한테 아침을 먹이려던 방금 전과 마찬가지로 별 성과 없이 끝난다. 하지만 윌리엄은 우리가 있는 큰방 한쪽에 설치한 목조 정글짐을 계속 곁눈질하고 있는 중이다. 우리가 큰방이라고 부르는 이 공간은 약 50평쯤 되는 천정이 높은 방으로, 우리 학교 건물 2층을 차지하고 있다. 유치부도 이곳에 자리 잡고 있고, 우리 모두 함께 모여 아침과 점심을 가정식으로 먹는 곳도 이곳이다. 윌리엄은 내가 예상했던 대로 꼭 붙잡고 있던 엄마 손을 놓고 정글짐으로 달려가더니 다른 아이들과 함께 기어오르고 뛰어내리기 시작한다. 이제 아이린과의 대화를 본격적으로 다시 시작할 수 있게 되었다.

마치 표범처럼 민첩하게 정글짐을 기어오르는 윌리엄을 아이린과 함께 지켜보면서, 나는 아이린에게 아들처럼 활력과 총기가 넘치는 아이일수록 몸을 많이 움직일 기회가 필요하다고 설명한다. 우리가 실내에 정글짐을 설치한 이유도 이 때문이다. 물론 가로로 설치한 사다리 밑에 퀸사이즈 매트리스를 두 겹씩 깔아두었다. 그리고 뒤뜰에는 이보다 큰 정글짐이 또 있다.

나는 아이린에게 말한다. "윌리엄의 소위 과잉행동의 대부분도 여기서 지내다 보면 금방 사라질 겁니다. 여기서는 얼마든지 뛰어 놀게 해주니까요. 그리고 아래층에는 구르고 씨름도 할 수 있게 큰 매트도 깔아 놨고, 펀치백도 있습니다. 목공실과 미술실도 윌리엄이 쓰게 해달라고 하면 언제든지 쓸 수 있고요."

아이린이 걱정스런 말투로 묻는다. "읽기는요? 저번에 통화하면서 애가 아직 글을 못 읽는다고 말씀드린 것 같은데."

"낸시가 매일 아침 1학년 아이들을 모아서 읽기 공부를 하는데, 윌리엄이 원하면 같이 해도 됩니다. 일대일 수업이 더 좋다고 하면 그렇게 해줄 수도 있고요."

여전히 불안감이 가시지 않은 표정으로 고개를 조금씩 끄덕이는 아이린을 보며 나는 말을 이어간다. "우리가 자유를 무슨 종교처럼 신봉하는 건 아닙니다. 수 년 동안 아이들을 지켜보면서 깨달은 건데, 아이들은 스스로 동기부여가 될 때 훨씬 더 쉽고 빠르게 배웁니다. 그리고 자신과 서로에 대해 책임질 줄 알 거라고 기대하고 믿어주면 바른 길로 가게 됩니다."

"전 우리 아들의 잠재력을 믿어요. 그걸 충분히 발휘하길 바랄 뿐이에요."

"윌리엄도 글을 깨우치고 싶은 마음이 언젠가는 반드시 들 겁니다. 게다가 똑똑하니까 마음만 먹으면 금방 배울 겁니다. 아이들한테 너무 일찍 글공부를 시키지 않고 자연스럽게 때가 되길 기다려주면 강요당해서 기분 상할 일 없고, 무엇보다 글공부가 즐거워진다는 게 가장 큰 장점입니다."

아이린의 표정을 보니 아직 불신을 버리지 못한 게 분명하다. 게다가 내가 덧붙일 말이 아이린을 더 흔들어놓을 게 뻔하다. "윌리엄이 유치원에서 안 좋은 경험을 많이 했고, 에너지 수위가 굉장히 높기 때문에 공부하겠다고 마음먹기까지 시간이 조금 걸릴지도 모릅니다."

이런 나의 솔직함이 부모를 안심시키는 데는 도움이 되지 않는 것이 사실이다. 그러나 나는 부모에게 헛된 희망을 품게 하고 싶지 않다. 특히 문제가 아이에게 언제 글을 깨우치게 하느냐 하는 민감한 문제일수록 조심해야 한다. 그래서 우리는 모든 부모에게 아이를 적어도 일주일 정도 우리 학교에 시험적으로 보내본 후에 결정하라고 말한다. 아이의 장래를 위한 중차대한 결정을 내리기에 앞서 부모와 아이와 교사 모두 충분히 심사숙고할 기회를 가져야 하기 때문이다.

아이린은 손목시계를 보더니 이제 가봐야 한다고 말한다. 시간 내줘서 고맙다는 말로 인사를 대신한 뒤 큰방 저쪽 끝에 있는 윌리엄을 부른다. 그런데 윌리엄은 신나게 기어오르고 뛰어내리는 데 정신이 팔려 엄마한테 인사도 못할 뻔하다가 문을 나서는 엄마의 뒷모습을 향해 건성으로 손을 한 번 흔들어준다.

프리스쿨에서 첫날을 보내는 윌리엄은 낯선 장소에 풀어놓은 새끼고양이처럼 한시도 가만히 있지 않고 학교의 모든 공간을 구석구석 탐색하느라 여념이 없다. 점심도 꽤 많이 먹는다. 그렇게 학교를 누비고 다니면서 자기 입맛에 맞는 일만 골라서 한다. 온 세상이 자기 차지인 양 뻔뻔하게 구는 통에 만나는 사람마다 짜증이 폭발하게 만든다. 경계인식이 아직 너무 미숙한 탓도 있다. 이제 걸음마를 떼는 아기도 아닌데 눈에 띄는 물건은 닥치는 대로 손에 넣어야 직성이 풀리는 모양이다. 덕분에 윌리엄이 학교 건물 어디에 있는지 금방 알 수 있다. 녀석이 나타나는 곳마다 "야! 그거 내 거야! 이리 내놔!" 또는 "제발 조용히 좀 해줄래? 우리 동화책 읽는 중이잖아!" 하는 소리가 터져 나오기 때문이다.

윌리엄은 정해 놓은 한계를 대놓고 무시한다. 하지만 처음 온 아이인 만큼 학교라는 공동체는 무지에서 비롯된 행동은 봐주려고 노력한다. 윌리엄이 사고를 칠 때마다 모든 사람들이 없는 인내심을 쥐어짜서라도 한두 차례 경고만 하고 넘어가준다. 그렇게 프리스쿨 호를 탄 윌리엄의 처녀 항해는 큰 사고 없이 끝난다. 오후 세 시가 되어 아들을 데리러 온 아이린에게 낸시는 윌리엄이 다른 친구들을 괴롭히고 특히 자기보다 어리고 덩치가 작은 아이들을 못살게 구는 것으로 보아 신입생으로서 누리는 신혼의 단꿈이 곧 깨질 것 같다고 솔직하게 일러둔다.

다음날 아침, 아내는 우리 큰딸이 기르는 개를 학교에 데리고 가보라고 제안한다. 온순하면서도 기운이 넘치는 만년 강아지 라코타는 윌리엄 같은 아이에게는 안성맞춤이다. 개와 아이는 만나자마자 단짝이 되어 학교 건물과 뒤뜰을 한 시간 동안 돌아다닌다. 라코타는 윌리엄의 거친 성격을 너그럽게 받아주고, 덕분에 윌리엄은 어제보다는 더 마음의 여유를 갖고 바쁘게 돌아가는 학교의 일상 속에서 제자리를 찾아간다. 우리 학교는 온갖 활동이 여기저기서 동시에 이뤄지기 때문에 처음 온 사람은 정신이 하나도 없을 만하다.

형식을 따지자면 윌리엄은 낸시가 맡은 1학년 아이들과 있어야 하지만, 내 생각에 윌리엄은 나와 내가 맡은 2, 3학년 아이들과 더 많은 시간을 보낼 것 같다. 우연히 올해 2, 3학년 아이들은 거의 다 남자다. 윌리엄이 내가 단지 남성이라는 이유로 나한테 더 호감을 느끼고 있음을 우리는 이미 눈치챘다. 게다가 윌리엄은 운동신경이 발달해서 2, 3학년 형들한테 덩치로나 고집으로나 전혀 꿀리지 않는다. 우리는 바로 이런 이유 때문에 학급을 느슨하게 구분한다. 그래야 아이들의 요구를 그때그때 충족시키면서 불필요한 갈등이나 불만을 피할 수 있다. 물론 낸시도 (거의 나만큼 오래 프리스쿨에 적을 두었고, 본인도 활달한 여덟 살짜리 아들이 있기 때문에) 난폭하고 고집스러운 사내아이들을 충분히 다룰 만한 실력이 있다. 하지만 그런 낸시도 하루 여섯 시간씩 윌리엄과 한 교실에 갇혀 지내다 보면 윌리엄이 작년에 다녔던 유치원 선생만큼 힘들어할 게 불 보듯 뻔하다.

윌리엄이 처음으로 심각한 실수를 저지른 것은 점심시간이 지나고 나서다. 점심식사 후 식탁과 바닥 닦는 일을 하지 않겠다고 버티다가 일을 내고 만다. 우리 학교는 초등학생들을 다섯 조로 나누고 고학년을 조장으로 해서 식사 후 뒷정리를 매일 돌아가며 하고 있다. 학교 관리를 전담하는 직원이 없기 때문에 우리가 해결해야 하는 일이긴 하지만, 아이들한테 의무적으로 시키지는 않는다. 그래도 아이들은 기꺼이 청소당번제를 잘 따라주고 있다.

하필 윌리엄을 조원으로 두게 된 비운의 조장 재닌이 윌리엄과 한참 실랑이를 벌이고 있다. 윌리엄이 재닌에게 큰 소리로 대든다. "나 청소하기 싫어! 나한테 시키지 마!"

자존심으로 무장한 꼬마전사 윌리엄은 계집애가 자기한테 명령하는 것을 절대 용납하지 않을 태세다. 하지만 열두 살 재닌이 집에서 고집쟁이 동생들 다루는 데 이골이 난 여전사라는 사실을 윌리엄은 알 턱이 없다.

윌리엄은 처음부터 모든 것을 장난처럼 대한다. 다른 상황이었다면 정말 깜찍해 보였을 미소를 띤 채 식탁 주위를 돌며 재닌과 술래잡기를 한다. 장난칠 기분이 전혀 아닌 재닌은 멈춰 서서 윌리엄에게 말한다. "여기선 돌아가면서 청소해야 되거든. 그러니까 하자. 장난 그만 치고 하면 금방 끝낼 수 있잖아."

"싫어! 안 해!"

재닌이 윌리엄에게 다가가자 윌리엄은 갑자기 재닌에게 침을 뱉는다. 재닌은 경고한다. "너 다시 한 번 그러면 깔고 앉는다."

윌리엄은 키득키득 웃으며 한 번 더 침을 뱉는다. 그러다가 재닌이 경고한 대로 움직이기 시작하자 그제야 사태를 파악한다. 재닌은 윌리엄이 다치지 않도록 조심스럽게 윌리엄의 어깨를 잡고 바닥으로 끌어내린다. 그러고는 윌리엄을 무섭게 노려보며 말한다. "나한테 침 그만 뱉고 청소한다고 약속하면 일으켜 줄게."

윌리엄은 계속 능글맞게 웃으며 의외로 오래 버틴다. 소극적 저항을 한두 번 해본 폼이 아니다.

둘의 실랑이를 지켜보던 나는 재닌이 얼마든지 윌리엄을 상대할 실력이 된다는 사실을 알면서도 조금이라도 빨리 청소를 끝냈으면 하는 마음에 거들기 시작한다. "재닌, 하루 종일 깔고 앉아 있어야 할 것 같은데? 걱정 마. 목마르거나 출출하면 내가 간식 갖다 줄게."

재닌과 나는 윌리엄 몰래 윙크를 주고받으며 재닌이 좋아하는 간식 얘기로 극적 효과를 한껏 높인다. 드디어 우리 작전이 먹힌다. 윌리엄의 고집스런 태세가 금방 무너진다. 그러고는 분노에 몸부림치며 고래고래 악을 쓰기 시작한다. 떼쓰기가 극에 달하자, 윌리엄은 구토를 하더니 곧바로 제정신으로 돌아온다. 재닌은 자상한 누나처럼 윌리엄이 씻는 것을 도와주고 나서 이제는 청소를 하겠냐고 다시 묻는다. 윌리엄은 고개를 끄덕이더니 바로 양동이와 행주를 가져다가 다른 조원들이 자기 몫으로 남겨 놓은 식탁을 닦는다.

20분 뒤 나는 우리 학교에 온 후 처음으로 자기 또래 아이들과 어울려 마당에서 즐겁게 놀고 있는 윌리엄의 모습을 발견한다.

어떤 사람들은 재닌에게 윌리엄을 그렇게 힘으로 제압하게 놔두고 심지어 부추기기까지 한 나의 방법에 의문을 제기할지 모른다. 작은 아이를 훨씬 더 큰 아이가 깔고 앉는 것은 불공평할 뿐만 아니라 학대에 가까운

거 아니냐고 생각할지도 모른다. 절대 그렇지 않다. 윌리엄이 육체적으로나 정신적으로 다칠 수 있다는 생각이 들었다면 나는 바로 개입했을 것이다. 그러나 내가 보기에 재닌은 윌리엄이 자기한테 무례하게 굴지 못하게 할 만큼만의 제약을 가했을 뿐이다. 윌리엄을 말로 설득하려는 모든 노력이 실패한 후에야 모든 여섯 살배기 꼬마들이 알아들을 수 있는 몸의 언어를 사용한 것이고, 그 과정에서 아이가 다치지 않게 조심했음은 물론이다. 윌리엄은 윌리엄대로 자기가 잘못했다는 사실을 알고 있었기에 그렇게 단호하면서도 연민 어린 방법으로 자신을 바로잡아준 것에 오히려 안도하는 눈치였다. 재닌한테 혼나고도 바로 즐겁게 노는 모습이 이를 입증한다. 그 후로 윌리엄과 재닌은 친한 사이가 되었고, 윌리엄은 매주 당번이 돌아올 때마다 거부감 없이 청소를 거들었다는 사실도 말해두는 것이 좋겠다.

또 하나 말해둘 것은 아이들이 서로 깔고 앉는 방법이 우리 학교에서 자주 사용되지는 않는다는 점이다. 깔고 앉기는 아이들이 상대방을 다치게 하지 않으면서 제약을 가할 수 있게 해줄 목적으로 프리스쿨 창립자 메리 루가 고안한 방법인데, 유난히 고집불통이고 모든 한계를 버릇처럼 무시하는 아이들에게만 최후의 수단으로 사용된다. 계속 어른이 개입하다보면 윌리엄같이 고집이 센 아이들은 금방 면역이 되기 때문에 이 방법이 효과적인 대안이 될 수 있다.

윌리엄과 재닌의 실랑이가 시사한 중요한 사실은 윌리엄이 반항한 대상이 어떤 규칙이나 정책이 아니라 사람이었고, 그 사람은 윌리엄에게 벌을 주거나 낙인을 찍지 않았다는 점이다. 재닌은 윌리엄을 벌하기보다는 자신을 존중해 달라고 요구했고, 윌리엄이 해야 할 일을 마칠 수 있도록 끝까지 도와주었다. 내 생각에 윌리엄이 그렇게 빨리 재닌의 말을 들었던 이유는 자기한테 한계를 설정한 사람이 권위적인 어른이 아니라 자기와 같은 아이였기 때문이다. 우리가 전체회의 같은 제도를 만든 것도 이런 이유에서다. 나중에 더 구체적으로 설명하겠지만, 전체회의는 아이들 스스로 규율을 만들고 서로에게 그 규율을 적용시키게 해주는 제도다.

윌리엄이 재닌에게 대들었던 이유를 파고들다 보면 '구조'라는 중요한 사안으로 이야기가 넘어갈 수밖에 없다. 불행히도 오늘날 일반적인 교실은 온갖 기준과 교사가 주도하는 교과과정으로 아이들을 짓눌러 감금하는 장소와 진배없는 꼴이 되었다. 이곳에서 모든 학습과제는 흥미도 의미도 없는 단위로 쪼개져 무한 반복되고, 학생들의 개인차는 거의 무시되기 일쑤다. 이러한 환경에서 윌리엄처럼 활달하고 똑똑하고 재주 많은 아이는 자극이 너무 없어 따분함에 몸부림치게 된다. 윌리엄에게 전에 다니던 학교의 구조는 짐승을 가둬놓는 커다란 우리와도 같았고, 그 속에서 선생은 윌리엄을 경계하고 길들여야 하는 야생동물로 취급했던 것이다.

한편 우리 학교를 비롯해 자유에 기반을 둔 대부분의 대안학교들에 대해 흔히 하는 오해가 바로 아이들에게 꼭 필요하다고 교육학자와 심리학자들이 줄기차게 강조하는 구조가 우리에게 아예 없거나 약하다고 보는 것이다. 잘 모르는 사람들이 우리 학교를 보면서 구조가 안 보인다고 하는 이유는 잘못된 곳에서 구조를 찾기 때문이다. 우리 사회가 너무나 익숙해진 구조의 상징들, 예컨대 책걸상이나 교과서 따위가 안 보이니까 구조가 없다고 단정해버린다. 그런 사고방식을 이해 못하는 것은 아니다.

그러나 그것은 진실과는 너무나 거리가 먼 오해다. 프리스쿨은 확실한 구조를 갖추고 있다. 그 구조를 유동적으로 유지하고 개개인에게 맞춤으로써 아이 한 명 한 명의 필요를 충족시키려고 노력할 뿐이다. 예를 들어 우리는 하나의 표준화된 교과과정 대신 학생 고유의 관심사와 열정, 리듬과 속도에 맞춘 50가지의 개별 맞춤형 교과과정이 있다. 동시에 우리는 미리 정해 놓은 규칙과 규정보다는 실제 상황과 아이 개개인에 맞춰 필요한 한계와 경계를 설정한다.

우리 학교 구조의 초석인 자유는 내가 원하는 길을 내가 원하는 조건으로 개척할 수 있는 자유를 뜻한다. 언제든지 제멋대로 굴어도 되는 것은 자유가 아니다. 그것은 1920년대 영국에서 자유에 기초한 기숙학교 서머힐을 창립한 A. S. 니일이 강조한 대로 방종이다. 자유는 자신의 행동이 주변 사람들에게 미치는 영향에 대한 책임까지 내포한다.

프리스쿨의 구조는 (어쩌면 무엇보다도) 학생과 교사, 학생과 학생, 교사와 교사 간의 관계들이 형성한 망이다. 대부분의 배움은 이 관계망 속에서 이루어진다. 그리고 윌리엄과 재닌의 실랑이에서도 볼 수 있듯이 중요한 배움도 대부분 자생적으로 일어난다. 미리 정해진 수업계획을 따른다고 얻을 수 있는 배움이 아닌 것이다.

윌리엄은 이미 반항하는 기술을 터득한 지 오래였다. 그런 윌리엄이 우리 학교에 와서 갑자기 다양한 연령의 사람들과 수십 개의 새로운 관계를 맺어야 하는 상황 속으로 던져졌다. 이 모든 관계는 윌리엄에게 자신에 대해, 그리고 남들과 더불어 사는 세상에 대해 무언가 가르쳐줄 것이다. 그리고 이 모든 관계들 속에서 윌리엄의 부적절한 행동에 제약이 가해질 것이다. 윌리엄 스스로 내면적 한계를 설정할 때까지.

어느 학교든 정해진 목표와 취지를 실현하게 해주는 것은 궁극적으로 그 학교의 구조다. 오늘날 제도권 학교의 구조가 실현하고자 하는 주요 목적은 질서 유지, 애국심과 복종심 배양, 학습 성과물의 효과적 생산,

학습 성과에 따른 등급과 분류 설정 등이다. 우리 학교는 정반대의 목표를 가지고 있다. 우리의 최우선 목표는 아이들이 스스로 자신을 관리하고 자신의 경험을 설계할 수 있도록 돕는 것이다. 따라서 우리는 학교에서의 시간과 공간 구조를 최대한 느슨하게 구성함으로써 아이들이 자율과 책임을 배우고 협동심을 기르고 창의력과 자기 표현력을 키울 수 있게 해준다. 우리 학교에서는 질서유지보다는 자신을 존중하고 타인의 다양성을 존중하는 데 훨씬 더 관심을 기울인다.

제도권 학교의 교실 구조가 빚어낸 가장 큰 역설은 너무나 많은 경우 구조를 통해 예방하고자 하는 바로 그 문제를 일으킨다는 것이다. 무질서를 적대시하고 하루 일과의 매순간을 구조화함으로써 무질서를 제거하려 든다면, 윌리엄처럼 활달한 아이들은 당연히 그런 구조에 맞서 싸울 수밖에 없다. 어떤 아이들은 윌리엄이 그랬듯이 대놓고 말대꾸를 하거나 반항적인 행동을 일삼는다. 또 다른 아이들은 집중하기를 거부하거나 가르쳐준 것을 잊어버리거나 끊임없이 소지품을 잃어버리는 식으로 소극적 저항을 택한다.

좌우간 교실의 일과에 순응하지 못하거나 안 하는 아이들도 무질서와 마찬가지로 제거해야 될 적으로 취급받는다. 그리고 이러한 아이들에 대한 대응은 점점 수위가 높아지고 있다. 윌리엄이 전에 다니던 학교를 그대로 다녔거나 비슷한 학교로 전학을 갔다면, 지금쯤 리탈린을 비롯한 신경정신과 치료제를 복용하고 있을 것이다. 그 한없는 호기심과 못 말리는 자기중심주의, 하기 싫은 일은 어떻게든 회피하는 창의성을 억제할 수 있는 약물은 무엇이든 다 동원되었을 것이다. 이러한 약물을 '치료제'라고 부르는 것은 조지 오웰 소설 속의 전체주의 사회에서나 통하겠지만, 아무튼 그 치료 효과란 다름 아닌 학교 구조의 내면화다. 이는 일종의 화학적 포박이며, 책임 회피의 달인 윌리엄이라도 꼼짝없이 포박될 것이다.

윌리엄이 시험적으로 우리 학교에 다니기 시작한 지 사흘째 되는 날, 나는 강아지 없이 학교에 들어선다. 윌리엄은 강아지가 보이지 않자 바로 내게 묻는다. "어! 크리스! 라코타는요?"

"오늘은 학교 오기 전에 회의하러 가느라 집에서 안 데리고 나왔어. 지금 데리러 갈까?"

윌리엄은 연신 고개를 끄덕이며 싱글벙글 웃는다. 우리 둘은 학교에서 백 걸음 정도밖에 안 떨어진 우리 집 뒷마당으로 간다. 그리고 강아지를 데리고 돌아오는 길에 프리스쿨 공동체가 소유한 공터에 지은 작은 외양간에 들러 이곳에서 기르고 있는 염소 세 마리, 토끼 한 마리, 암탉 여러 마리를 구경한다. 우리가 이렇게 가축동물을 키우는 데는 크게 두 가지 이유가 있다. 하나는 가끔 보는 개나 고양이 말고는 도심에서 다른 동물을 볼 기회가 거의 없는 우리 학생들이 동물에 관한 기초상식이라도 배울 수 있게 하기 위해서다. 그리고 또 다른 이유는 분노에 차 있고 산만하고 반사회적인 아이들일수록 동물한테 더 끌리기 때문이다. 그런 아이들은 동물과 있을 때 더 안정감을 느끼고, 그러면서 동물에게 주는 정을 조금씩 사람에게도 쏟을 수 있게 된다.

외양간에서 몇 분을 보낸 뒤, 나는 윌리엄과 라코타와 함께 다시 학교로 향한다. 짧은 외출이지만 둘만의 시간을 통해 나는 어제 내가 재닌의 편을 들어준 것 때문에 윌리엄이 나한테 반감이 생기지는 않았는지 확인할 기회를 갖는다. 우리는 누군가 자기를 깔고 앉으면 얼마나 기분 나쁜지에 대해 이야기하고, 또 그렇다고 세상이 끝나는 건 아니라는 이야기도 한다. 윌리엄은 벌써 어제의 감정을 털어내고 잊어버린 게 분명해 보인다.

학교로 돌아온 윌리엄은 전에 다니던 학교와는 전혀 다른 이 새로운 학습환경의 한계를 계속해서 시험한다. 오늘은 목공실을 발견하는데, 안에는 윌리엄보다 큰 남자아이 둘이 동네 목재소에서 기증한 나뭇조각들로 전투함을 만들고 있다. 작업대에는 이번 작품의 영감이 된 2차 대전 그림 역사책이 펼쳐져 있다.

나는 믿을 만한 아이들만 어른의 감독 없이 목공실에 들어갈 수 있다는 목공실 사용규칙을 설명한다. 그리고 위험한 행동을 하는 순간 그날 하루는 목공실 출입을 못하게 된다는 경고로 설명을 마친다. 윌리엄은 내 말이 끝나기가 무섭게 목재 보관함을 뒤지더니 제일 큰 판자 두 개를 꺼내든다. 그러고는 눈에 쌍심지를 켜고 집중하면서 두 판자를 붙이려고 제일 큰 못을 찾아 망치로 박기 시작한다. 나는 목공실을 나오면서 목공실과 내 교실 사이의 문을 닫는다. 우리 반 아이들에게 어제 읽어주기 시작한 소설을 계속 읽어주려면 망치질 소리를 차단해야 하기 때문이다.

나는 교실에 있으면서도 한쪽 귀로는 목공실에서 나는 소리를 듣고 있다. 윌리엄이 벌써부터 감독 없는 자유를 제대로 누릴 거라 믿을 만큼 상황을 낙관하고 있지 않기 때문이다. 하지만 그렇다고 노심초사해하는 것도 아니다. 30년 동안 목공실에서 안전사고가 난 적은 한 번밖에 없었다. 젊은 교사가 날카로운 톱을 사용하다가 자기 엄지손가락을 벤 사고였는데, 그때나 지금이나 톱이나 기타 위험한 연장은 따로 보관하고 어른이 감독할 때만 아이들이 사용하게 해준다. 게다가 지금 목공실에 윌리엄과 같이 있는 두 아이는 오랫동안 프리스쿨을 다닌 아이들이라 윌리엄이 위험한 짓을 하게 놔두지 않을 것이다.

20분 정도 흐르자 우려하던 일이 터진다. 목공실에서 고함소리가 들려온다. "윌리엄! 망치 내려놔! 크리스가 한 말 못 들었어?"

내가 다시 등장할 때가 된 모양이다. 나는 목공실 문을 열고 고개를 들이민다. "무슨 일이야?"

아까 들려온 고함소리의 주인공 폴이 대답한다. "윌리엄이 우리 전투함을 망치로 내려치잖아요. 그만하라고 하니까 우리를 때릴 것처럼 망치를 막 휘둘렀어요."

나는 윌리엄을 무서운 얼굴로 노려보며 꾸짖는다. "이놈, 연장 다시 걸어 놓고 당장 목공실에서 나가! 그리고 오늘은 목공실 다시 못 들어오는 거 알지?" 윌리엄은 미련스럽게 굴지 않고 별 항의 없이 나간다.

하지만 15분만에 다시 목공실에 나타난 윌리엄. 나는 또 망치를 들고 있는 녀석을 발견하고는 아까보다 더 확실하게 경고한다. "너 목공실에 있다가 나한테 또 걸리면 목공실 출입금지 하루 추가야. 그럼 너 내일도 목공실 못 들어와."

이번에도 윌리엄은 말대꾸를 하지 않는다. 그리고 학교가 끝날 때까지 다시 목공실에 들어가지 않는다.

어떤 사람들은 윌리엄처럼 어린 아이를 어른의 감독도 없이 목공실에 혼자 두는 것이 어리석다고 할지 모른다. 솔직히 우리도 지금의 목공실 사용규칙을 정하기까지 꽤 오랜 시간이 걸렸다. 아이들이 어른이 없을 때도 책임감 있게 행동할 수 있고 누군가 규칙을 어겼을 때 저희들끼리 알아서 단속할 수 있다는 믿음이 생기면서 규칙을 정한 것이다.

이런 규칙을 정한 데는 몇 가지 이유가 있다. 우선 실용적인 이유로는 목공실 담당교사를 채용할 여유가 없다는 것이다. 그리고 어른이 계속 감시하도록 규칙을 정해 놓으면 학생들의 목공실 사용 횟수는 제한되기 마련이다. 또 다른 이유는 이런저런 꼬리표가 붙은 아이들일수록 원 없이 치고 두들길 수 있게 해주어야 하기 때문이다. 쌓인 분노나 에너지를 행동적이고 건설적인 방식으로 풀어야 통제불가능한 지경으로 치닫는 것을 막을 수 있다.

하지만 앞서 말한 두 가지 이유보다 더 중요한 이유가 있다. 치안 경찰과 보안 카메라로 무엇이든 철저히 감시하고 경계하는 요즘 세상에서, 아이들은 아무도 자기를 지켜보지 않고 감시하지 않는 순간을 경험할 필요가 있다. 아주 어린 아이들도 예외가 아니다. 그렇게 하지 않으면 책임감을 어떻게 배우겠는가? 윌리엄처럼 부정적 관심을 끄는 데 너무나 익숙해진 아이에게는 이 방법 말고는 희망이 없다. 자기 행동에 책임을 지고 자기가 한 선택의 인과관계를 자기 내면의 잣대로 잴 줄 알아야만 '착한 아이'가 되고자 하는 동기가 외부뿐이 아닌 내부에서도 비롯된다. 그리고 윌리엄도 그렇게 되어야만 세상과의 관계 맺기에 성공할 수 있을 것이다. 어쨌든 윌리엄처럼 고집 센 아이를 외부적인 장치로만 통제하려 드는 것이야말로 어리석은 짓이다. 그런 아이들만 가둬 놓는 감옥을 따로 짓지 않고서야 성공을 바랄 수 없을 것이다.

동서고금을 막론하고 훌륭한 선생은 미숙하거나 무책임한 학생을 개과천선하게 만드는 가장 빠른 방법을 잘 알고 있었다. 그런 학생에게 중대한 일을 맡기고 독립적으로 일을 해낼 거라고 믿어주는 것이다. 나의 초등학교 3학년 담임선생님도 이 비법을 잘 알고 계셨다. 당시 교사 경력 30년의 베테랑이셨던 우리 선생님은 요즘 같았으면 바로 리탈린파로 분류되었을 나를 어떻게 다뤄야 할지 금방 감을 잡으셨다. 당시 여덟 살 악동이던 나는 매번 다른 아이들보다 훨씬 더 빨리 과제를 끝내 놓고는 엉덩이에 불붙은 망아지마냥 지루함에 몸부림쳤다. 강당에서 조회를 할 때면 나는 잠시도 가만 있거나 조용하질 못했다. 그러던 어느 날, 나와 내 짝꿍은 계속 다른 아이들의 영화 관람을 방해하다가 갑자기 선생님한테 끌려나왔다. 우리는 벌을 받겠거니 했는데 선생님은 놀랍게도 우리 반 저축채권 부기와 교재 창고 관리를 맡기셨다. 선생님은 우리 둘에게 이 두 가지 일을 학년이 끝날 때까지 시키셨고, 다시는 우리가 말썽 피워 속상해하실 일도 없었다.

규칙만 지키면 언제든지 목공실을 쓸 수 있다는 내 말을 들었을 때 초롱초롱 빛나던 윌리엄의 눈을 내가 못 봤을 리 없다. 그리고 나는 몇 번의 시행착오는 있겠지만 조만간 윌리엄이 목공실에서 말썽을 피우지 않겠다는 의지를 스스로 갖게 되리라 확신한다. 목공실을 자유롭게 드나들고 싶은 마음이 충분한 동기가 될 것이다. 그리고 내 말대로 된다면, 이는 윌리엄의 새로운 자아 창조를 알리는 기념비적인 순간이 될 것이다. 그렇게 다시 빚어질 윌리엄은 책임을 회피하거나 남을 누르려고 끊임없이 잔꾀를 부리는 윌리엄이 아니라 자신을 성장시켜줄 긍정적인 경험을 찾으려고 노력하는 윌리엄이 되리라.

두 번째 이야기

아이들 내면에 있는 질서를 찾는 힘

나는 모험과 선택의 여지가 줄어든 프로그래밍된 유년기와 자기절제력을 상실한 채 힘들어하는 아이들이 급증하는 현상 간에는 분명한 상관관계가 있다고 확신한다.

윌리엄은 시험적으로 우리 학교를 다닌 지 나흘째 되는 날 목공실 출입 자격을 되찾더니 자기도 전투함을 만들겠다며 부산을 떨기 시작한다. 실수로 몇 번 자기 엄지를 망치질한 것 말고는 별 탈 없이 작업을 끝낸다. 완성작을 전투함이라고 알아볼 사람은 세상에서 윌리엄밖에 없겠지만, 그 사실은 중요하지 않다. 중요한 것은 감독 없이 스스로 작업을 했다는 것, 그리고 그 성과에 본인이 만족한다는 것이다.

하지만 복병은 다른 데 숨어 있었다. 윌리엄이 자기 덩치의 반밖에 되지 않는 같은 반 친구를 괴롭히기 시작한 것이다. 윌리엄은 자기한테 가장 효과적으로 인생 교훈을 가르쳐줄 상대를 직관적으로 참 잘도 골라낸다. 프랑스계 캐나다 소년 피에르는 몸집은 작을지 몰라도 결코 누구한테 가만히 당하고 있을 아이가 아니다. 두 형과 자라면서 자기보다 큰 아이한테 괴롭힘을 당하면서도 가만히 있으면 자기만 손해라는 사실을 오래 전에 터득했다.

우리 학교 아이들은 누군가 자기를 괴롭히면 주로 사용하는 대응책이 있다. 피에르도 처음에는 이 방법부터 동원한다. 피에르는 윌리엄에게 아주 크고 또랑또랑한 목소리로 말한다. "그만해!!"

그런데도 윌리엄이 계속 괴롭히자, 피에르는 '그만해 규칙'을 위반하는 사람한테 취하는 다음 조치로 넘어간다. 전체회의를 소집하는 것이다.

전체회의는 우리 학교의 민주적 의사결정 및 분쟁해결을 위한 다목적 기제다. 그리고 남을 괴롭히기 좋아하는 아이들에게는 특효약이기도 하다. 피에르는 1층을 돌아다니며 "전체회의 소집!"을 외친다. 우리는 사전 합의에 따라 하던 일을 모두 멈추고 1층 큰방에 둥그렇게 모여 앉는다. 씨름매트, 샌드백, 피아노, 코스플레 복장이 든 큰 트렁크 두 개가 자리 잡고 있는 널찍하고 다변적인 1층 큰방은 전체회의 장소이기도 하다. 전체회의가 시작되면 세 명이 추천되고 그 중 한 명이 의장으로 선출된다. 이번 회의 의장은 활달한 성격의 여덟 살 소년 에이브다. 에이브는 뛰어난 회의 주재 실력 덕분에 추천받은 세 명 중 제일 어린데도 선출되는 경우가 많다. 전체회의는 로버트 회의규칙에 따라 진행되는데, 첫 순서는 회의를 소집한 사람이 당면문제 또는 우려사항을 설명하는 것이다.

피에르는 작고 검은 눈으로 윌리엄을 째려보며 윌리엄이 자기를 괴롭힌 사례 세 가지를 발표한다.

윌리엄에게도 자기 입장을 밝힐 기회가 주어지지만, 윌리엄은 자신을 변호하지 않는다. 아무 말 없이 가만히 앉아 시무룩한 표정으로 고개를 숙이고 있다. 윌리엄이 침묵하자, 다른 아이들이 앞 다투어 손을 들고 발언하기 시작한다. 그렇게 윌리엄은 성난 아이들의 질문공세를 받게 된다.

"윌리엄, 너 피에르한테 왜 그랬어?"

"몰라."

"네가 피에르보다 훨씬 더 큰 거 알아 몰라?"

"알아."

"내가 막 너 밀치고 네 거 막 뺏어버리고 그럼 기분 좋겠니?"

"아니."

"근데 넌 왜 그랬냐고."

"몰라."

"학교에서 너를 똑같이 괴롭히는 사람 있어?"

"아니."

"그럼 집에서는?"

"우리 형."

"엄마아빠가 안 말리셔?"

"가끔."

남을 괴롭히는 것은 우리 학교에서 가장 중한 '범죄'에 해당되는데, 아이들은 여러 가지 방법을 동원해서 '범인'을 반성하게 만든다. 그렇게 또래끼리 행사하는 사법권은 꽤 엄중할 때가 많다. 이번에 제안된 조치도 그렇다. 고학년 아이가 피에르에게 발의하라고 내놓은 제안인데, 윌리엄이 또 자기보다 작은 아이를 괴롭히면, 당한 아이가 자기처럼 작은 아이 다섯 명의 도움을 받아 윌리엄을 깔고 앉게 하자는 것이다. 걸리버가 소인국 사람들의 포로가 된 이야기에서 영감을 얻었나 보다.

피에르는 제안을 받아들여 발의를 하고, 발의안은 재창을 받아 토론에 부쳐진 뒤 만장일치로 통과된다. 윌리엄은 남들 앞에서 자기가 한 짓이 낱낱이 밝혀지는 갑작스러운 상황에 너무 당황한 나머지 반대표를 던질 생각도 못한다. 낸시가 극적 효과를 더할 요량으로 피에르에게 깜짝 제안을 한다. 윌리엄이 깜빡하고 또 자신을 괴롭힐 경우에 대비해 처벌을 집행할 도우미를 지금 골라 놓으라는 제안이다. 이번에도 역시 아이들이 앞 다투어 손을 들며 도우미를 자청한다. 피에르는 자신과 윌리엄이 속한 1학년 반 아이들을 전부 지명하고, 또 내가 맡은 2학년에서도 예비선수로 한 명 더 지명한다. 누군가 피에르에게 문제가 해결된 것 같으냐고 묻는다. 피에르가 고개를 끄덕이자, 정회가 선언된다.

나는 전체회의의 질서정연한 모습에 늘 감탄한다. 전체회의는 우리 학교의 일상과는 너무나 큰 대조를 이룬다. 우리 학교의 평상시 분위기는 마치 과열된 분자 속에서 끊임없이 이동하는 핵을 중심으로 흥분한 전자들이 춤을 추는 형태와도 같다. 또는 버몬트에 셰이커마운틴 학교를 창립한 제리 민츠가 언젠가 말했듯이, "러시아워의 뉴욕 중앙철도역"이다. 민츠는 그 넓은 역사를 천정에서 내려다보면 겉으로 드러나는 혼돈과 달리 속은 상당한 질서를 품고 있다고 설명했다. 모든 사람들이 자신이 어디로 향하는지 알고 있고, 궁극에는 다들 자신의 목적지에 도달하기 때문이다.

그리고 이 책의 주인공인 리탈린파 아이들을 충분한 시간을 두고 관찰해보면, 교육가 겸 저술가 조지 데니슨의 말이 정확하다는 확신이 들 것이다. 데니슨은 저서 『아이들의 인생 The Lives of Children』에서 "진정한 질서의 원칙은 사람 내면에 있다"고 말했다. 리탈린파 아이들의 질서는 단정함이나 정연함과는 거리가 멀다. 그리고 이 아이들은 대개 자기 목표를 향해 일직선으로 가지 않는다. 그러나 충분한 시간과 공간을 주고, 자기만의 논리를 따르도록 믿어주면, 아이들은 반드시 목표를 성취한다.

윌리엄이 공동체의 의지를 또 시험하기로 마음먹기까지는 그리 오래 걸리지 않았다. 프리스쿨의 가을맞이 연례행사인 사과 수확을 마치고 학교로 돌아오는 승합차 안에서 또 피에르를 들볶기 시작한다. 피에르가 그만하라고 하자, 윌리엄은 사과가 든 작은 자루로 피에르의 코를 아프게 때린다. 피에르는 학교에 도착하자마자 지난번 전체회의 때 결의한 대로 윌리엄을 처벌하겠다며 지명된 도우미들을 몰고 윌리엄을 찾아간다. 이미 1층 큰방에서 놀기 시작한 윌리엄은 갑자기 들이닥친 친구들 때문에 약간 놀란 눈치다. 친구들이 최대한 천천히 자신을 바닥에 눕히는 동안 크게 저항하지도 않는다. 나는 상황이 심각해질 경우에 대비해 가까이서 조용히 지켜본다. 마침내 사태를 파악한 윌리엄은 화도 나고 겁도 나는지 미친 듯이 몸부림치며 벗어나려고 기를 쓴다. 하지만 여섯 명이나 자신을 누르고 있어서 바닥에서 등도 떼지 못한다.

윌리엄이 힘이 빠져서 더 이상 몸부림치기를 그만두자, 윌리엄의 배 위에 앉아 양손으로 윌리엄의 어깨를 누르고 있던 피에르가 윌리엄의 눈을 뚫어지게 쳐다보며 말한다. "나 좀 그만 괴롭혀. 알았어?"

윌리엄은 대꾸도 하지 않는다.

피에르가 다시 묻는다. "나 괴롭히는 거 그만둘 거지? 그만두겠다고 하면 놔줄게."

이번에는 윌리엄이 눈물이 그렁그렁 맺힌 채 작은 목소리로 대답한다. "알았어. 다시는 안 그럴게. 약속해."

아이들은 바로 윌리엄을 놔주고는 각자 하던 일로 돌아간다. 이 대목에서 중요한 점은 이 광경을 나 말고는 아무도 보지 않았다는 사실이다. 이러한 대결 상황은 절대 구경거리로 전락해서는 안 된다.

다음날 나는 윌리엄과 피에르의 대화 한 자락을 우연히 듣게 된다. 1학년 교실에 둘만 앉아 퍼즐을 맞추고 있다가 윌리엄이 또 피에르를 성가시게 한 모양이다. 피에르가 윌리엄한테 하는 말이 내 교실까지 들려온다. "또 깔고 앉을까? 하라면 못 할 줄 알아?"

나는 둘이 있는 교실을 살짝 들여다본다. 마침 윌리엄의 얼굴이 내 눈에 들어온다. 피에르의 말을 너무나 잘 알아들었다는 표정이다. 참 힘들게 얻은 교훈이지만, 이제 고집쟁이 윌리엄도 뭔가 깨달아가고 있는 듯하다.

윌리엄의 시험방문 기간이 이제 일주일을 넘어섰다. 아직도 학교를 정처 없이 떠돌 때가 많지만, 점점 더 편안해하는 것 같다. 오늘 아침에는 열 살 카알한테 계속 자기를 놀리면 전체회의를 소집하겠다고 말했단다. 우리 학교가 어떻게 돌아가는지 눈치채기 시작한 게 틀림없다. 목공실에 한 번 들어가면 한 시간씩 작업에 몰두하는데, 지난 며칠은 피에르와 함께 요상하게 생긴 물건을 만들고 있다. 어쩌면 앙숙이던 두 녀석 사이에 우정이 피어나고 있는지도 모른다. 덩치나 자라온 환경 모두 다르긴 하지만, 둘은 닮은 구석이 많다. 그런데 내 생각에 윌리엄은 가족 말고는 한 번도 진정한 친구를 사귀어본 적이 없을 가능성이 크다. 이 또한 윌리엄이 오랜 시간에 걸쳐 배워야 할 중요한 삶의 기술이 될 것이다.

오후가 되자 윌리엄은 고민에 휩싸이기 시작한다. 나를 따라 공짜로 사과를 따게 해주는 과수원에 갈지, 아니면 낸시를 따라 수영장에 갈지 마음을 정하지 못하고 있다. 집에서 수영복과 수건도 잊지 않고 가져왔다. 학생들이 두 팀으로 나뉘어 과수원 또는 수영장으로 갈 채비를 하는 동안에도 윌리엄은 다섯 번이나 마음을 바꾸며 갈팡질팡한다. 딜레마에 빠진 윌리엄의 모습은 코미디가 따로 없지만, 낸시와 나는 웃음을 참고 윌리엄이 스스로 결정을 내릴 수 있도록 지켜봐준다. 윌리엄은 마지막 순간에 수영을 택하고, 수영장에 가서 아주 즐거운 시간을 보내고 온다. 방과 후 시간이 되어 다시 만난 윌리엄의 얼굴에는 자신이 내린 결정에 대한 만족감이 어려 있다.

지혜로운 선택은 행복한 인생의 기본적인 전제조건이기 때문에 반드시 배워야 하는 기술이지만, 윌리엄을 비롯해 너무나 많은 아이들이 이 중요한 기술을 습득할 기회를 갖지 못한다. 오늘날 미국의 교육제도에 퍼진 기준에 대한 과도한 집착 때문에 제도권 학교의 하루 일과에는 그나마 남아 있던 선택의 자유마저 빠르게 사라지고 있다. 그리고 이제는 어린이집과 유아원까지 정해진 기준을 따르라는 압력을 받고 있다. 점점 더 어린 아이들에게 읽기와 쓰기를 시키려는 것이다. 이 나라 아이들은 유치원을 다니기도 전에 이미 숙제라는 것에 익숙해지고 있다.

문제는 학교에만 있는 것이 아니다. 존 개토는 저서 『바보 만들기 Dumbing Us Down』에서 전형적인 미국 아이의 일주일치 시간표를 분석해 놓았다. 아이가 일주일 동안 학교에서 보내는 시간 빼고, 등하교 시간과 숙제하는 시간, 또 음악이나 운동 같은 방과 후 활동에 보내는 시간, 밥 먹는 시간, 텔레비전을 보고 비디오게임과 인터넷을 하며 보내는 시간까지 다 빼고 나면, 결국 아이가 깨어있는 시간 중 무언가를 탐색하고 상상의 나래를 펼치고 성찰에 잠길 수 있는 시간은 일주일에 겨우 아홉 시간밖에 남지 않는다는 것이다. 사회계급에 따라 방과 후 시간을 어떻게 보내느냐의 차이는 있지만 결과적으로 남는 시간은 비슷한데, 아이들이 무슨 일을 하고 무슨 생각을 할지에 대해 완벽한 선택의 자유를 누리는 시간은 이 아홉 시간밖에 없다는 것이 개토의 결론이다. 절대적으로 부족하다.

게다가 아이들의 삶은 점점 더 프로그래밍의 대상이 되고 있다. 내가 어렸을 때 즐겼던 스포츠란 우리끼리 그때그때 정한 놀이가 대부분이었다. 반면 오늘날에는 축구단, 야구단, 농구단은 기본이고, 어른이 개입하지 않는 어린이 스포츠가 없을 정도다. 세상 천지가 다 프로그램이다. 등교 전 프로그램, 방과 후 프로그램, 특별활동 프로그램, 여름방학 프로그램, 자연체험 프로그램, 리더십 육성 프로그램 등등…. 그리고 반대급부로 점점 더 많은 아이들이 거의 유기된 상태로 자라고 있다. 집 열쇠를 목에 걸고 다니며 자기 손으로 문을 열고 들어와 자기 혼자 시간을 보내는 아이들이다. 이 아이들은 자신을 사랑하는 어른의 개입이 지나치게 부족한 결과, 모든 형태의 권위를 경멸하는 사람이 된다.

내가 어렸을 때는 애들이 텔레비전도 그렇게 많이 보지 않았다. 비디오게임이나 개인용 컴퓨터도 발명되기 전이었다. 세상은 지금보다 어린이에게 훨씬 더 안전한 곳이었고, 나는 1954년에 태어나 워싱턴 곳곳을 마음대로 누비고 다녔다. 그런데 요즘은 상황이 많이 달라졌다. 오늘날에는 어딜 가나 안전이 최우선시 되고, 그 결과 아이들의 행동반경은 점점 더 좁아지고 있다. 또한 상업적인 놀이시설이 우후죽순 생겨나면서 그 흔한 놀이도 안전장치를 갖춘 패키지로 출시되고 있다. 그러니 점점 더 많은 아이들이 에너지가 남아돌아 주체하지 못하는 지경에 이른 것이다. 결국 아이는 '과잉행동'이라는 낙인이 찍히고 부모는 신경정신과 치료제를 사러 약국을 드나드는 신세가 된다.

이러한 상황을 더욱 악화시키는 요인이 하나 더 있는데, 바로 변화하는 육아 스타일이다. 육아법의 변천사를 보면, 우리 세대의 육아법이 우리 부모님 세대의 육아법보다 훨씬 더 통제적이고, 이러한 경향은 요즘 젊은 부모들에게까지 이어지면서 통제의 강도 또한 더 높아지고 있다. 내가 아는 많은 부모들이 좋은 부모가 되기 위해 정말 열심히 노력한다. 부모라는 과제를 제대로 수행하기 위해, 자기 부모보다 더 나은 부모가 되기 위해, 너무나 애쓰고 있다. 하지만 이러한 의식적인(?) 육아에는 숨은 비용이 있다. 아이들이 스스로 무언가 해내는 법을 배우고, 자신의 욕구와 리듬을 스스로 관리하는 법을 배울 기회가 점점 줄어든다는 것이다. 빌헬름 라이히는 이 중요한 발달과제를 '자율(self-regulation)'이라고 불렀는데, '자율'은 라이히가 1930년대에 A.S. 니일을 비롯한 몇몇 동료들과 함께 건강한 심리발달의 모형을 개발하면서 만들어낸 용어다. 라이히는 유년기의 건강한 심리발달을 통해 성인이 되었을 때의 정신질환을 미연에 방지함으로써, 자신이 정신질환자들을 치료하기 위해 사용하고 있던 심리요법의 필요성을 원천적으로 없애려 했다.

앞서 언급한 모든 요인들이 작용하면서, 오늘날 아이들은 어떤 선택을 할 기회가 점점 줄어들고 있다. 이런 나의 이론을 뒷받침할 만한 과학적 연구조사를 찾지는 못했지만, 나는 모험과 선택의 여지가 줄어든 프로그래밍된 유년기와 자기절제력을 상실한 채 힘들어하는 아이들이 급증하는 현상 간에는 분명한 상관관계가 있다고 확신한다.

윌리엄의 시험방문 기간이 끝나면서 마련된 학부모회의에서 나는 처음으로 윌리엄의 아빠를 만났다. 우리 학교는 되도록이면 부모 둘 다 만난 후에 아이를 공식적으로 입학시키는 원칙을 지키고 있다. 윌리엄이 누구한테 큰 키를 물려받았는지 한눈에 알겠다. 키가 적어도 195센티미터는 되어 보이는 아버지 윌리엄은 고향 노스캐롤라이나에서 대학 시절 농구선수였다고 한다. 악수하려고 내민 손은 내 손을 집어삼키고도 남을 만큼 커다랗다.

보통 아빠들은 이런 학부모회의에 와서는 뻣뻣한 자세로 앉아 아내가 말을 다 하게 놔둔다. 하지만 윌리엄 아빠는 다르다. 몸을 앞으로 기울이

더니 마치 농구코트 베이스라인에서 점프슛을 하듯이 질문공세에 들어간다. 우리의 비정통적 교육법에 기대를 걸어보고 싶은 게 분명하다. 문제는 우리가 아이들에게, 그것도 자기 아들처럼 이제 겨우 여섯 살밖에 안 된 어린 아이에게도 허락하는 그 많은 자유가 과연 괜찮을지 판단하기 위해 참고할 만한 비교대상이 없다는 것이다. 초반에 그가 던진 질문은 아내가 예전에 했던 질문과 다르지 않다. 윌리엄에게 읽기나 쓰기 등을 배우고 싶을 때까지 미룰 수 있는 자유를 주면, 아이가 과연 그런 기초 학습을 배울 수 있겠느냐는 것이다.

사실 우려하는 바를 우리에게 허심탄회하게 말하는 부모가 차라리 낫다. 나아가 윌리엄처럼 아버지가 아들의 양육에 적극적으로 관여하겠다고 나서는 경우는 뜻밖의 행운이나 다름 없다. 하지만 아버지 윌리엄은 남부의 농촌지역에서 자랐기 때문에 그가 생각하는 학교와 우리 프리스쿨 간에는 큰 격차가 존재할 수밖에 없다. 내 생각에는 이 점을 처음부터 인정한 다음, 자녀의 인지발달에 관해서 부모에게 공포를 조장하는 우리 사회의 잘못된 풍토로 화제를 유도하는 것이 가장 좋은 전략일 것 같다.

아들을 걱정하는 이 현명한 아버지와의 대화에서 내게 유리한 점이 있다면 두 아들 모두 일반학교에서 별로 만족스럽지 못한 경험을 했다는 사실이다. 사실 아버지 윌리엄 본인도 제도권 교육이 체질에 맞지 않았다며 이렇게 고백한다. "사실 농구가 아니었으면 대학도 못 갔을 겁니다."

그러자 아이린도 자기 이야기를 들려준다. "저는 고등학생이 되면서부터 이래라저래라 잔소리 듣는 데 넌덜머리가 나서 완전 반항아로 돌변했어요. 제정신으로 돌아오는데 몇 년 걸렸죠."

그러더니 아버지 윌리엄과 아이린 둘 다 거의 한 목소리로 자식들만큼은 자신이 겪었던 아픔 없이 어른이 되었으면 좋겠다고 말한다.

나는 두 사람의 말을 이렇게 받아친다. "지금부터 아이들이 스스로 사고하도록 격려해주면, 나중에 사춘기를 마치 전쟁처럼 치러야 할 가능성을 줄일 수 있습니다."

나는 아이린과 윌리엄을 안심시키기 위해 최근 프리스쿨을 졸업하고 일반 고등학교에 진학해 멋지게 살고 있는 아이들의 성공담을 들려준다. 아이들은 우리 학교에서 뚜렷한 목적의식과 내면의 방향감각을 기른 덕분에 일반 고등학교에서 안 좋은 일을 당해도 잘 견뎌내고 적응한다. 한 젊은 친구가 내게 가르쳐준 표현을 빌리자면, 우리 학교 졸업생들은 '뻥쟁이 감지기'가 내장되어 있다. 이 아이들 눈에는 교사들도 나름의 장단점과 특유의 개성을 지닌 똑같은 인간인 것이다. 그리고 어떤 이유 때문인지는 몰라도 우리 아이들은 일반학교에서 등수를 매기고 줄을 세워도 힘들어 하기는커녕 아주 능숙하게 상황에 대처한다.

이 대목에서 아버지 윌리엄이 통찰력을 발휘한다. 우리가 하는 일을 '인성교육'이라 표현하면서, 이런 교육을 받은 덕분에 우리 학교 졸업생들이 일반 고등학교 환경에 잘 적응할 뿐만 아니라 사회에 나가서도 더 준비된 자세로 인생을 살 수 있을 것 같다고 말한다.

나는 아이린과 대화했을 때와 마찬가지로 아버지 윌리엄이 이번 상담을 통해 완전히 의심을 버렸다고 생각하진 않는다. 하지만 적어도 아들을 프리스쿨에 보내보겠다는 의지는 생기게 한 것 같다.

대화는 어느덧 학교 이야기에서 벗어나 가정과 가족 이야기로 넘어간다. 내가 받은 느낌은 이 집에서 엄마는 감싸주고 받아주는 역할, 아빠는 꾸짖고 매를 드는 역할을 맡았다는 것이다. 남부 농촌지역의 가정문화에서는 자식을 매로 다스리는 것이 지극히 자연스럽다는 것을 알고 있지만, 그래도 나는 최대한 외교적인 언사로 체벌에 대한 반대의사를 내비친다.

아이는 맞을수록 분노와 증오가 생기면서 결국 아이를 때려서라도 고치려 했던 나쁜 행동을 오히려 더 하게 된다. 나는 이미 아들 윌리엄이 겁먹은 아이라는 사실을 직감하고 있고, 그 어린 아이가 거인과도 같은 아버지한테 매를 맞는 광경은 생각조차 하기 싫다. 아버지 윌리엄은 두 아들을 때리는 것을 자제하려고 노력하고 있다고 말한다. 요즘은 아이들이 잘못을 하면 자기 방으로 보내거나 텔레비전을 못 보게 하는 등 다른 방식으로 벌을 준다고 한다. 하지만 나는 어떤 형태로든 벌을 주는 것이 이 가정의 일상에서 큰 부분을 차지한다는 인상을 지울 수가 없다.

아버지 윌리엄은 사실 냉장고 배달 일을 마치고 집으로 돌아오면 너무 피곤해서 두 아들한테 신경 쓸 여력이 없는 날이 더 많다고 고백한다. 아이린은 아이들한테 관심을 보여주는 역할을 자기 혼자 감당하지 않게 남편에게 아이들과 더 많은 시간을 보내라고 늘 잔소리를 한다고 덧붙인다.

셋째 아이를 임신한 아이린은 현재 몸이 불편해서 다니던 직장을 그만두고 쉬면서 두 아들과 더 많은 시간을 보내고 있다. 불행히도 이는 가계소득이 줄어들었다는 뜻이기도 하다. 그래서 윌리엄네는 당분간 형편이 어려울 것이다.

윌리엄의 부모와 회의를 한 지 며칠 뒤, 우리 반 아이들은 아직 목적지는 정하지 못했지만 올해도 가게 될 수학여행 경비를 마련하기 위해 사과버터를 만들어 팔기로 했다. 사과버터를 만들려면 수작업이 많이 들어가기 때문에 에너지 넘치는 우리 반 아이들에게는 안성맞춤인 가을활동이다. 우선 사과를 사등분해서 커다란 주전자에 넣고 무를 때까지 조린다. 사과가 충분히 무르면 수동 푸드밀(맷돌처럼 생긴 체와 비슷한 기능을 하는 조리기구_옮긴이)로 씨와 껍질을 걸러낸다. 사과의 일부는 발효시켜 사과주를 만들어뒀다가 나머지 사과를 조릴 때 넣어 단맛과 걸쭉함을 더해주는 데 사용한다.

우리는 사과주 만드는 데 쓰려고 낡은 수동 압착기를 빌려온다. 사과주 만들기도 두 단계로 나뉘는데, 1단계에서는 압착기에 부착된 수동 분쇄기로 사과를 갈아준다. 갈아진 사과 과육은 자동적으로 밑에 놓은 나무통으로 쏟아진다. 그 다음에는 커다란 주철 나사가 돌아가면서 나무통에 꼭 맞게 짜인 원형 나무판으로 과육을 압착시키면, 나무통 밑에 달린 꼭지로 사과즙이 나온다. 아이들은 압착기의 커다란 나무 손잡이를 신나게 돌리면서 꼭지에서 사과즙이 마술처럼 흘러나오는 모습에 재밌어 한다.

우리 반 아이들과 많은 시간을 보내는 윌리엄도 사과버터 만들기에 적극 동참하고 있다. 오늘 아침에는 사과버터를 담을 병을 사러 2학년 리사와 함께 나서는 나더러 같이 가도 되냐고 묻는다. 사실 윌리엄처럼 충동적인 아이를 데리고 슈퍼마켓에 가는 것은 대단한 도전이다. 요즘 슈퍼마켓은 온갖 매혹적인 물건들이 아이들의 혼을 쏙 빼놓게끔 진열되어 있다. 슈퍼마켓에 들어서기 전, 나는 한 팔로 윌리엄의 어깨를 부드럽게 감싸며 행동규칙을 설명한다. 뛰어다니지 않기, 내 옆에서 떨어지지 않기, 진열대에서 물건을 마구 끌어내리지 않기, 그리고 뭔가 사달라고 조르지 않기.

나는 마지막으로 덧붙인다. "규칙을 잊어버리면 내가 한두 번은 다시 말해줄게. 하지만 그 이상의 기회는 없어. 규칙을 또 어기면 장도 안 보고 당장 학교로 돌아가는 거다."

나는 윌리엄이 내 말을 제대로 이해했는지 확인하는 차원에서, 윌리엄에게 자기 때문에 빈손으로 학교로 돌아가게 되면 우리를 기다리고 있을 다른 아이들이 얼마나 자기를 원망할지 상상해보라고 한다.

매장에 들어선 윌리엄은 내가 약속한 두 번의 기회를 금방 써버린다. "크리스, 캔디 좀 사주면 안 돼요? 제발요."

"윌리엄, 뭐 사달라고 조르면 안 된다고 했지?"

"아, 맞다."

장난감과 게임 섹션이 눈에 띄자 윌리엄은 진열대 사이를 내달리기 시작한다. 참새가 방앗간을 지나치길 기대한 것은 내 욕심이었을까? 약속한 두 번째 경고가 나간다. "내 옆에서 떨어지지 않기로 약속한 거 잊지 않았지?"

나는 장난감에 빼앗겼던 마음을 다잡고 내 옆으로 돌아온 윌리엄의 자제력에 살짝 놀란다. 우리는 잰 걸음으로 통조림 섹션으로 가서 유리병을 찾은 뒤 또 재빨리 계산대로 향한다. 나는 자제력을 발휘해준 윌리엄이 첫 시도에서 성공을 맛보기를 간절히 바란다.

무사히 슈퍼마켓을 나서면서 나는 규칙을 성공적으로 지킨 윌리엄에게 축하한다고 말한다. 그리고 거기서 멈췄어야 했거늘, 나는 있지도 않은 행운을 믿고 슈퍼마켓 옆 목재소에도 들리기로 한다. 학교 창문을 고치는 데 필요한 부품을 찾기 위해서다. 이번에도 행동규칙을 설명해주고 목재소에 들어선다. 목재소 직원이 맞는 부품을 금방 찾아주기만 했어도 우리는 무사히 그곳도 빠져나왔을지 모른다. 5분씩이나 서서 기다리는 동안, 윌리엄은 그 많은 전기톱과 드릴의 유혹에 빠지고 만다. 나는 목재소 직원이 창문 고치는 방법을 설명해주는 내내 아무리 말려도 물건을 계속 만지려 드는 윌리엄을 붙잡고 있을 수밖에 없다.

이쯤에서 내가 왜 목재소에서 규칙을 어긴 윌리엄을 나무라지 않았는지 설명해둘 필요가 있겠다. 이유는 두 가지인데, 첫 번째로는 목재소에 들른 것은 윌리엄과 아무 관련이 없는 일이었고, 두 번째로는 윌리엄의 한계를 과도하게 시험한 내 탓이 크다는 것이다.

어쨌든 윌리엄은 내가 목재소에서 연장과 기계를 못 만지게 한 것 때문에 뿔이 났다. 물건 값을 지불하고 나서는 나를 흘겨보며 따라 나오지 않고 버틴다. 나는 비좁은 가게에서 고집 센 아이와 힘겨루기를 하는 게 얼마나 어리석은 짓인지 두 딸을 키우면서 오래 전에 깨달았다.

그래서 나는 차분한 목소리로 윌리엄에게 말한다. "나는 주차장에 가서 차를 타고 학교로 돌아갈 거야. 지금쯤이면 점심 다 차려놓았을 텐데, 나 배고프거든."

그러고는 윌리엄에게 등을 돌리고 리사와 함께 목재소를 나선다. 윌리엄은 여전히 팔짱을 낀 채 계산대에 기대어 서 있다. 다행히 아까 차를 가게 바로 앞에 주차했기 때문에 윌리엄은 우리가 차문을 열고 차에 타는 모습을 볼 수 있다. 나는 운전석에 앉아 일부러 아주 천천히 주머니를 뒤져 자동차 열쇠를 찾는다. 리사는 조수석에 타서 안전벨트까지 맨 상태다. 어느새 윌리엄은 가게에서 나와 조수석 옆에 서 있다. 배가 고팠는지, 아니면 정말 우리가 자기를 두고 갈까봐 무서웠는지, 아무튼 마음이 바뀐 모양이다.

하지만 드라마는 여기서 끝나지 않는다. 이번에는 자기가 가게에서 안 나오고 버티는 바람에 조수석을 리사한테 뺏긴 게 분했는지, 리사를 노려보며 거만한 목소리로 말한다. "야, 거기 내 자리거든."

리사 또한 자신만만한 말투로 대꾸한다. "아니거든. 올 때는 네가 앞에 앉았으니까 돌아갈 때는 내 차례야."

또 다시 팔짱을 낀 윌리엄. 공정성을 따질 기분이 아닌가 보다. 녀석은 절대 뒷좌석에 앉을 수 없다고 말하더니 잠시 후 조수석 문을 열기 시작한다. 결의에 찬 표정을 보아하니 리사와 몸싸움이라도 할 기세다.

나는 누가 앞에 앉느냐를 놓고 허구한 날 벌어지는 아이들의 자리다툼에 별로 끼어들고 싶지 않지만, 지금은 무척 배가 고픈 데다 윌리엄의 꼼수에 인내심이 바닥난 상태다. 극단적인 조치가 요구되는 순간이다. 나는 리사 쪽 차문을 다시 닫고 잠근 후 윌리엄에게 말한다. "지금부터 30초 생각할 시간을 준다. 그런데도 차에 타지 않으면 너 두고 갈 거야."

나는 천천히 30까지 세기 시작하고, 윌리엄은 그런 나를 노려본다. 25까지 셌을 때, 나는 장난이 아니라는 것을 보여주기 위해 시동을 걸고 가속 페달을 두어 번 밟아준다.

그리고 큰소리로 말한다. "자, 윌리엄, 시간 다 됐다. 집에 잘 찾아가렴." 우리 옆에 주차된 차에 몸을 기댄 채 서 있는 윌리엄은 한 발짝도 움직이지 않는다. 교착상태다. 하지만 나는 오래 끌지 않을 생각이다. 맞불작전에 들어갈 때가 되었다. 나는 윌리엄 못지않게 결연한 표정을 지어보이며 후진 기어를 넣고 클러치에서 발을 뗀다. 작전은 바로 먹힌다. 차가 서서히 주차된 칸에서 빠져나가기 시작하자, 윌리엄은 얼른 외친다. "같이 가요!" 나는 바로 차를 세우고, 윌리엄은 차문을 열고 뒷좌석에 올라탄다.

물론 나는 여기서 아이에게 한계를 설정할 때 지켜야 할 신성불가침의 원칙을 깼다. 아이가 한계를 무시할 경우 어떤 결과가 나타날지 설명해줘야 하는데, 이때 설명한 결과는 반드시 실행에 옮길 자신이 있는 결과여야 한다. 그런데 나는 윌리엄을 두고 갈 생각은 당연히 없었다. 하지만 여섯 살배기 아이가 제아무리 고집이 세도 버림받는 것에 대한 두려움 앞에서는 십중팔구 무너지게 되어 있다. 그래서 나는 엄포만 놓아도 통할 거라 확신했던 것이다. 이렇게 아이의 공포를 이용하는 것이 비겁하다고 생각하는 사람들은 리탈린파 역시 게임의 규칙을 밥 먹듯이 어긴다는 사실을 기억하시길 바란다. 이 아이들한테는 자기보다 한 발 앞서 게임을 주도하는 어른이 있어야 한다.

차에 타긴 했지만 순순히 항복할 윌리엄이 아니다. 이번에는 안전벨트를 매지 않겠단다. 하지만 이번 판은 금방 끝나고, 우리는 드디어 학교로 향한다. 백미러로 비친 윌리엄은 여전히 미간을 잔뜩 찌푸리고 있다. 아직도 삐친 게 다 안 풀렸나 보다.

아니나 다를까, 윌리엄은 잠시 후 앞좌석을 뺏겼다며 징징대기 시작한다. "불공평하잖아. 내가 너보다 먼저 앞자리에 앉았단 말이야." 그러고는 "바보 똥개!"라고 덧붙인다.

리사는 장하게도 녀석을 상대해주지 않는다. 하지만 윌리엄이 끈질기게 리사한테 욕을 하자, 내가 한마디 하고 만다. "네 엄마는 네가 그렇게 욕하면 해달라는 대로 해주시니?"

윌리엄이 씨익 웃으며 대답한다. "그럼요."

"그렇다면 엄마가 바보 같은 짓을 하는 거네. 아들이 이렇게 되도록 놔뒀으니. 여섯 살이나 된 애가 해달라는 대로 안 해줬다고 애기처럼 징징거리기나 하고."

갑자기 효심이 불타오른 윌리엄이 자기 엄마 방어에 나섰다. "아깐 농담한 거예요. 우리 엄마 해달라는 대로 다 안 해줘요." 그러고는 잠시 후에 덧붙인다. "우리 엄마 바보라고 부르지 말아요. 우리 엄마 똑똑해요."

"네 엄마 똑똑하신 거 나도 알아. 하지만 네가 그렇게 삐치고 징징댈 때마다 네 말 다 들어주시는 건 큰 실수 하시는 거야. 너한테 좋을 거 하나도 없거든."

윌리엄은 여전히 징징대는 목소리로 대꾸한다. "우리 엄마 그렇게 안 한다니까요!"

나는 윌리엄의 말에 대꾸해주지 않고 리사한테 어떻게 생각하느냐고 묻는다. 두 언니와 함께 지난 봄까지 홈스쿨링을 하다 우리 학교에 입학한 리사는 어린 나이에도 참 지혜로운 꼬마숙녀다. 곰곰이 생각하더니 이렇게 답한다. "재 엄마가 재 말 다 들어주는 거 맞는 거 같아요. 안 그러면 지금도 저렇게 징징대지 않았겠죠."

느닷없이 화제를 바꾸는 윌리엄. "오늘 점심 뭐 먹어요?"

여섯 살 정도 된 아이들, 그리고 때로는 그보다 더 어린 아이들도 놀라울 만큼 자신을 잘 안다. 그래서 나는 위와 같은 대화를 유도한 것이다. 윌리엄 앞에서 자기 엄마를 비하하려는 의도는 없었다. 윌리엄이 삐치고 징징대는 수법으로 남을 좌지우지하려 들면 어떤 대가를 치러야 하는지 생각해볼 기회를 줬을 뿐이다. 윌리엄의 본래 성격은 당당한 투사와 같다. 징징대는 나약함과는 거리가 멀고, 사실 녀석도 그런 식으로 인생을 살고 싶진 않을 것이다. 징징대는 것은 아이들의 전형적인 수법인데, 윌리엄의 경우에는 특히 유용했던 모양이다. 윌리엄의 엄마 아이린은 이른바 말랑말랑한 사람이다. 두 아들이 자신한테 화내는 것을 못 견디고, 아마 붐비는 슈퍼마켓에서 아들이 조금만 떼를 쓰면 금방 무너질 것이다.

어린아이한테 일장연설을 늘어놓거나 아이가 작은 어른처럼 사고하고 행동하길 기대하는 것은 부질없는 짓이지만, 아이가 자기가 하는 행동이 어떤 연유에서 나오는 행동인지 이해할 수 있도록 돕는 것은 지극히 옳은 일이다. 그리고 아이들은 그렇게 해주면 기꺼이 배우려고 한다. 물론 그 배움은 애정과 존중의 관계라는 맥락 속에서 이루어져야 한다.

윌리엄이 내 인내심을 시험하긴 하지만, 나는 녀석을 진심으로 좋아한다. 윌리엄한테 애기처럼 징징댄다고 말한 것도 윌리엄을 모욕하려는 뜻은 절대 없었다. 자신의 모습을 새로운 각도에서 살펴볼 수 있도록 거울이 되어줌으로써, 충동과 관성이 아닌 의식적 선택에 따라 행동하는 법을 배우기 시작하길 바랄 뿐이었다. 내가 윌리엄의 행동을 약간 비판한 것은 사실이지만, 동시에 나는 윌리엄이 그런 행동을 돌아보고 다음부터는 다르게 행동할 수 있을 거란 기대와 믿음도 함께 표현했다.

이에 비해 아이가 말을 좀 안 듣는다고 약물로 아이를 굴복시키는 것은 얼마나 어처구니없고 비인간적인 짓인가? 그것은 비겁하고 비열한 방법이다. 전인격을 갖추고자 하는 아이들의 타고난 욕구를 무시하는 처사다. 지금 온갖 병리학적 꼬리표를 도매급으로 달고 있는 아이들도 약간의 기회만 주어진다면, 누군가 자기 뇌를 생화학적으로 조작하지 않아도 얼마든지 배우고 성장하고 긍정적으로 변화할 수 있다.

아니라고 말하는 것은 인간의 정신을 무시하는 것이다.

세 번째
이야기
두려움이
많은 아이

교사들은 에너지가 유난히 많은 아이들을 매일같이 자기 본성을 거스르는 시간표와 교과과정에 억지로 끼워 맞추느라 진을 빼고 이에 따른 반작용에 대처하느라 또 진을 빼는 악순환에 휘말린다. 이러한 부정적 패턴은 아이가 학교에서 받던 강요를 집에서 부모한테도 받을 경우 가정에서까지 반복된다.

데미안 엄마가 11월 초에 전화를 걸어왔다. 아들에게 아침마다 억지로 먹이고 있는 ADHD(주의력결핍과잉행동장애attention deficit hyperactivity disorder) 처방전에 한 가지를 더 넣으라는 지시를 받고 나서다. 현재 리탈린 30밀리그램을 복용하고 있는데, 학교 측의 말로는 별로 효과가 없단다. 열 살배기 데미안이 도무지 제자리에 앉아 있지 못하고 과제에 집중하기보다는 딴 생각에 빠져 있다는 담임선생의 불만이 끊이지 않는다는 것이다.

데미안 엄마 폴라가 학교 당국으로부터 아들에 대한 강력한 조치를 '권유'받은 것은 이번이 처음이 아니다. 데미안을 소도시의 공공학교 부설 유치원에 입학시키자마자 비슷한 얘기를 들었다. 아이가 ADHD의 전형적인 증세를 보이고 있으니 약을 먹여야 한다는 얘기였다. 폴라는 마약이나 다름없는 약을 어린아이에게 먹이기 싫다고 유치원 원장과 교사에게 말했다.

유치원은 "약을 먹이지 않으면 아동보호국에 아동학대로 신고하겠다"고 응수했다. 시골 사는 서민층 엄마에게 사회복지사가 자식을 뺏어간다는 말보다 더 무서운 협박은 없을 것이다. 폴라는 그 협박에 무너졌고, 아들에게 리탈린을 먹이기 시작했다. 그러다 작년에 알바니로 이사오면서 이 지역 학교는 더 진보적인 관점을 가지고 데미안이 약을 끊을 수 있게 해주리라 기대했다.

그러나 폴라의 기대와는 정반대로, 데미안이 전학한 학교는 아이가 육체적으로나 정신적으로 들뜬 모습을 더 못 견뎠고, 약물을 더 이상 먹이지 말라고 하기는커녕 이미 먹이고 있던 리탈린의 효과를 보충할 혈압약 클로니딘을 추가로 먹이도록 권했던 것이다. 아들이 전에 다니던 학교의 협박과 교사들의 부정적인 태도에 지칠 대로 지친 폴라는 이번에는 저항 한번 못하고 투항했다. 그리고 불과 며칠만에 데미안의 담임으로부터 새로 먹이는 약 덕분에 아이가 달라졌다는 이야기를 들었다. 낙심한 엄마에게 학교로부터 정말 오랜만에 들려온 가뭄에 단비 같은 소식이었다. 폴라는 아들의 달라진 모습을 직접 보고 싶은 마음에 학부모 수업 참관의 날을 손꼽아 기다렸다. 그토록 고대하던 날이 되어 데미안의 교실 뒤에 자리를 잡은 폴라는 그만 공포에 휩싸여 말을 잃고 말았다. 아들의 자리에 죽은 듯 널브러져 있는 아이가 자기 아들이라고 도저히 믿을 수가 없었다.

폴라는 그날로 당장 아들을 위한 대안을 찾아 나서기로 결심했고, 우리 학교에 대한 소문을 들었던 터라 바로 그 다음 날 나와 전화통화를 하게 된 것이다. 폴라는 거의 울먹이며 말했다. "좀비가 따로 없었어요. 완전히 넋이 나가 보였다니까요." 나는 폴라에게 말했다. "데미안이 우리 학교에 오려면 약을 아예 끊어야 합니다."

우리 학교의 '약물엄금' 원칙은 많은 학부모들을 주저하게 만든다. 하지만 폴라는 달랐다. 폴라는 내 말이 떨어지기가 무섭게 반색을 하며 외쳤다. "정말요? 우리 아들한테 리탈린이랑 클로니딘 못 먹게 한단 말이죠?" 나는 답했다. "절대 못 먹게 합니다. 우리 학교 아이들은 약물이 필요 없으니까요." 폴라는 바로 다음 날 아들을 데리고 방문하기로 약속했다.

데미안은 왕성한 식욕을 보이며 학교 첫날을 시작했다. 크림치즈를 바른 베이글을 두 개째 걸신들린 듯이 먹고 있는 데미안을 지켜보다가 폴라가 입을 뗀다. "얘가 이렇게 먹는 게 얼마만인지 몰라요." 얼굴에는 안심하는 표정이 역력하다. 그러다가 데미안은 잽싸게 달려가더니 방금 먹던 빵의 마지막 한 입을 아직도 오물거리며 큰 매트리스 옆에 세운 꼬마 흔들다리에 올라탄다.

데미안을 바라보면 제일 먼저 눈에 끌린다. 이글거리는 두 눈은 주체할 수 없는 에너지를, 눈 밑의 검은 그림자는 아이가 잠을 잘 못자고 있음을 짐작케 한다.

"데미안은 내적 리듬이 다른 아이들과 다릅니다. 우리 학교와는 인연이 없는 것 같습니다." 전에 다니던 학교 교장이 폴라와 작별인사를 하면서 던진 말이다. 하지만 나는 생각이 다르다. 데미안의 리듬은 다르다기보다는 대부분의 아이들보다 조금 빠를 뿐이다. 이 녀석은 뭐든지 엄청난 속도로 해치운다. 예를 들어 오늘 처음 만든 목공품도 10분 안에 끝낸다. 엄마한테 선물할 쟁반인데, 화려한 페인트칠을 끝내고 붓을 빨아서 정리하는 데도 7분밖에 안 걸린다. 완성된 작품 또한 전혀 허술해 보이지 않는다. 폴라는 오후에 아들의 선물을 받고 행복해한다.

데미안은 말도 조리 있게 잘하고, 읽기 실력은 초등학생 수준을 뛰어넘는다. 인터랙티브 판타지 게임 '던전스 앤드 드래곤스'에 열광하는 소년답게 '아서왕과 원탁의 기사' 같은 소설을 애독한다.

데미안이 우리 학교에 온 지 며칠 지난 어느 날, 나는 첫날부터 그랬듯이 아침식사를 마치자마자 정글짐을 기어오르고 있는 아이에게 말을 건다. 잘 모르는 성인남자 앞에서는 낯을 가릴 나이가 된 데미안은 아직까지 모든 교사들을 경계하고 있다. 나는 가벼운 인사를 건네며 데미안이 어떤 영화와 비디오 게임을 좋아하는지 묻는다. 하지만 내가 구체적으로 알고 싶은 것은 따로 있다. 하루아침에 약을 끊은 데미안이 혹시 어디가 불편하지는 않은지 살피는 것이다.

나는 넌지시 질문을 던진다. "이제 약 안 먹으니까 기분이 어때?"

데미안은 수평으로 걸쳐놓은 사다리에 올라탄 채 내 질문을 곱씹더니 의외의 답을 한다. "조금 차분해진 것 같아요."

나는 아이를 밀어붙이고 싶진 않지만, 그래도 의아한 마음에 조금 더 질문을 하기로 한다. 프리스쿨 분위기는 차분함과는 거리가 멀어도 한참 머니까. "왜 그런 것 같아?"

잠시 또 생각에 잠겨 침묵하던 데미안이 이번에 내놓은 대답 역시 의외다. "여기선 자유로우니까요."

나는 데미안이 근본적으로 두려움이 많은 아이라는 느낌이 든다. 사람이 두려운 건지, 아니면 자신의 충동이 두려운 건지는 잘 모르겠다. 둘 다일지도 모른다. 내 생각에 데미안이 전에 다니던 학교에서 그렇게 문제가 되었던 주의력 부족은 무슨 생물학적 장애의 증상이 아니라 누군가 또는 무언가로부터 계속 도망치고 싶은 의지의 표현인 것 같다.

데미안이 겁먹은 상태라는 내 직감을 확인할 계기가 찾아왔다. 우리가 키우는 암염소를 교미시키러 염소농장에 아이들 여러 명과 가기로 한 날, 데미안은 자기도 같이 가겠다고 한다. 오늘 아침부터 외양간에서 암염소 스트로베리가 구슬프게 우는 걸 보니 발정난 게 틀림없다.

우리는 스트로베리한테 우리 집 개 라코타의 줄을 채우고 학교 승합차에 올라탄다. 농장이 있는 도시 외곽까지 차로 약 45분쯤 가야 한다. 나는 시동을 걸고 도로를 타기 위해 차를 후진시킨다. 도로는 허드슨 강으로 이어지는 언덕의 비탈길에 있다. 그런데 차가 움직이지 않는다. 얕은 웅덩이에 닿은 뒷바퀴가 얼음 위에서 헛돌고 있는 것이다. 나는 속으로 욕을 하면서 운전석에 웅크리고 앉아 어떻게 할지 궁리한다. 염소의 발정기는 열두 시간에서 열여덟 시간이면 끝나기 때문에 최대한 빨리 스트로베리가 짝을 만나게 해줘야 한다. 이런저런 방법을 고민하고 있는데 갑자기 데미안의 목소리가 들린다.

"크리스, 나 학교로 돌아가면 안 돼요? 농장 안 갈래요." 목소리에는 다급함이 묻어나고 얼굴에는 불안함이 어려 있다.

나는 데미안을 안심시키기 위해 최대한 차분한 목소리로 말한다. "괜찮아, 데미안. 차 금방 뺄 거거든. 그럼 바로 출발할 수 있어."

그 순간, 차고에 암염이 있다는 생각이 머리를 스친다. 암염을 가져다 뒷바퀴에 한 삽씩 뿌렸더니 얼음이 녹으면서 바로 차가 움직이기 시작한다. 데미안한테 한 약속을 지킬 수 있게 되었다. 그런데 도시 경계에 다다르자, 여기서부터는 길을 잘 모르겠다는 생각이 든다. 농장에 가본 지 일 년이 넘은 터라 길이 가물가물하다. 나는 조수석에 앉아 길라잡이 노릇을 하고 있는 카알과 상의를 한다. 카알은 일 년 전에도 농장에 같이 갔었다. 우리 둘은 가다보면 눈에 익은 길이 보이지 않겠냐며 계속 가보기로 한다.

그런데 길을 모른다는 말을 입 밖으로 꺼낸 게 잘못이었다. 데미안이 카알과 내가 주고받은 말을 들어버린 것이다. 승합차 중간쯤 앉아 있던 데미안이 큰소리로 묻는다. "크리스! 우리 길 잃어버렸어요? 나 학교로 돌아갈래요."

나는 걱정하지 말라고 말하고는 계속 늦가을 시골길을 달린다. 그러다 문득 이맘때면 사슴떼의 이동이 잦아지면서 번식기가 시작된다는 생각이 든다. 그래서 데미안의 주의를 다른 데로 돌릴 요량으로 데미안에게 사슴을 찾아보라고 한다. 사슴이 나타나지는 않지만, 데미안은 사슴 찾는 데 정신이 팔려 한동안 잠잠해진다. 하지만 내가 길을 잘못 들어서자 아까와 똑같은 상황이 또 되풀이된다.

"크리스! 우리 진짜 길 잃어버린 거 맞죠? 어서 차 돌려요. 나 학교로 돌아갈래요. 빨리요!"

나는 점점 커져가는 데미안의 불안감을 무시하기로 한다. 지금은 일단 최대한 빨리 농장에 도착하는 일이 급선무라는 생각에서다. 나는 카알과 다시 상의를 해서 곧 길을 찾는다. 우리는 별다른 사고 없이 농장에 도착하고, 데미안의 불안감도 금방 사라진다. 아이는 스트로베리를 끌고 가 숫염소들에게 선보일 생각에 마냥 신이 났다.

프랑스산 알프스 염소를 30년 넘게 사육한 농장주인 모니크가 농장 진입로에 들어선 승합차 소리를 듣고 마중을 나온다. 나는 장성한 자녀를 여러 명 둔 베테랑 엄마 모니크에게 함께 온 아이들을 소개해준다. 소개가 끝나자 모니크는 우리를 외양간으로 안내한다. 외양간 한쪽 끝에는 튼튼하게 지은 마구간이 있고, 마구간에는 숫염소 세 마리가 한 칸에 한 마리씩 기다리고 있다.

모니카는 프랑스 억양이 여전한 말씨로 아이들에게 스트로베리는 몸집이 작으니까 수놈 세 마리 중 제일 작은 놈과 짝지을 계획이라고 설명한다. 흥분한 두 염소가 서로를 탐색하는 동안, 모니크는 유전학에 대해 설명하다 말고 아이들 수준에 적합하면서도 아주 흥미진진한 성교육 강의에 들어간다. 아이들은 계속 키득거리고 얼굴을 찌푸리면서도 번식의 법칙에 관한 모니크의 강의를 경청한다. 대부분의 아이들은 성교육에 너무 집중한 나머지 염소들이 순식간에 거사를 치르는 광경도 놓치고 만다.

데미안을 비롯한 모든 아이들이 돌아오는 길에는 흥이 나 있다. 그러나 나는 데미안이 보였던 극심한 불안감이 맘에 걸린다. 녀석이 과거에 어떤 큰 충격을 겪은 게 분명하다.

데미안의 시험방문이 끝나면서 갖게 된 학부모 회의에서 나는 데미안의 깊은 두려움의 근원 중 하나를 찾아낸다. 데미안의 부모는 아들이 한 살쯤 되었을 때 이혼을 했다. 그로부터 6개월 후, 데미안 아빠는 기독교인과 교제를 하게 되었는데, 폴라의 말에 따르면 그 여성이 폴라의 비기독교적인 영성에 의심을 갖게 되었다고 한다. 그 여성은 급기야 폴라가 사탄숭배자가 틀림없다며 데미안 아빠한테 데미안까지 위험해질 수 있다고 설득했다. 결국 아빠는 데미안을 납치해서 폴라가 찾아오지 못하도록 다른 주로 이사까지 가버렸다. 폴라는 그 후로 거의 일 년 동안 두 개 주의 가정법원을 오가며 법정싸움을 한 끝에 겨우 양육권을 되찾고 데미안을 데려왔다. 하지만 데미안은 이미 다른 아이가 되어버렸다고 한다. 외출하는 것을 싫어하고 혼자 있는 것도 무서워하는 아이가 된 것이다.

나는 폴라에게 말한다. "데미안이 두려움을 극복할 수 있게 도와주려면 한 번에 조금씩 두려움에 노출시키는 것도 한 방법입니다. 지난번 염소농장에 데리고 갔을 때처럼 말이죠."

"아, 알아요. 걔 그날 집에 와서 계속 농장 다녀온 애기만 했어요. 한 시간 넘게 그 얘기만 하던데요."

내가 제시한 방법은 알레르기가 있는 아이들에게 흔히 쓰는 면역요법인데, 공포증이 있는 아이에게도 그 공포감을 줄여주는 효과가 있다.

나는 이런 설명을 덧붙인다. "공부를 잘해야 한다거나 자기 또래하고만 어울려야 한다는 식으로 강요하지 않는 환경에 있는 것만으로도 데미안은 마음이 조금씩 편해질 겁니다. 그러면 자신도 남도 조금 더 편안하게 받아들이게 되겠죠."

내가 폴라에게 일러두고 싶은 또 한 가지 중요한 점은 인간의 정신 속에서 공포는 십중팔구 분노를 수반한다는 사실이다. 데미안이 우리 학교에서는 아직까지 분노를 드러내지 않았지만, 이곳에 익숙해지고 나면 조만간 분노를 표출하기 시작할 가능성이 크다. 나는 폴라가 이 점을 미리 알고 있어야 한다고 생각한다. 시험방문 기간 동안에는 심각한 싸움이나 갈등 같은 큰 사고가 없었기 때문에 아직은 분노가 수면 밑에 있긴 하지만, 분노가 표출되면 이에 대한 프리스쿨의 대처법을 폴라도 이해할 필요가 있다. 우리는 아이의 성장, 특히 데미안처럼 힘든 일을 겪은 아이의 성장을 위해서는 아이가 자신의 감정을 다루는 법을 배우도록 도와야 한다고 믿는다.

나는 설명을 이어간다. "데미안의 개인사를 감안할 때, 아이가 그동안 분출하지 못한 감정이 아주 많은 게 당연합니다. 그러니까 데미안이 학교에서 있었던 일이라며 아주 황당한 이야기를 해도 놀라지 마시길 바랍니다."

우리는 학부모에게 이렇게 미리 일러두는 것이 뒤로 미루는 것보다 훨씬 낫다는 사실을 오랜 경험을 통해 터득했다. 그래야 나중에 부모가 당황하거나 화를 내는 일을 방지할 수 있다.

"애가 속으로 얼마나 많이 화가 나고 무서워하는지 나도 알아요. 그리고 애가 사고치는 것도 하루 이틀 겪은 게 아니라서 이젠 웬만한 일로는 눈 하나 깜빡 안 해요. 애가 가만히 앉아서 시험공부 하게 만드는 것보다 애가 얼마나 정서적으로 건강한지에 더 신경 써주는 환경을 만나서 오히려 너무나 다행이라고 생각하고 있어요."

폴라는 세련된 데다 사려 깊고 솔직하기까지 하다. 민감한 얘기를 할 때는 이렇게 자기 생각을 솔직하게 말하는 상대가 훨씬 더 편하다. 폴라는 데미안이 정말 고집이 센 데다 집에서도 밤늦게까지 잠을 안 잔다거나 집안일을 시켜도 안 해서 자기 속을 썩인다고 말한다. 그리고 요즘 같은 동네에서 만난 사람과 동거하기 시작했고, 지금 둘째를 임신했다고 말해준다. 이번에는 딸일지도 모른다는 기대에 설렌다고 털어놓는다.

내가 데미안이 프리스쿨을 다니면서 달라진 것 같으냐고 묻자, 폴라는 눈물을 글썽이며 대답한다. "프리스쿨이 빼앗겼던 내 아들을 되찾아줬어요."

아동심리학자 로버트 콜스는 지난 40년 동안 인종, 계급, 민족성, 가족관계와 같은 요인이 아이의 정서나 인지 발달에 미치는 영향을 연구해왔다. 그는 저서 『마음의 운명: 정신과 전문의의 자화상 The Mind's Fate: A Psychiatrist Looks at His Profession』의 신판 서문에서 인간의 정신세계에 숨은 수수께끼를 풀기보다는 점점 생물학적 논리로 이상증세를 설명하려는 현대 정신의학의 추세를 개탄한다. 데미안이 겪고 있는 정서적 문제도 이제는 인체의 질병으로 간주하고 몸이 아플 때 약을 먹듯이 약으로 치유될 수 있다는 생각이 지배하게 된 것이다.

이렇듯 정신의학이라는 분야도 이제 앨더스 헉슬리의 '멋진 신세계'로 진입했다. 이 신세계에서는 약물요법만이 진정한 치료법이다. 헉슬리의 멋진 신세계 속 만능 환각제 '소마'는 오늘날 현실세계에서 여러 형태로 존재하고 있다. 우울할 때 먹는 약, 불안할 때 먹는 약, 지나친 분노를 억제하기 힘들 때 먹는 약. 이러한 생물심리학적 접근법은 원래 성인의 정신치료에만 적용되다가 지금은 소아정신과까지 지배하기 시작했다. 현재 ADHD와 같은 장애를 조기에 진단하고 해당 신경정신과 치료제를 적기에 처방하기 위해 학교 내에 정신과 클리닉을 선별적으로 설치하는 계획이 수립되고 있다고 한다.

결국 문제는 네미안 같은 아이들이 도대체 왜 늘 화를 내거나 불안해하는지, 왜 주의력이 부족한지, 왜 친구를 사귀거나 협동심을 발휘하지 못할 만큼 충동적이고 공격적인지를 파고드는 임상의학자는 점점 더 줄어들고 있다는 것이다.

하지만 아이들과 함께 지내본 사람이라면 누구나 알듯이, 아이들은 다분히 감정적이고 예측 불가능한 존재다. 행복하고 정서적으로 균형 잡힌 아이들은 얼마든지 배우고, 남들과 교감하고, 합리적인 권위에 승복한다. 그러나 행복하지 못하고 정서적으로 균형이 깨진 아이들은 그 반대다. 균형이 깨진 아이의 문제를 단지 뇌의 화학적 이상으로 치부하는 것은 인간의 이성 자체를 무시하는 처사다. 획일화로 가는 지름길이다. 기계적이라 편리하겠지만, 비과학적인 접근법이기도 하다.

아이들의 정서발달을 최우선시하는 프리스쿨의 철학은 현재 과학적으로 입증되기 시작했다. 요즘 부상하고 있는 뇌과학 분야의 연구에 따르면, 감정은 인간의 정신과 심리 기능에 은유적인 영향을 넘어서 실질적인 영향을 미친다고 한다.

예를 들어 미국 국립정신보건연구소 임상뇌장애 부서의 선임연구원 폴 맥린은 뇌구조에 대해 세 개의 층위가 서로 감싸고 있는 형상을 띤 이른바 '삼위일체' 모델을 정립했다. 맥린은 세 층위 중 중앙에 자리 잡은 부분을 '파충류 뇌'라고 불렀는데, 이 부분은 오감을 통해 전달되는 외부세계에 대한 정보를 처리하여 생존을 돕는 기능을 한다. 파충류 뇌를 둘러싸고 있는 '감정의 뇌'는 감정과 면역체계를 포함한 내부 환경을 감시한다. 그리고 가장 바깥에 있는 층위를 흔히 '신피질'이라 불리는데, 다른 두 층위로부터 정보를 받아 전반적인 성장 및 생존 전략을 계발한다.

맥린이 삼위일체 모델을 개발하기 전까지는 인지 및 기억력을 관장하는 신피질이 가장 주목을 받았다. 그러나 이제는 감정의 뇌가 얼마나 중요한 기능을 하는지 밝혀졌다. 파충류 뇌와 신피질 사이, 즉 가장 적절한 위치에 자리 잡은 감정의 뇌는 다른 두뇌와 끊임없이 소통하면서 우리에게 자의식과 현실감각을 심어주고 우리가 하고 있는 모든 경험에 연속성을 부여한다. 또한 옳고 그름의 차이, 거짓과 진실의 차이를 알게 해주는 것도 감정의 뇌일 가능성이 높다.

보다 최근에는 심장신경학이라는 새로운 분야에서 나온 연구결과가 주목받고 있다. 이 분야의 연구자들은 감정의 뇌가 심장과 직결되어 있다는 사실을 발견했다. 심장은 혈액을 순환시키는 것보다 훨씬 더 많은 기능을 하는 기관이라는 사실도 밝혀졌다. 심장의 60에서 65퍼센트는 신경세포로 구성되는데, 이 신경세포의 구조는 뇌세포의 구조와 유사하다. 따라서 심장과 감정이 은유적으로 연관되어 있다는 종전의 믿음과는 달리, 심장은 실제로 우리의 감정적 경험을 가능케 하는 신경학적 근원이라는 것이다. 나아가 심장과 감정의 뇌가 전반적인 정신발달에 매우 중요한 역할을 공동으로 수행한다는 것이다.

데미안 같은 아이들만 보더라도 우리는 내면의 감정 상태와 외면으로 표출되는 사고 및 행동 패턴 간의 연관성을 알 수 있다. 데미안은 이후 자화상을 그리면서 자신이 미쳤을까봐 두렵다는 감정을 표현하는데, 이는 5년이나 ADHD로 낙인찍혀 약물치료를 받는 동안 자아상이 입은 상처의 표출이지, 데미안이 정말 미쳤다는 뜻이 결코 아니다. 하지만 데미안이 엄청난 괴로움에 시달리는 아이인 것만은 사실이며, 그 괴로움에는 의학적 또는 생물학적 설명이 필요 없는 분명한 원인이 있다.

데미안의 감정세계는 자기만의 내면적 논리로 구성되어 있다. 가족은 데미안이 아주 어릴 때 극단적인 형태로 파탄이 났고, 아이는 지금도 여름방학 중 짧은 기간을 제외하고는 생부와의 접촉이 없는 상태다. 데미안의 삶에 아빠는 여전히 중요한 존재지만, 아빠에 대한 아이의 감정은 늘 모호하다.

데미안과 엄마의 관계는 권력다툼으로 점철된 지 오래다. 이는 외동아이와 홀어머니 간의 관계에서 흔히 나타나는 특징이다. 특히 혼자서 어렵게 가정을 꾸려나가는 엄마가 신경질적이고 요구하는 게 많은 아들한테 계속 져주는 경우가 많다. 이러한 역학관계는 이후 아들의 충동적이고 반항적인 행동패턴 형성에 결정적인 역할을 한다.

뿐만 아니라 데미안은 유년기의 대부분을 엄마와 단둘이 고립된 채 지냈기 때문에 형제나 또래와 접촉해본 경험이 거의 전무하다. 데미안은 혼자 놀게 놔두면 별로 문제될 행동을 보이지 않는다. 데미안의 괴로움은 아이가 타인의 세계로 들어갔을 때 드러나기 시작하는 것이다.

데미안이 프리스쿨 초등부에 처음으로 들어서서 보낸 며칠은 별다른 성과 없이 막을 내린다. 겉으로 보기에 데미안은 또래 아이들과 어떻게 지내야 하는지에 대해 개념이 없는 것 같다. 형식을 따지자면 데미안은 데이브가 가르치는 4, 5, 6학년 아이들과 같은 반에 있어야 한다. 생년월일로 보면 그 반에서 딱 중간 연령에 속한다. 하지만 녀석은 아직까지 반 아이들이 하는 수업이나 과제, 토론에 전혀 관심을 보이지 않는다. 그리고 이 아이들과 어울리려는 데미안의 시도는 늘 자기만 이상한 아이라는 기분이 들게 한다. 이제 막 청소년기로 접어들기 시작하는 아이들은 이미 십대들의 문화나 사회적 관습을 따라하기 시작하는 경우가 많다. 그래서 데미안이 데이브 반의 진정한 구성원이 되려면 더더욱 갈 길이 멀고도 험하다.

오늘 오후, 데미안은 데이브 반 아이들과 아래층 큰방의 씨름매트 위에서 뒹굴며 놀다가 처음으로 카알과 싸움이 붙는다. 두 녀석은 이후에도 여러 번 부딪히게 된다. 카알은 데미안보다 나이가 조금 더 많고, 프리스쿨에 온 지는 벌써 2년이 지났다.

카알이 화가 난 목소리로 말한다. "데미안! 그만두지 못해? 자꾸 래리 목 조르지 말란 말이야! 나 기분 나빠진다!" 카알은 데미안보다 몸집이 작은 래리가 걱정되는 모양이다.

"나 안 그랬어! 안 그랬다니까!" 데미안이 여러 번 외친다.

카알은 목소리가 점점 더 커진다. "안 그러긴 뭘 안 그래? 내가 똑똑히 봤는데!"

2라운드는 불과 몇 분 만에 시작된다. 데미안이 이번에는 바네사를 잡아서 씨름매트에 자빠뜨린다.

카알이 경고한다. "너 바네사한테서 떨어지는 게 좋을 거야. 여자한테 그렇게 힘자랑을 하고 싶냐? 또 그러면 나한테 맞는다."

순간 데미안의 눈에 분노가 이글거린다. 무슨 생각을 하고 있는지 뻔하다. 하지만 데미안은 카알보다 덩치는 커도 싸움 상대는 못 된다. 빈민촌에서 허구한 날 벌어지는 골목싸움을 보며 자란 카알한테 데미안은 한 주먹거리도 안 될 게 분명하다. 데미안도 이를 모를 리 없다.

데미안은 체면이라도 건지고 싶었는지 카알에게 대꾸한다. "남의 일에 참견 좀 그만 하지? 바네사가 다친 것도 아닌데."

그렇게 오후 내내 둘의 신경전은 계속 된다. 서로 참 다르면서도 공통점이 많은 두 녀석이지만, 친구가 되려면 아직 한참 멀었다.

그 후로 며칠 동안 데미안은 혼자서 학교를 배회하며 반나절은 아래층에서, 반나절은 위층에서 보낸다. 데미안이 그림 그리기를 좋아한다는 사실을 내비치자 데이브는 크레파스와 큰 종이를 내준다. 하루는 오전 내내 앉아 아주 흥미로운 그림 몇 장을 연속으로 그려낸다. 맨 마지막에 그린 그림은 실물 크기에 가까운 자화상이다. 데미안은 입체파 느낌을 풍기는 자화상 위에 굵은 세로줄을 그었고, 이렇게 반으로 나뉜 몸을 각각 다른 색깔로 채웠다. 그리고 그림 위쪽에는 "나는 미쳤다"라고 갈겨썼다.

불행히도 데미안이 이렇게 창작활동에 몰두하지 않은 시간에는 사고를 치고 다닌다. 낸시와 데이브와 나는 유치부 교사들로부터 데미안 때문에 힘들다는 보고를 심심찮게 듣기 시작한다. 데미안이 위층에서 꼬맹이들을 너무 거칠게 다룬다는 것이다. 한 번은 다섯 살배기 아이랑 블록놀이를 하다가 성을 쌓자는 자기 제안을 무시하자 동생의 목을 잡고 흔들었다고 한다. 게다가 그게 처음이 아니라는 것이다. 데이브는 데미안을 불러서 다시 한 번 그런 행동을 보이면 유치부 출입을 못하게 하겠다고 조용하지만 단호하게 타이른다. 화가 나서 마구 대들며 오리발까지 내미는 녀석의 반응에 데이브는 앞날이 걱정되기 시작한다.

데미안이 저지른 다음 사고의 목격자는 다름 아닌 데이브다. 데이브한테 꾸중을 들은 다음 날, 데미안은 점심식사를 마치고 위층 매트리스 위에서 네 살, 다섯 살 아이들과 뛰어놀고 있다. 데이브는 매트리스에서 조금 떨어진 교사 전용 식탁에서 막 점심식사를 마치던 중 데미안이 남자아이의 목을 잡고 마구 흔들어대는 것을 발견한다.

"데미안!!" 평소에는 부드러운 목소리의 데이브가 고함을 지른다. "너 다시는 그러면 안 된다고 내가 말했지? 당장 아래층으로 내려가! 우리 교실에 가서 내가 올 때까지 꼼짝 말고 있어!"

데미안이 이번에는 두말없이 시키는 대로 한다. 데이브는 식탁을 치우고 데미안을 혼내러 내려간다. 그리고 이제 더 강력한 처방이 필요하다는 판단 하에 데미안에게 앞으로 사흘간 자기랑 덩치도 나이도 비슷한 아이들이 모여 있는 교실에만 있어야 한다고 말한다.

다음날 아침, 나는 데이브한테 물어볼 게 있어 그의 교실에 들렀다가 웃음이 터지고 만다. 교실에는 데이브와 데미안밖에 없다. 선생은 황당한 표정으로 의자에 앉아 있고, 학생은 갖가지 색깔의 분필로 손바닥을 칠하고는 칠판에 손자국을 찍어대는 중이다. 교실 안은 분필가루가 자욱하다.

나는 여전히 껄껄거리며 데이브에게 말한다. "일반학교 교사들은 어떻게 사는지 몸소 체험 중인가 보지? 매일같이 저렇게 포로처럼 구는 애들을 상대해야 된다고 생각해봐."

"됐어요. 생각도 하기 싫어요." 데이브가 한숨을 푹 내쉬며 대꾸한다.

나는 이번에 데미안에게 말을 건넨다. "옛날 생각 나지?"

"그러게요." 데미안의 목소리도 데이브와 다르지 않다.

다른 아이들은 이 절망스러운 공간에서 이미 대피한 지 오래다. 나는 불쌍한 두 사람 곁에 조금 더 머무르기로 한다. 데미안이 해방의 열쇠를 스스로 쥐고 있다는 사실을 이해하고 있는지 확인하고 싶어서다.

나는 데미안과의 대화를 이어간다. "어때, 데미안? 이제 꼬맹이들이랑 있을 땐 힘자랑 그만 할 수 있을까? 아님 위층 선생님들이 계속 널 내쫓아야 될까?"

"애기들 안 괴롭히겠다고 약속할게요. 이제 나가도 돼요?" 데미안이 애걸복걸한다.

데이브가 끼어든다. "이건 약속한다고 될 문제가 아니야. 삼 일이 지나면 위층 선생님들과 내가 결정할 문제지. 과연 너를 다시 믿어도 될지 결정할 테니까, 그때까지 넌 자신이 얼마나 큰 잘못을 했는지 반성하면서 여기서 꼼짝 말고 있어야 돼."

시간이 지나면서 데미안은 방어적 태도를 조금씩 버린다. 그리고 '실형' 이튿날에는 데이브와 허심탄회한 대화를 나눈다. 데미안은 가끔 화를 참지 못할 때가 있고, 자기가 유치부 동생들보다 힘이 세다는 사실을 까먹을 때도 있다고 털어놓는다. 그리고 다시는 그 어떤 상황에서도 자기보다 작은 아이를 해치지 않겠다고 데이브와 약속한다. 데미안이 성숙해지려는 의지를 진심으로 보인다고 느낀 데이브는 하루를 감형해준다. 데미안의 '석방'을 죄수와 교도관 중 누가 더 반겼는지는 나도 모르겠다.

리탈린파 중에는 데미안처럼 학습부진이 아니라 아이의 무절제한 행동이 ADHD 진단 및 약물처방의 근거가 되는 경우가 있다. 그렇다면 다음과 같은 질문을 할 수 있다. 통제를 싫어하고 통제를 가하면 어김없이 끈기와 잔꾀를 부려 저항하는 고집스러운 아이들, 자기 안에 스스로 한계를 설정하는 것이나 남이 설정해주는 한계를 받아들이는 것을 힘들어하는 아이들을 대하는 최선의 방법은 무엇인가?

그 최선의 방법을 찾는 과정에서 많은 학교들이 범하는 실수는 획일적인 징계에 지나치게 의존한다는 것이다. '반성하는 의자'에 가서 혼자 앉아 있기, 수업 끝나고 교실에 남아 있기 등 미리 정해진 규율과 처벌은 금방 효과가 없어진다. 그런 방식으로는 아이의 태도나 인격에 진정한 변화를 일으키기 힘들다. 스스로에 대한 책임감을 기르기는커녕, 분노와 반항심과 증오만 키울 뿐이다. 도저히 용납할 수 없는 행동을 단기적으로 억제할 수 있을지는 몰라도, 시간이 흐르면서 학생들은 학교나 교육과정에 대한 애착도 주인의식도 못 느끼게 된다. 중요한 가르침과 배움의 원천이 될 수 있는 기회는 주도권 싸움으로 변질되고, 학생들은 소외감 때문에 결국 될 대로 되라는 식의 무관심만 남게 된다.

그렇다고 우리가 일반적으로 '훈육'이라고 부르는 것이 학교나 가정에서 중요하지 않다는 말은 아니다. 부모든 교사든 기본적인 한계를 설정하고 아이가 그 한계를 지키도록 하는 것은 중요하다. 그리고 아이가 넘지 말아야 할 선을 넘었을 때는 효과적이지만 가학적이지 않은 방법으로 아이를 제지할 수 있어야 한다. 아동학대는 통제 불가능한 아이에게 더 이상 손쓸 방법이 없다는 절망감 때문에 저질러지는 경우가 많다.

바람직한 학교교육은 육아를 어느 정도 내포할 수밖에 없고, 바람직한 가정교육과 보조를 맞춰나가야 하며, 그러기 위해서는 창의성과 임기응변을 발휘해야 한다. 그러나 학교에서의 훈육은 배움의 과정이 상당 부분 강제적이라는 특성 때문에 너무나 복잡해진다. 교사들은 에너지가 유난히 많은 아이들을 매일같이 자기 본성을 거스르는 시간표와 교과과정에 억지로 끼워 맞추느라 진을 빼고 이에 따른 반작용에 대처하느라 또 진을 빼는 악순환에 휘말린다. 이러한 부정적 패턴은 아이가 학교에서 받던 강요를 집에서 부모한테도 받을 경우 가정에서까지 반복된다.

프리스쿨에서는 배움의 과정에서 강제성을 아예 없애기 때문에 자동적으로 문제의 반을 해결한다. 그런 다음 우리는 아이의 행동을 일일이 관리해야 한다는 생각을 버리고 가능한 한 아이들이 스스로 실수로부터 배우도록 놔둔다. 실수는 자신을 보다 잘 이해할 수 있는 중요한 계기를 내포하기 때문이다. 우리는 인위적으로 미리 정해 놓은 인과관계보다 자연스러운 인과관계를 선호한다. 예를 들어 매주 가는 공중수영장에서 수영을 마치고 젖은 수영복을 집에 가져가는 것을 잊어버린 아이는 그다음 주에 비닐봉지에서 퀴퀴하고 축축한 수영복을 꺼내야 한다. 그래도 너무너무 수영이 하고 싶으면 그 수영복을 또 입는 수밖에 없다. 한 번 당해 본 아이들은 다시 실수하는 일이 거의 없다. 데미안의 사례처럼 필히 어른이 개입해야 하는 경우, 우리는 용납할 수 없는 행동에 따른 합리적인 결과를 정한다. 데미안이 자기보다 어린 아이들을 괴롭혔기 때문에, 그에 따른 결과로 데이브는 데미안이 유치부 아이들과 어울리지 못하게 했고, 데미안에게 유치부 아이들과 놀 수 있는 특권을 다시 누리려면 자신의 행동을 바꾸겠다는 의지를 보여야 한다고 말했던 것이다.

우리는 데미안에게 자신의 내면을 들여다보고 자신의 행동을 반성할 기회를 주었다. 유년기의 반을 지나온 아이에게 자기성찰을 요구하는 것은 결코 이르지 않다. 데미안은 자기성찰을 통해 자신이 얼마나 분노에 차 있는지를 스스로 깨닫게 되었고, 분노와 직면하고 나서는 다음부터 그 분노에 어떻게 대처할지 선택할 기회를 갖게 되었다.

데미안이 심각한 잘못을 저지르긴 했지만, 데이브는 어떤 정해진 공식에 따라 아이를 처벌하지 않았다. 그보다는 데미안의 그릇된 행동을 호되게 꾸짖었다. 하지만 아이에게 수치심을 느끼게 하거나 맹목적인 복종을 요구하지 않았다. 그런 대응은 데미안이 적개심을 더 깊숙이 감추게 만들 뿐이기 때문이다. 그 후 데이브는 관심과 애정을 가지고 데미안의 곁을 지키는 후속조치도 잊지 않았다. 그렇게 함으로써 우리 학교가 말하는 자유의 초석인 신뢰를 회복할 기회까지 데미안에게 제공한 것이다. 데미안을 이틀간 교실에서 벗어나지 못하게 한 것은 프리스쿨에서 남을 괴롭히는 아이에게 적용하는 표준 벌칙이 아니다. 데이브는 무슨 훈육에 관한 교본을 보고 그런 처벌을 정하지 않았다. 대신 자신의 직감에 따라 당시의 상황과 데미안이라는 특정 개인에 맞는 최선의 대응책을 찾은 것이다.

결국 데이브가 데미안을 풀어주기로 결정한 것도 데미안한테 달려 있었다. "너보다 작은 아이들과 있을 때는 행동을 조심하고, 그 아이들보다 네가 얼마나 더 힘이 센지 잊어버리지 않고, 화가 나더라도 참을 수 있겠니?"라는 질문에 데미안이 어떻게 대답하는지에 따라 데미안의 해방이 결정된 것이다. 그리고 데미안이 질문에 "네"라고 답했을 때, 데이브는 다시 자신의 직감에 의존해 데미안의 진심을 헤아렸다. 데미안을 하루 일찍 풀어준 것은 사건을 긍정적으로 마무리 짓고 데미안이 올바른 방향으로 선회할 수 있도록 도움을 주겠다는 취지에서였다.

데이브와 함께 교실에 감금 당해본 뒤로 조금 조심스러워진 데미안은 풀려난 첫날 오전은 아래층에만 있기로 한다. 녀석은 모든 연령에 개방된 내 수학교실을 벌새처럼 들락날락거린다. 처음 들어섰을 때는 문제집을 달라고 한다. 수학 독학 프로그램에서 나온 문제집인데, 나도 애용하고 아이들도 좋아하는 프로그램이다. 데미안은 아주 빠른 속도로 문제를 풀어나간다. 몇 페이지를 해치우더니 불쑥 나타났듯이 또 훌쩍 자리를 뜬다. 내가 교실을 뛰쳐나가는 녀석한테 책상은 정리해 놓고 가라고 하니까 데미안은 뒤를 힐끔 돌아보며 소리친다. "걱정 마세요. 있다 와서 또 할 거예요." 아니나 다를까, 데미안은 몇 번씩 교실을 들락거리며 문제를 풀고, 수업이 끝날 무렵에는 다른 아이들과 비슷하게 진도를 나간다. 학생들이 각자 편한 속도에 맞춰 독립적으로 진도를 나가고 있었기 때문에 데미안의 들락날락 학습법이 문제가 되진 않는다. 다른 아이들한테 방해가 되지만 않으면 된다. 그리고 아까는 실제로 방해가 되지 않았다. 수업 끝에 데미안이 후딱 해치운 문제를 채점해보니 틀린 문제가 하나도 없다.

다음날 아침 데미안은 집에서 던전스 앤드 드래곤스 세트를 가지고 온다. 자기가 만든 현란한 보드게임과 참고서적, 플라스틱 칼과 방패, 갑옷 따위다. 얼마 후 내가 맡은 2, 3학년 아이들이 데미안한테 몰려들어 게임을 하게 해달라고 아우성친다. 7, 8학년을 가르치는 렉스가 게임을 할 수 있도록 조를 짜고 역할을 분담하는 일을 거든다. 한때 D&D 광팬이었다는 렉스는 칼과 방패를 아이들한테 나눠주고 역할을 정해준 뒤 어느 정도 게임이 틀을 잡았다는 것을 확인하고는 조용히 자리를 뜬다. 게임은 의외로 질서정연하게 진행되고, 아이들은 점심시간이 되어 게임을 멈추게 되자 무척 아쉬워한다.

점심식사가 끝나자마자 액션은 다시 시작된다. 나는 카알도 같이 게임을 하는 것을 보고 놀라움을 금치 못한다. D&D 초심자인 카알은 데미안의 능숙한 지시와 조언을 기꺼이 받아들이고, 금방 게임규칙에 적응한다. 데미안과 카알의 관계가 중요한 전환점을 지나는 순간이다.

데미안의 훌륭한 진두지휘 아래 우리 학교의 D&D 열풍은 일주일 넘게 지속된다. 그러던 어느 날 아침, 데미안은 대수학 수업 중인 내 교실에 들어오더니 사용하지 않는 의자를 빌려달라고 한다. 무엇에 쓰려고 하느냐는 내 질문에 데미안은 큰방에서 D&D 강좌를 할 거라고 대답한다. 20분 후, 나는 내 수업을 마치고 데미안의 교실에 살짝 들어가 본다. 데미안은 수강생 여섯 명을 앉혀 놓고 D&D 게임에 등장하는 중세시대 인물과 괴물들에 대해 설명하고 있다. 수강생들은 데미안의 열강에 사로잡혀 있다. 강좌는 최소한 20분은 더 진행된다.

그러던 어느 날 드디어 유치부 아이들 앞에 다시 나타난 데미안은 새로운 모습으로 동생들에게 다가간다. 연예인이 되기로 작정한 모양이다. 녀석은 유치부 교사 미시에게 꼭두각시 인형들을 사용해도 되느냐고 묻는다. 아래층에서 성황리에 강좌를 마치면서 발동이 걸렸는지, 이번에는 위층 꼬맹이들을 위해 인형극을 준비했단다. 미시는 아주 흔쾌히 인형들을 내주고, 데미안은 눈 깜짝할 사이에 미시가 쓰는 책상 하나를 간이무대로 꾸민다. 데미안은 시종일관 기발한 애드리브를 쏟아내며 흥미진진한 즉석 익살극을 선보이기 시작한다. 연신 깔깔대는 꼬맹이들의 웃음소리에 유치부는 시끌벅적해지고, 공연 소식은 삽시간에 위층 전체에 퍼진다. 2막은 입추의 여지없이 많은 관객들 앞에서 막을 올린다. 관객도 어느덧 배우가 되어 인형극에 동참하기 시작하고, 데미안은 자기가 만들어낸 서커스 분위기에 아주 흐뭇해하며 참여하겠다는 친구들을 모두 받아준다. 누가 어느 인형을 맡을지를 두고 실랑이가 벌어지는 일도 거의 없다.

갑자기 미시의 목소리가 들린다. “저 친구 완전 보배예요, 보배!” 일주일 전만 해도 유치부 출입을 금지당할 만큼 온갖 말썽을 피우던 데미안이었다.

인형극에 대한 데미안의 관심은 주말마다 광대로 분장하고 아르바이트를 하는 우리 학교 수습교사 앤드류와 친해지는 계기로 이어진다. 동유럽에서 반정부 활동을 하다 망명한 부모 밑에서 자란 앤드류도 데미안처럼 자기만의 리듬에 맞춰 사는 친구다. 둘은 금세 친해져서 그 후 며칠 동안 하루에도 몇 시간씩 머리를 맞대고 앞으로 무대에 올릴 인형극 대본을 짠다. 앤드류는 이제 겨우 열아홉 살인 데다 우리 학교에 들어온 지 2주밖에 안 된 터라 본인도 학생과 이렇게 빨리 친해지게 되어서 다행이라 생각하고 있을 것 같다. 데미안은 데미안대로 새로운 공동체에서 또 하나의 소중한 관계를 맺기 시작한 것이다.

이 아이가 불과 몇 주 전에 약에 취해 책상에 널브러져 엄마의 가슴을 찢어지게 했던 바로 그 아이다. 그 당시 데미안을 그 지경으로 몰아간 시스템은 아이의 기발한 상상력을 소중히 여기지도, 아이의 열정적이고 독특한 성격을 받아주지도, 아이의 한 맺힌 연약함과 상처받은 자의식을 감싸주지도 못했다.

그렇다고 우리가 데미안을 구원했다는 뜻은 아니다. 데미안 앞에는 여전히 길고 험한 여정이 펼쳐져 있고, 길을 잘못 들어서는 일도 많을 것이다. 그 여정에 타고 갈 데미안의 자동차는 벌써 긁히고 찌그러졌고, 바퀴 덮개는 떨어져나간 데다, 지금까지 지나온 울퉁불퉁한 구간 때문에 완충장치도 많이 닳아버렸다. 엔진은 여전히 너무 빨리 공회전하고 있고, 트렁크에는 불필요한 짐이 가득하다. 하지만 아이의 방향감각만큼은 정확한 것 같고, 보아하니 인생의 여정을 성공적으로 마칠 수 있는 모든 요건을 갖추고 있다고 믿어도 될 것 같다. 물론 본인을 포함한 그 누구도 데미안이 어디로 향하고 있는지 정확하게 알 수 없지만 말이다.

네 번째
이야기
네비게이션을
내장하고
있는
아이들

아이가 스스로 인생을 헤쳐 나갈 내적 안내 시스템을 갖고 태어난다는
이론은 과학적으로 검증되지 않은 채 은유의 영역에 머물러 있지만,
나는 안내 시스템이 작동하는 모습을 오랜 세월에 걸쳐
수없이 봐왔기 때문에 그 존재를 굳게 믿는다.

카알도 프리스쿨의 몇몇 아이들과 마찬가지로 ADHD 진단과 약물처방을 가까스로 면한 케이스다. 그런데 부모 손에 이끌려 이곳을 찾은 다른 아이들과는 달리 카알은 프리스쿨을 혼자서 찾아냈다. 도심 반대편에서 갓 이사 온 뒤 자전거를 타고 동네를 돌아다니다 우연히 프리스쿨을 빌견하고 들어온 것이다. 이사 오기 전에 다니던 초등학교는 규모가 크고 학생 대부분이 흑인이었는데, 그 학교를 떠나게 된 것은 카알에게 큰 행운이었다. 카알은 그 학교에서 이미 품행과 학업 모두 문제가 심각한 학생으로 분류되었기 때문이다. 그 학교 교사들이 너무나 많은 학생들을 가르치느라 바쁘고 그 많은 학생들이 일으키는 크고 작은 문제들에 치이지 않았다면, 카알은 진작 ADHD 진단을 받고 처방약을 복용하다가 우리에게 왔을 것이다.

카알이 우리 학교를 발견한 날, 우리는 새 학기를 맞을 준비를 하느라 대문을 열어놓고 있었다. 카알은 이 동네 다른 꼬마들과 마찬가지로 건물 간판에 적힌 '학교'라는 단어가 못미더운 눈치였다. 들어와도 되냐고 묻고는 건물 안을 둘러보더니 과연 학교가 아니라고 단정지었다. 나란히 줄 맞춘 책걸상과 긴 복도, 빼곡히 꽂혀 있는 교과서와 같은 전형적인 학교의 모습이 보이지 않았기 때문이다. 카알은 우리 학교에 처음 와본 아이들이 늘 하는 질문을 했다. "여기 진짜 학교 맞아요?"

우리가 학교가 맞다고 대답하자, 카알은 또 물었다. "그럼 나, 여기 다녀도 돼요?"

우리는 그런 질문을 받으면 늘 하는 대답을 했다. "집에 가서 엄마한테 여쭤보렴. 엄마가 괜찮다고 하면 우리도 괜찮아."

그렇게 말하고 돌려보낸 아이들 중 열이면 아홉은 다시 나타나지 않는다. 하지만 카알은 예외였다. 한 시간도 안 돼 돌아와 엄마가 프리스쿨 다녀도 된다고 했다는 소식을 전했다. 우리는 다음 주 월요일 8시 15분에 새 학기 첫날이 시작되니 그때 엄마 모시고 다시 오면 엄마도 뵙고 시험 방문에 필요한 서류를 접수하겠다고 일러주었다.

카알은 약속시간에 맞춰 엄마 오다이샤와 함께 다섯 살배기 여동생 라미카까지 데리고 나타났다. 처음에는 몰랐지만 우리는 '원 플러스 원' 행사에 당첨되었던 것이다. 오다이샤는 우리 학교의 교육철학에 대해 별로 질문도 하지 않았고, 약간 파격적인 우리 학교의 겉모습에도 별로 의아해하지 않았다. 카알과 터울이 많이 나는 누나 펄도 카알처럼 공립학교에서 그다지 성공적이지 못한 학교생활을 했던 터라 오다이샤는 대안을 찾은 것만으로도 반가웠고, 게다가 그 대안이 카알과 라미카가 걸어서 다닐 만한 거리에 있다는 것에 감사했다.

우리 학교 4학년에 입학한 카알은 이미 전에 다니던 학교에서 받은 정신적, 정서적 충격 때문에 여러 가지 증세를 보이고 있었다. 우선 학교에서 하는 전형적인 학습과 조금이라도 비슷한 것을 접하면 알레르기 반응을 일으켰다. 나는 정통적인 수업방식에 잘 적응하지 못하는 아이들과 쉽고 재밌는 수학 게임을 하곤 하는데, 가끔은 카알도 잘만 꼬드기면 게임에 참여시킬 수 있었다. 하지만 카알은 정답을 단번에 맞히지 못하면 평소의 건방진 표정이 사라지면서 제일 가까운 퇴로를 찾는 듯이 눈을 재빨리 굴리기 시작했다.

카알의 아빠는 라미카가 태어나고 얼마 안 돼서 가족을 떠났고, 오다이샤는 일정한 직장 없이 비정규직을 전전했다. 누나 펄은 고등학교를 자퇴하고 동네 불량배들과 어울리면서 엄마 속을 썩이는 가장 큰 원인이 되었다. 결국 라미카를 보살피는 일은 카알의 몫이 되었고, 카알은 동생을 돌보느라 학교가 끝나고 동네를 돌아다니며 놀 시간이 줄어들어 불만이 커지고 있었다.

데이미안처럼 카알 역시 매우 활달하고 에너지 넘치는 아이다. 두려움을 안고 사는 것도 닮았다. 카알의 공포는 흑인 빈민가의 일상이 되어버린 폭력과 배신과 예측불가능성에 기인한다. 어린 나이에 못볼 꼴을 너무 많이 본 것이다. 그리고 심한 스트레스에 시달리는 모든 아이들이 그렇듯이, 불안한 정서를 여러 가지 형태로 표출한다.

특히 우리 학교에서 보낸 첫 해가 그랬다. 당시 카알의 뒤틀린 정서의 분출구는 주먹질과 도둑질이었다. 폭발할 것처럼 화를 내는 것이 문제였다. 작은 체구에도 불구하고 말다툼으로 시작해서 주먹다짐으로 끝을 보기 일쑤였다. 그리고 자기 때문에 누군가 전체회의를 소집하면, 자기의 남자다움을 깎아내리려는 시도로 여겼다.

그렇다면 우리는 카알의 분노와 폭력성에 어떻게 대처했을까? 답은 한마디로 '부드럽게'다. 카알이 또 화가 부글부글 끓는 것을 눈치채면 우리 중 누군가가 조용히 카알 옆으로 다가갔다. 남자교사가 할 때 더 효과적이었는데, 우리는 부드럽게 카알의 어깨를 감싸 안고 이런 말로 아이를 진정시켰다. "카알, 너 지금 지미를 패주고 싶다는 거 알아. 패주고 싶어

하는 건 나쁜 게 아니야. 누구나 머리 꼭대기까지 화날 때가 있으니까. 하지만 진짜 패는 건 나쁘겠지? 그럼 지미도 아프고, 너도 아플 거야. 나중에 후회하면서 자신이 미워질 테니까."

첫 몇 달 동안 카알은 우리의 말에 대략 이렇게 대꾸했다. "그래도 상관없어요. 저놈을 확 패주고 싶으니까."

그래도 다행히 카알은 화가 났을 때 진정시켜주려는 손길을 거부하지는 않았다. 그래서 우리 중 누군가 카알 옆에 앉아 계속 말을 붙이면, 대부분의 경우 아이는 화를 가라앉히고 공격하고 싶은 충동을 참아냈다.

한편, 카알이 먼저 전체회의를 소집하는 일은 없었지만, 다른 아이들은 카알한테 위협을 당하면 전체회의로 대응하곤 했다. 덕분에 카알의 분노가 폭발하더라도 아이들은 당하고만 있지 않아도 됐다. 물론 카알이 신경질을 부린 상대도 주먹질을 하고 싶어 근질거리던 참이었다면 이야기가 달라졌지만 말이다.

카알과 제일 잘 통했던 사람은 우리 학교에 자원봉사자로 들어왔다 나중에 정식교사가 된 제프였다. 제프는 고액 연봉을 받던 레스토랑 주방장 시절의 마지막 유물인 빨간 폰티악 쿠페에 카알을 태우고 드라이브를 다니곤 했다. 카알은 차가 쌩쌩 달리면 신이 났고, 또 제프와 단둘이 차 안에서 대화하는 것도 좋아했다. 그렇게 제프는 카알의 멘토가 되어주었고, 카알은 멘토의 보살핌 속에서 상처받기 무서워하는 감정을 드러내고 문제를 폭력이 아닌 대화로 해결하는 법을 배우기 시작했다.

프리스쿨에서 보낸 첫 해의 반이 지날 무렵, 카알의 폭발적인 분노는 많이 가라앉았다. 하지만 늘 그렇듯이 한쪽 분출구를 막으면 다른 분출구가 터지기 마련이다. 카알은 싸움을 하지 않는 대신 도둑질을 하기 시작했는데, 도둑질에는 천재적인 소질을 보였다. 아주 지능범이 따로 없었다. 어느 날부턴가 다른 아이들의 돈이나 장난감이 날마다 사라지기 시작했다. 도둑맞은 아이들은 문제를 해결하기 위해 전체회의를 소집했지만, 자백을 하면 박수를 받고 벌을 면할 수 있었음에도 아무도 자백하지 않았다. 누가 범인인지를 추리할 수 있는 실마리도 별로 없었다. 나를 비롯한 교사들은 처음부터 카알을 의심했지만, 카알은 현행범으로 잡힌 적이 없었고 알리바이도 늘 완벽했다. 게다가 처음 제시한 알리바이가 무너지면 언제나 그럴싸한 변명으로 능숙하게 위기를 모면했다. 카알처럼 눈도 깜빡 않고 감쪽같이 거짓말을 하는 아이가 그리 많지 않은 게 얼마나 다행인지 모른다.

그러던 어느 날 아침 카알도 드디어 꼬리가 잡히고 말았다. 그날은 초등부 아이들이 단체로 어린이극장에 가기로 한 날이라 모두 관람료 3달러를 가지고 왔다. 그런데 출발하기 한 30분 전, 일곱 살 존이 개인 사물함에 두었던 돈이 없어진 것을 발견했다. 존은 곧바로 전체회의를 소집했고, 이번에도 카알의 소행이라 짐작한 나는 회의가 시작되자마자 돈을 찾지 못하면 공연 관람을 취소하자고 발의했다. 내 발의가 통과되자, 이번에는 회의를 잠시 연기하고 건물 전체를 다함께 뒤져보자는 제안이 나왔다.

그런데 다른 사람도 아니고 카알이 돈을 찾아낸 것이 아닌가. 회의가 속개되었고, 카알은 위층 화장실 변기 뒤에서 돈을 찾았다고 설명했다. 그러자 존이 손을 들고 말했다. "나 위층 화장실에 가지도 않았는데? 학교에 오자마자 돈을 사물함에 넣어뒀단 말이야."

카알에 대해 불어나고 있던 의심이 한꺼번에 표출되기 시작했다. 누군가 카알에게 물었다. "어떻게 유치부 화장실을 뒤질 생각을 했지?"

"몰라. 그냥 생각이 났어."

그러자 다들 건물을 뒤지던 몇 분 동안 카알은 내내 아래층에만 있었다는 증언이 여러 명한테서 나왔다. 회의 참석자 전원을 상대로 조사한 결과, 카알이 화장실을 뒤지러 위층에 올라가는 것을 본 사람은 아무도 없었다. 한 아이가 유치부 선생님들한테 위층에서 카알을 봤는지 물어보겠다고 했다.

유치부로 올라갔던 아이가 돌아와서 아무도 카알을 보지 못했다고 보고하자, 나는 이제 결정적인 질문을 던질 때가 되었다고 판단했다. "카알, 네가 존의 돈을 훔쳤니? 자백한다고 너한테 나쁜 일이 생기지 않는다는 거 잘 알지? 존이 돈도 돌려받았고, 빨리 움직이면 공연에도 늦지 않게 갈 수 있어."

"화장실 변기 뒤에서 찾았다고 말했잖아요."

"그런데 돈이 어떻게 거기에서 나왔는지 설명이 안 되잖아."

"누가 존 사물함에서 훔쳐다 거기에 숨겨뒀나 보죠."

"네가 그 돈 찾으러 위층으로 올라가는 걸 본 사람이 없잖아."

"다들 정말 미워! 왜 아무도 나를 안 믿는 거야?"

카알이 흔들리기 시작하는 것이 눈에 보였지만, 자백까지 받아내려면 한참 더 걸릴 것 같았고, 공연시간에 맞춰 극장에 가려면 시간이 없었다. 아이들이 공연을 놓치게 하고 싶지 않았던 낸시는 카알의 유무죄를 가리기 위해 판사, 검사, 피고측 변호사, 배심원을 모두 갖춘 법정을 개최하자고 제안했다. 그러한 절차는 선례가 없었지만, 전체회의는 새로운 학칙을 제정할 수 있는 권한이 있기 때문에 충분히 고려해볼 만한 제안이었다. 낸시의 제안에 흥분한 아이들은 짧은 토론을 거친 뒤에 만장일치로 제안을 통과시켰다. 그러는 동안 카알의 표정은 점점 더 어두워졌다. 재판 날짜는 검사와 변호사가 준비할 시간을 감안해서 이틀 뒤로 잡혔다. 회의는 바로 끝이 났고, 아이들은 아슬아슬하게 공연시간에 맞춰서 출발했다.

돈이 사라졌다 다시 나타났던 날, 다행히 7, 8학년 아이들은 1박2일로 여행을 가고 없었다. 판사로 선출된 6학년 아이는 다음날 돌아온 7, 8학년 반을 배심원으로 임명했다. 7, 8학년생들은 사전 정보가 전혀 없었기 때문에 배심원으로 안성맞춤이었다. 한편 검사는 증거를 수집했고, 카알의 변호사는 카알과 만나 변론을 준비했다.

재판은 한 편의 대하 드라마와 같았다. 카알은 무죄를 주장했고, 카알의 변호를 맡은 여학생은 지금까지 나온 모든 증거는 정황증거에 불과하다고 지적하며 훌륭한 변론을 펼쳤다. 검사는 전체회의 때 밝혀진 사실 외에는 새로운 증거를 제시하지 못했지만, 배심원은 거의 한 시간을 심의한 끝에 유죄를 평결했다. 흥미롭게도 피고측에서는 아무런 항의도 나오지 않았다.

판사는 휴정을 선언하고 적절한 판결을 고심한 뒤 카알에게 일주일 동안 학교주방에서 점심식사 준비를 도우라는 사회봉사 명령을 내렸다. 이번에도 카알은 두말없이 형을 선고받았고, 즐거운 마음으로 사회봉사 명령을 수행했다. 일주일 후 주방장은 이제 카알이 없어 허전할 거라며 아쉬워했다.

몇 달 뒤, 도둑맞은 물건 때문에 열린 다른 전체회의에서 카알은 (이번에는 다행히 범인이 아니었지만) 마침내 존의 돈을 훔쳤었다고 자백했다. 그러고는 범인으로 밝혀진 친구가 자신의 행동에 책임을 질 수 있도록 도와줌으로써 기분 좋게 회의를 마무리하는 데 기여했다.

아이들은 저마다 길 안내 시스템이 내재되어 있는 것 같다. 카알의 경우, 여덟 살의 어린 나이에도 지난 3년 동안 다닌 학교가 자기한테는 맞지 않기 때문에 환경을 바꿀 필요가 있음을 직감했다. 우리 학교로 온 지 몇 달이 지나서야 털어놓은 이야기지만, 카알은 전에 다니던 학교의 3학년 담임선생이 은근히 자기가 흑인이라서 차별한다는 느낌이 들었다고 했다. 그리하여 카알은 신비로운 마법의 힘에 이끌려 새로운 학교를 찾게 된 것이다. 그리고 새로운 환경에서 성격의 구김살을 펼 기회를 얻었고, 타의 모범이 되고 또래를 이끄는 지도자가 되는 새로운 자아상을 발견했다.

현대 서구사회는 내 안에서 길을 찾는다는 개념에 거부감을 느끼겠지만, 내적 인도를 믿는 문화는 예나 지금이나 존재한다. 예를 들어 고대 그리스인은 사람마다 내면에 인생의 목표를 실현하도록 도와주는 멘토 겸 나침반을 지니고 있다고 믿었고, 이를 '다이몬'이라 불렀다. 소크라테스는 자신이 어려운 선택의 기로에 설 때면 다이몬이 실제로 자신한테 말을 건다고 믿었다. 로마인도 다이몬과 비슷한 개념을 본따서 '게니우스'라는 존재를 믿었는데, 기독교에서도 이와 비슷한 개념을 '수호천사'라는 형태로 훨씬 더 축소시켜 오늘날까지 유지하고 있다.

카알 융의 계보를 이은 심리학자 제임스 힐먼 역시 다이몬의 존재를 믿었는데, 힐먼은 저서 『영혼의 코드The Soul's Code』에서 다이몬의 개념에 살을 붙여 '도토리 학설'을 만들어낸다. 이름만 들어도 짐작이 가는 이 도토리 학설을 설명하자면, 도토리가 그 안에 완전히 자란 떡갈나무를 품고 있듯이, 모든 아기는 세상에 태어날 때 그 안에 완전히 실현된 자기 운명의 내적 이미지와 이미 정해진 인생의 목적을 품고 있다는 것이다. 힐먼의 학설은 모든 아기는 '타불라라사' 즉 백지 상태로 태어나 환경에 의해

빚어지고 길러진다는 로크의 학설과 대조된다. 힐먼은 아이의 발달을 마치 방금 조립되어 나온 컴퓨터에 프로그램을 설치하는 것처럼 보아서는 안 된다고 말한다. 모든 아이에게는 태어날 때부터 자기 고유의 프로그램이 이미 내장되어 있으며, 아이의 발달은 결국 그 프로그램을 아이 스스로 발견하고 풀어내는 과정이라는 것이다. 그 과정에서 다이몬과 유사한 내적 원칙이 아이에게 원동력과 길라잡이가 되어준다.

힐먼은 자신의 도토리 학설과 숙명론 사이에는 미묘한 차이가 있다고 주장한다. 아이의 발달과정에서 예측 가능하거나 예정된 것은 아무것도 없다. 환경은 아이가 존재 이유를 찾는 데 도움이 되기도 하고 방해가 되기도 한다. 힐먼은 오늘날 많은 부모와 교사들이 자신을 아이의 다이몬으로 착각하는 실수를 범한다고 지적한다. 부모 또는 스승으로서, 아이가 꿈과 목표를 향해 나아갈 수 있도록 방향을 잡아주는 역할을 해야 한다고 믿는 것이다. 하지만 아무리 좋은 뜻에서 하더라도 그렇게 어른이 개입하게 되면, 아이의 다이몬은 임무를 완수하기가 정말 힘들어진다.

아이가 스스로 인생을 헤쳐 나갈 내적 안내 시스템을 갖고 태어난다는 이론은 과학적으로 검증되지 않은 채 은유의 영역에 머물러 있지만, 나는 안내 시스템이 작동하는 모습을 오랜 세월에 걸쳐 수없이 봐왔기 때문에 그 존재를 굳게 믿는다. 그렇다고 아이들에게 외부의 안내가 전혀 필요 없다는 말은 아니다. 아이들에게는 때에 따라 인도의 손길이 당연히 필요하다. 그러나 프리스쿨에서는 관리, 통제, 감시, 교화와 같은 제도권 교육모델의 요소와 안내를 혼돈하지 않으려고 의식적으로 노력한다. 제프는 계속해서 카알의 멘토가 되어주면서 카알이 주먹질이나 도둑질 말고도 분노를 표출할 다른 방법이 있다는 사실을 깨닫도록 도울 것이다. 그리고 카알이 방황할 때는 전체회의라는 시스템이 카알에게 우리 곁으로 돌아오는 길을 안내해줄 것이다.

우리는 카알이 자신의 길을 원하는 대로 갈 수 있도록 아이의 선택을 존중할 것이다. 실수가 때로는 최고의 스승이라는 진리를 알기 때문이다. 우리는 배움 또한 카알이 원하는 조건 속에서 접할 수 있도록 여유를 줄 것이다. 그리고 무엇보다도 우리는 카알에게 너는 이런 사람이 되어라 하고 우리가 정해 놓은 이미지에 카알을 끼워 맞추기보다는 카알의 내면 깊숙이 자리 잡은 있는 그대로의 모습을 존중하고 인정할 것이다.

올해도 카알은 여전히 공부와 비슷한 것이라면 질색을 한다. 하지만 카알의 엄마는 별로 걱정하지 않는 것 같다. 오누이가 아침만 되면 학교에 가고 싶어 안달하고, 학교에서 더 이상 아들에 대한 부정적인 평가를 듣지 않는 것만으로도 만족하는 모양이다.

카알은 여전히 또래에 비해 작은 편이다. 여전히 기분은 무서운 진지함과 못 말리는 천진함 사이를 하루에도 몇 번씩 왔다 갔다 하지만, 분노 어린 충동을 스스로 제어하는 실력은 꾸준히 늘고 있다. 재밌는 일이 생겨서 크게 웃을 때면 마녀가 낄낄대는 소리와 딱따구리가 나무를 쪼는 소리를 합쳐놓은 것 같고, 미소를 지을 때면 하얀 이를 훤히 드러낸다.

카알은 비록 몸집은 작아도 앙큼함과 끈기만큼은 차고 넘친다. 올해는 4, 5, 6학년으로 구성된 데이브 반에서 대장노릇을 하고 있다. 올해 열한 명이나 있어 꽤나 북적대는 이 반에는 남자아이가 여자아이보다 조금 더 많다. 하지만 카알도 데미안도 반 아이들과 어울리는 시간이 그리 많지 않다. 독불장군 기질이 다분한 카알은 아래층 큰방을 자기 영역으로 정해놓고 그곳에서 여러 가지 육체적 활동으로 소일한다.

올해 열 살인 카알은 동갑내기 여학생 바네사와 끈질긴 애증관계를 키우고 있다. 둘은 서로에 대한 애정을 갖가지 욕설과 폭력으로 표현한다. 녀석들이 붙게 되면 늘 똑같은 시나리오가 벌어진다. 이제 곧 청소년기에 접어들려는 빈민촌 아이들의 문화에서 빼놓을 수 없는 삐딱한 말투로 서로 약 올리고 비웃고 욕하면서 슬슬 속을 긁기 시작한다. 이런 대화법은 그 자체로는 문제가 되지 않는다. 둘 다 이런 식의 대화를 자연스럽게 즐기고, 상대방을 입심으로 누르는 기술은 막상막하다. 문제는 말싸움에서 시작해 꼭 몸싸움까지 가는 데다, 화가 끝까지 치밀어 오르는 날에는 실제로 상대방을 해칠 만큼 싸움실력도 만만치 않다는 것이다. 다행히 사태가 그렇게 치닫기 전에 둘 중 하나 또는 둘 다 전체회의를 소집하는 경우가 많다. 또 다행스러운 것은 바네사가 공부에 재미를 붙인 열혈학생이어서 꽤 많은 시간을 학업에 매진하느라 카알과 부딪히는 시간이 그리 많지는 않다는 것이다.

어느 날 오후, 바네사는 카알이 아래층 큰방 칠판에 자기를 밀쳤다며 전체회의를 소집한다. 카알한테 밀려서 분필과 지우개를 놓는 쇠 거치대에 등을 부딪쳤는데, 작지만 꽤 아픈 상처가 났던 모양이다. 전체회의가 시작되자 바네사는 둘이 싸우게 된 이야기를 장황하게 늘어놓는다. 카알은 바네사의 말을 듣다가 버럭 화를 내며 "거짓말!" 또는 "내가 언제 그랬어?"라고 소리치는 바람에 의장으로부터 몇 번씩 주의를 받는다.

바네사의 설명이 끝나자, 누군가 카알에게 자기 관점에서 이야기를 해보라고 한다. 예상대로 카알의 짧은 설명은 바네사의 설명과 상반되는 부분이 꽤 많다. 카알의 마지막 한 마디가 끝나기도 전에, 바네사는 고개를 세차게 흔들면서 카알의 말을 반박하기 위해 손을 치켜든다.

이런 시나리오에 이골이 난 8학년 의장은 바네사에게 발언권을 주지 않는다. 대신 사건 당시 옆에 다른 사람은 없었냐고 묻고, 있었다면 자기가 보고 들은 대로 말해 달라고 요청한다. 두 사람의 목격자 증언이 이어지는데, 둘 다 이번 판은 바네사가 시작했다고 지적한다. 바네사가 큰방에 들어서자마자 카알을 놀리기 시작했다는 것이다. 카알이 요새 머리가 꽤 길어져서 땋고 다니다가 어제 밤에 풀었는데, 바네사가 카알의 산발한 머리를 보고 "미친 대가리"라고 놀렸고, 카알은 바네사를 "뚱땡이"라 부르며 응수했다. 그러다 상대방의 엄마까지 욕하는 지경이 되자, 당연히 서로 엎치락뒤치락하기 시작했다.

또 다른 8학년생이 바네사에게 말한다. "카알이 네 등 다치게 해서 밉겠지만, 싸움을 시작한 건 너야. 전체회의는 무슨 생각에서 소집한 거니?"

"자꾸 날 밀치잖아. 그러지 말았으면 좋겠어."

"니가 걔 머리 갖고 놀리고, 엄마까지 욕했잖아."

"그냥 장난친 거야."

데이브가 참다못해 끼어든다. "너희 둘은 늘 그렇게 시작하지. 처음엔 그냥 장난치다가 결국 화가 잔뜩 나서 주먹질까지 하고 싶어 안달이잖아."

카알도 바네사도 데이브를 쳐다보지 못한다. 서로는 더더욱 쳐다보지 않는다. 또 교착상태다.

나는 분위기를 풀어줄 말을 고민하다가 입을 뗀다. "있잖아, 내가 열 살이었을 때 한 여자애를 좋아했는데, 걔를 놀리는 게 좋아한다고 말하는 건 줄 알았더랬지."

오랫동안 프리스쿨을 다닌 아이들은 눈깔을 굴리면서 지겨워 죽겠다는 표정을 짓는다. 분명 속으로는 '또 저런다, 또! 그랬더랬지 또 나왔다.'

그러고 있을 게다. 다른 아이들은 키득키득 웃으며 몸을 비튼다.

나는 이번 '그랬더랬지'는 짧게 끝내야겠다고 다짐하며 말을 이어간다. "그러다 하도 내가 놀리니까 그 여자애가 나를 싫어하기로 했더랬지. 내가 왜 그랬을까?"

내 질문에 아무도 대답하지 않는다. 바네사와 카알은 더더욱 대꾸할 생각을 하지 않는다. 하지만 카알은 "나, 쟤 진짜 안 좋아하거든." 하고 혼잣말처럼 구시렁대고, 반대편에 앉은 바네사는 입꼬리를 살짝 올리며 미소를 참는다.

학생과 교사 몇 명이 나서서 카알과 바네사를 화해시켜 보려고 하지만, 두 녀석은 아직 전쟁을 끝낼 생각이 없어 보인다. 똑같은 문제로 벌써 여러 번 열린 전체회의가 지겨워진 아이들 중 누군가가 카알과 바네사에게 일주일 동안 상호 접근금지 명령을 내리자고 제안한다. 문제를 해결할 수 있는 제안은 아니지만, 서로를 대하는 태도를 바꾸지 않는 두 아이의 고집에 다른 공동체 구성원들이 인내심을 잃고 있다는 경고는 될 것이다.

한편 윌리엄과 데미안도 학교 사람들을 긴장시키는 데 한 몫씩 한다. 오늘은 윌리엄 때문에 미시가 아래층으로 내려와 전체회의를 소집한다. 윌리엄이 위층에서 유치부 아이들과 놀다가 세 살배기 아기를 밀어뜨린 것이다. 미시가 윌리엄에게 이야기 좀 하자고 했더니 윌리엄은 도망가 버렸고, 현명한 미시는 그런 윌리엄을 쫓아가지 않았다.

이번에도 윌리엄은 전체회의에서 묵비권을 행사한다. 화가 잔뜩 난 얼굴로 죄책감을 감춘 채 앞만 쳐다보며 앉아 있다. 목격자 증언에 따르면, 윌리엄이 세 살배기 아기가 한 말에 신경질적으로 반응했다고 한다.

아이들은 데미안한테 그랬던 것처럼 윌리엄도 아주 엄하게 다룬다. 누군가 윌리엄을 이 주 동안 위층에 못 올라가게 하자고 제안한다. 제안이 토론에 부쳐지는 동안, 데미안은 자기도 법의 심판을 받는 쪽이 아니라 내리는 쪽에 속할 기회가 왔다고 생각했는지, 윌리엄이 친 방어벽을 뚫겠다고 나선다.

데미안이 진지하게 윌리엄에게 말을 건다. "윌리엄, 나도 유치부 애들한테 못되게 굴었잖아. 그래도 난 세 살밖에 안 된 애를 다치게 하지는 않았을 거야."

그러고는 이렇게 덧붙인다. "화풀이하는 방법을 바꿔야 돼."

난생 처음으로 또래에게 조언을 해준 데미안의 노력이 헛되진 않은 모양이다. 윌리엄은 데미안이 무슨 말을 하는지 알겠다는 표정을 지으며 데미안 쪽으로 고개를 돌린다. 그러고는 천천히 손을 들고, 의장이 발언권을 주자 드디어 입을 연다. "나도 알아. 그러면 안 되는 거."

"그럼 왜 그랬는데?" 윌리엄과 같은 반 친구 피에르가 묻는다.

"내가 빨간 트럭 안 줬다고 얘가 나보고 바보라잖아."

그러자 다시 피에르가 묻는다. "그럼 '그만해' 그러지 그랬어?"

"너무 화가 나서."

미시가 말한다. "너 위층에 올라와서 아기들이랑 노는 거 얼마나 좋아하는지 선생님도 알거든. 우리도 네가 좋고. 하지만 화가 나면 말로 해야 돼. 꼬맹이들 밀치고 때리기엔 네 덩치가 너무 크단 말이야. 알겠니?"

윌리엄은 미시를 쳐다보며 반성한다는 표정으로 고개를 끄덕인다.

"다음부터는 주먹이 아니라 말로 하는 거 잊지 않을 자신 있어?"

또 한 번 끄덕이는 윌리엄.

"그래, 좋아. 너 내 말 잊어버리고 또 위층 아기들한테 함부로 굴면, 우리도 너 위층에 못 올라오게 할 수밖에 없어."

회의 참석자들은 윌리엄이 진심으로 반성하고 있다고 판단하고는 윌리엄에 대한 위층 출입금지 제안을 큰 표 차로 부결시킨다.

한편 데미안은 우리 반 남자아이들 사이에서 또 D&D 열풍을 일으키고 있다. 녀석들은 다음 게임에 출전시키기 위해 각자 개발한 캐릭터를 연필과 사인펜으로 스케치해서 파일을 만들었다. 오늘은 오전 내내 모여 앉아 그림을 그리고, 자료를 비교하고, 게임보드를 새로 디자인하느라 정신이 없다. 데미안은 자기가 수집한 방대한 자료를 보충하면서 이따금씩 다른 아이들이 만든 캐릭터에 대해 평가와 조언을 해준다. 나는 데미안이 너무 잘난 척하진 말아야 할 텐데 하는 생각이 든다. 우리 반 아이들이 다들 지도자면 지도자지, 추종자 체질은 아니기 때문이다. 데미안이 최소한 두 살은 더 많지만, 형이라고 말을 들어주는 데도 한계가 있는 법이다.

그보다 나는 아이들의 집중력과 그림솜씨에 놀란다. 아이들마다 꽤 여러 장씩 그려내고 있는데도 모든 그림이 아주 세밀하다. 나는 이 새로운 활동을 아이들에게 소개해준 데미안이 고마울 따름이다. 우리 반 아이들 중에도 일반학교를 다녔다면 ADHD 꼬리표를 달았을 만큼 에너지 넘치는 애들이 여럿 있기 때문이다. 산만한 정신을 모으고 집중력을 길러야만 글을 배울 전제조건이 갖춰지는데, 그렇게 해주는 데는 미술만한 활동이 없다. 그리고 나는 아이들이 그리고 있는 캐릭터들이 평소 아이들의 환상을 지배하는 텔레비전 속 액션 히어로와 전혀 무관하다는 사실이 특히 맘에 든다.

나는 학교 도서관에서 아서왕 신화 모음집을 찾아서 앞으로 며칠 동안 그림을 그리는 아이들 옆에 앉아 소리 내서 읽어주기로 한다. 마법 같은 이야기와 영웅적 모험담이 아이들 귀에 쏙쏙 들어갈 수 있는 완벽한 분위기다. 이미 아서왕의 모험에 통달한 데미안은 예전에 내 수학 수업을 들었을 때처럼 계속 교실을 들락날락거린다.

금요일이 되자, 데미안은 드디어 일주일 내내 준비한 D&D 게임을 할 때가 되었다고 선언한다. 우리 반 교실을 쓰게 해달라는 아이들의 부탁에 나는 렉스가 맡은 반 아이들에게 대수학을 가르치러 간다.

한 시간쯤 지나 교실로 돌아와 봤더니, 교실은 텅 비어 있고 D&D에 한참 빠져 있어야 할 아이들은 학교 여기저기에 흩어져 있다. 그 중 한 명과 마주친 나는 게임이 어떻게 되었냐고 묻는다. 아이는 뾰로통해서 대답한다. "데미안이 자꾸 이래라 저래라 명령만 해서 다 관뒀어요."

며칠 뒤 데미안은 카알의 원격조종 자동차를 허락 없이 가지고 놀다가 카알의 분노를 산다. 카알이 없을 때 데미안이 자동차를 가지고 놀다 걸린 것은 이번이 처음이 아니다. 오늘은 자동차를 조종하다가 그만 책상 다리에 박아서 차체에 약간 흠집을 내고야 만다. 카알이 그보다 더 큰 흠집을 데미안의 몸에 내겠다고 협박하자, 똘똘한 데미안은 위기를 모면하기 위해 전체회의를 소집한다.

회의가 시작되자 카알의 반 친구들은 씩씩대는 카알을 진정시켜 데미안과 대화하도록 유도한다.

카알은 분을 못 이기고 울먹이면서 데미안에게 소리를 지른다. "내가 된다고 하지 않으면 내 차 만지지 말라고 몇 번이나 말했냐? 넌 만날 남의 물건 망가뜨리더라."

데미안도 질 새라 눈물을 글썽이며 응수한다. "카알이 날 죽이겠다고 그랬어요." 그러고는 카알한테는 "너 미워!"라고 쏘아붙인다.

카알과 데미안보다 나이 많은 아이가 개입한다. "너 카알 물건에 허락

없이 손대면 안 된다는 거 언제쯤 알아들을래?"

카알이 손도 들지 않고 끼어든다. "그 차 우리 아빠가 사준 거야. 망가진 거 들키면 나 엄청 혼난단 말이야."

데미안은 왜 허락 없이 카알의 장난감에 손을 댔냐는 질문에 답을 한다. "내가 가지고 놀게 해달라고 물어볼 때마다 쟤가 안 된다고 하니까 그러지."

카알이 이번에는 의장이 발언권을 줄 때까지 기다렸다가 대꾸한다. "그건 니가 만날 나 몰래 가지고 놀다가 나한테 걸리니까 그러지. 나도 너 지긋지긋해!"

끝없이 뒷걸음질치는 두 녀석 관계에 데이브가 제동을 건다. 데이브는 데미안이 카알의 자동차를 망가뜨린 것에 대해 어떻게 보상할지 논의해보자며 둘 사이의 대화를 유도한다. 데미안이 차를 고쳐보겠다고 하자, 카알은 그 해결책에 적어도 지금으로서는 만족한다고 말한다. 다행히 자동차는 흙받기가 약간 헐거워졌을 뿐이다. 데미안은 손쉽게 흙받기를 제자리에 끼워 넣어 고정시킨다. 하지만 불행히도 이 사건이 둘 사이의 적대감을 해소하는 데는 전혀 도움이 되지 못한다.

올해 데미안의 교육에서 핵심 부분을 차지하는 것은 대인관계다. 데미안의 정신 상태나 기본적 수학능력에는 전혀 문제가 없다. 친구 사귀는 방법을 전혀 모를 뿐이다. 어쩌면 데미안과 카알은 주의력결핍장애가 아니라 우정결핍장애가 있는지도 모른다.

남들과 친밀한 관계를 맺지 못하는 병을 고칠 수 있는 약이 있다면 얼마나 좋을까마는, 그런 치료제는 생길 가망이 없고, 사실 친구 사귀기는 누가 가르쳐준다고 배울 수 있는 것도 아니다. 남들과 교류하는 일상 속에서 부딪히고 깨지면서 스스로 배워가는 수밖에 없다. 카알과 데미안의 문제는 또래와 어울려본 경험이 부족하다는 것이지, 남들과 어울리지 못하게 하는 무슨 유전적 이상이 있는 것이 아니다. 힘겨운 유년기를 겪은 데다 공립학교에서 불행한 생활을 몇 년씩 보낸 탓에 두 아이 모두 스트레스에 대처하는 자기만의 방식이 이미 생겼고, 그 방식이 친밀감을 방해하고 있는 것이다. 지금 이 아이들에게 필요한 것은 무엇보다도 인간관계의 기술을 실습할 수 있는 시간적 여유와 안정적 환경이다. 프리스쿨은 학교임과 동시에 공동체이기 때문에 두 아이에게 더할 나위 없는 실습 공간이 될 것이다.

카알과 데미안의 문제는 이 둘만 겪는 문제가 아니다. 아이들은 지속적인 접촉과 이에 따른 당연한 대립을 통해 서로에게서 우정을 배운다. 그런데 오늘날 학교는 아이들한테 시키는 게 너무 많고 아이들한테서 한시도 감시의 눈을 떼지 않는다. 그리고 너무나 많은 핵가족들이 서로 고립된 채 살아간다. 게다가 운동이나 여가활동처럼 그나마 아이들의 접촉과 교류가 요구되는 활동도 거의 어른들의 주관 하에서만 이루어진다. 이 모든 이유 때문에 아이들은 서로 교감하며 진정한 유대관계를 자연스럽게 형성할 기회를 잃게 된다.

데미안과 카알은 일종의 악순환에 빠져 있다. 자신을 표현하는 방식이 너무 거칠어서 또래의 미움을 사고, 그런 부정적인 반응 때문에 더 불행해지고, 불행하고 답답하니까 더욱더 납득하기 힘든 엽기적 행각을 일삼게 되는 악순환에서 벗어나지 못하는 것이다. 이런 끝 모를 나락에서 두 아이를 구원해줄 치료제가 있다면, 나라도 그런 지름길의 유혹을 마다하기 힘들 것 같다.

프리스쿨에서는 스트레스 때문에 사회화 과정에까지 문제가 생긴 아이들을 도울 만한 지름길을 찾지 못했다. 그저 사회적 발달을 학교생활의 중요한 일환으로 만듦으로써 아이들을 도울 뿐이다. 우리가 사회적 발달을 많이 강조하는 이유는 관계에서 안정감을 느끼는 아이들이 더 행복하고 자신 있게 인생을 살기 때문이다. 나아가 행복하고 자신 있는 아이들은 더 빠르게 자신의 잠재력을 발휘하고 목표를 달성한다. 지극히 단순한 공식이다.

그러나 실천하는 것은 쉽지 않다. 우리가 학교에서 할 수 있는 일은 사회화라는 배움의 과정이 이루어질 수 있도록 안전하고 애정이 넘치는 환경을 마련하는 것이다. 이를 위해서는 첫 번째 단계가 가장 중요하다고 볼 수 있는데, 바로 교사가 개입을 자제하는 것이다. 아이들의 경험에 개입하고 싶은 유혹, 특히 다툼이 있을 때 중재 역할을 하고 싶은 유혹은 늘 느낄 수밖에 없겠지만, 우리 학교 교사들은 아이들이 교류하는 현장의 중심에서 물러나려고 노력한다. 우리에게는 어른중심적인 통제 대신 전체회의라는 제도가 있다. 아이들은 전체회의의 틀 속에서 서로 솔직하게 소통함으로써 의견 차이를 좁히고 해결책도 스스로 마련한다. 교사는 그 자리에 동석하는 것이지 관리를 하지는 않는다. 물론 선생으로서 우리는 안내자이자 조언자 역할을 할 때도 있다. 아이들도 당연히 자기들보다 연륜이 깊을 수밖에 없는 우리의 지혜와 권위를 존중하지만, 꼭 필요할 때가 아니면 도움을 청하지 않는다. 아이들이 스스로 얻거나 서로에게 배우는 교훈이야말로 평생 가는 경우가 많다.

그러나 그 과정은 오랜 시간이 걸린다. 또한 애매모호할 때가 많고, 전진과 후퇴가 거듭될 수밖에 없다. 그리고 그 과정에서 현재 카알과 데미안은 서로에 대한 미움을 대놓고 표출하는 중간 단계까지는 왔다. 다른 사람들은 인내심을 가지고 둘을 지켜보면서 서로 얼마나 공통점이 많은지를 깨닫도록 도울 수 있는 기회를 기다려야 한다. 둘은 서로 너무나 다른 세계에 살고 있지만, 상처받기 쉬운 나약함은 서로 닮았다. 그리고 둘 다 또래와의 진정한 우정을 쌓는 데 어려움을 느끼면서 자신이 주도권을 잡을 수 있는 상황이나 관계를 선호한다. 상처 받은 두 아이는 분명 서로에게 많은 것을 가르쳐줄 수 있다. 하지만 그것은 두 아이가 자기만의 때와 방식을 따를 수 있도록 허락되었을 때에만 가능할 것이다.

다섯 번째 이야기
약물의 함정에 빠지지 않기

월터는 학교라는 환경이 학생 개개인의 요구를 충족시켜주는 데
실패하면서 생긴 부작용을 학생의 문제로 돌려버린 대표적인 사례다.
월터가 문제가 아니라 교실 환경 자체가 문제였던 것이다.

넘치는 에너지를 주체하지 못해 힘들어하는 아이들에게 꼬리표를 달고 정신과 감정을 조절하는 약물을 투여하지 않고도 행복하게 성장할 수 있도록 돕는 방법들은 얼마든지 있다. 그리고 나는 그 방법들을 대부분 아이들로부터 배웠다. 그중 윌리엄, 데미안, 카알은 이미 소개했고, 지금부터 남자아이 셋을 더 소개하겠다.

브라이언은 비교적 늦은 나이인 열한 살에 ADHD 진단을 받고 일 년 넘게 리탈린을 복용하다가 학기 중에 우리 학교 7학년으로 전학 왔다. 그 전에는 교외 중산층 지역 학군에 속한 학교를 다녔는데, 학교 당국은 브라이언이 3학년일 때부터 아이에게 검진을 받게 하라고 엄마 에이프릴에게 요구했다. 브라이언이 6학년이 되면서 학교 측의 요구는 더욱 집요해졌다. 수업시간에 장난만 치고 다른 학생들에 비해 뒤쳐진다며 담임선생이 여러 차례 보고를 올린 것이 계기가 되었다. 에이프릴은 여전히 아들에게 언제 끊을 수 있을지도 모르는 신경정신과 치료제를 먹이는 것이 꺼림칙했지만, 브라이언의 미래에 대한 학교 측의 비관론에 겁이 질린 나머지 아들이 검진을 받는 데 동의했다. 그리고 ADHD 진단을 받게 되자 정말 내키지 않았지만 매일 아침 등굣길에 오르는 아들에게 리탈린을 먹였다.

브라이언은 처음 프리스쿨에 들어왔을 때부터 리탈린의 효과에 대한 생각이 분명했다. 처음부터 약 먹기가 너무 싫었다고 했다. 리탈린을 먹으면 신경이 날카로워지고 짜증이 나거나 분노가 폭발하기 일보 직전 상태가 된다고 했다. 겉으로 표출되던 과잉흥분이 속으로 파고들어갔을 뿐이었다. 브라이언이 내게 해준 말에 따르면, 리탈린을 먹은 후로 수업에 집중하기 싫어하던 반항심이 이제는 오로지 수업에만 집중하는 강박관념으로 바뀌었다. 한때는 과제마다 미루기 일쑤고 반 친구들을 웃기던 까불이가 이제는 주어진 과제가 끝나기 전에는 친구들이 놀자고 해도 짜증을 내며 쫓아버리기 시작했다. 그러나 브라이언은 새롭게 발견한 자신의 '능력'에 만족을 느끼지 못했다. 오히려 책상에 사슬로 묶인 채 어쩔 수 없이 과제에 매달리는 노예가 된 느낌이었다고 한다.

브라이언이 리탈린을 끔찍이 싫어한 가장 큰 이유는 약효가 떨어지면서 나타나는 현상 때문이었다. 학교에서 돌아오자마자 하루 종일 간신히 억눌렀던 흥분이 화산처럼 폭발해서 방방 뛰며 집 안을 뒤집어놓았고, 날씨가 좋을 때는 온 동네를 헤집고 다니다가 저녁 먹을 시간에야 들어와서 밥도 깔짝거리며 잘 먹지 못했다. 리탈린을 먹기 시작한 후로 하루 종일 속이 메스꺼워서 밥을 제대로 먹지 못했다고 한다. 밥맛이 싹 없어진 것이다.

하지만 리탈린이 브라이언에게 미친 가장 큰 영향은 육체적인 것이 아니었다. 브라이언은 또래와 달라 보이는 것이 두려운 한참 민감한 나이였다. 그런 아이에게는 리탈린을 먹는다는 것 자체가 자신이 다른 아이들과 다르다는 증거였던 것이다. 친구들과 다르게 나는 어딘가 이상하다는 뜻이었고, 브라이언의 표현을 빌리자면 혼자 "병신"이 된 것이다. 브라이언은 결국 자신을 싫어하는 아이로 변하고 말았다.

브라이언은 리탈린의 노예가 된 느낌이 너무 싫어서 나중에는 알약을 혀 밑에 숨기고 삼키는 척했다가 아무도 없을 때 뱉어버리는 지경에 이르게 되었다. 아들의 처절한 저항을 보다 못한 엄마는 대안을 찾기 시작했고, 그래서 결국 브라이언을 프리스쿨에 보내게 된 것이다.

에이프릴은 데미안 엄마 폴라와 마찬가지로 아들을 우리 학교에 보낸 첫날부터 바로 안심이 되었다고 한다. 어린 아들에게 매일같이 그 독한 신경각성제를 먹이면서 엄청난 죄책감에 시달렸던 모양이다. 마음 깊은 곳에는 아들이 결함이 있는 게 아니라 그저 다른 아이들보다 에너지가 더 많고 쉽게 들뜨고 남들한테 주목받고 싶어 안달났을 뿐이라는 사실을 직관하고 있었다. 또한 아들이 매우 총명한 아이이며, 단지 좌뇌가 발달한 전형적인 영재와는 다른 형태로 총명함을 나타낼 뿐이라는 점도 알고 있었다.

브라이언은 약간 건방지게 굴지만 밉지는 않은 아이다. 옅은 주근깨가 뿌려진 얼굴은 언제든 미소 지을 준비가 되어 있다. 다른 아이들한테 장난을 치고 농담 걸기를 좋아하고, 재치와 장난기 넘치는 에너지 덕분에 유치부 아이들 사이에서 인기가 대단하다. "브라이언!" 하고 외치면서 몇 명씩 달려들어 브라이언의 길쭉한 팔다리에 매달리는 꼬마 팬들 덕분에 브라이언은 유치부 아이들이 있는 위층을 단번에 통과해본 적이 거의 없다. 브라이언도 무언가 급한 볼 일이 있어 뛰어가는 경우가 아니면 가던 길을 멈추고 삼십 분 넘게 동생들과 놀아준다.

브라이언은 기력이 넘쳐나는 아이다. 운동신경도 뛰어나서 지역 청소년 농구단의 스타선수로 활약하고 있다. 우리 학교로 온 후 조금은 차분해졌지만, 공부처럼 천천히 공을 들여야 하는 일에는 여전히 취미가 없다. 글을 웬만큼 읽는 것으로 보아서는 지적 능력에는 전혀 문제가 없다. 하지만 조용히 한자리에 앉아 책을 읽는 모습은 거의 본 적이 없다. 사람들과 어울리기를 가장 좋아하는 듯하다. 나이와 성별을 가리지 않고 모든 사람을 좋아하지만, 자신과 같은 또래인 십대 초반의 아이들과 대부분의 시간을 보낸다.

올해 브라이언은 타이런이라는 아이와 유독 친해졌다. 타이런은 뉴욕시 빈민가에서 우리 학교로 방금 전학 온 아이다. 타이런도 농구를 잘해서 두 친구는 학교 근처 농구장에서 함께 실력을 연마하곤 한다. 브라이언과 타이런의 우정은 학교 밖에서도 이어진다. 서로의 집에 놀러가 자기도 하고, 주말에도 자주 만난다. 정말 보기 좋은 문화교류다. 브라이언은 타이런에게 알바니로 이사 오기 전에 살던 곳과는 별천지나 다름없는 도시 근교의 중산층 문화를 소개해주느라 바쁘고, 타이런은 브라이언을 빈민촌의 은어와 음악과 춤에 입문시켜주고 있다. 두 아이의 엄마도 "둘째 아들"이 생겼다고 좋아한다.

하지만 브라이언과 타이런의 관계는 배타적이지는 않다. 브라이언은 여전히 학교에서 아무하고나 스스럼없이 장난치며 잘 지낸다. 최근에는 자메이카 출신 6학년생 마이클과 함께 아주 재밌는 익살극을 개발했다. 마이클이 통통한 꿀벌을 맨손으로 조심스럽게 생포해서 잡고 있으면 브라이언이 벌의 몸통에 실을 감아서 묶는다. 그러고는 둘이 번갈아가며 강아지 목에 줄을 묶어 산책시키듯 꿀벌을 데리고 학교를 돌아다닌다. 아이들은 꿀벌이 너무 기진맥진하기 전에 불쌍한 애완충(?)을 밖으로 데리고 나가 풀어준다.

두 녀석이 꿀벌쇼를 하는 날이면 사람들은 배꼽을 잡는다. 직접 보지 않으면 믿어지지 않는 참으로 희한한 광경이다. 나는 아이들에게 '레이트

나이트 쇼' 진행자 데이비드 레터맨에게 사연을 보내 꿀벌쇼로 방송 출연을 해보라고 제안을 했다. 두 아이의 엽기적 스턴트가 엉뚱한 구석이 많은 데이비드 레터맨 입맛에 맞을지도 모른다. 쇼맨십을 타고난 브라이언은 내 제안에 귀가 솔깃해지더니, 지난 이틀 동안 마이클과 컴퓨터 앞에 어깨를 맞대고 앉아 레터맨에게 보낼 편지를 작성하고 우편주소를 인터넷에서 검색하느라 부산을 떨었다. 브라이언 정도면 레이트 나이트 쇼에서 섭외가 들어올 것도 같다.

리탈린의 부작용에 대한 브라이언의 말은 상상도 과장도 아니다. 그리고 브라이언만의 경험도 아니다. 정신과 전문의 피터 브레긴은 저서 『리탈린에게 말대꾸하기Talking Back to Ritalin』에서 10년에 걸쳐 진행된 여러 과학적 연구결과를 토대로 리탈린을 비롯한 신경각성제가 신체와 정신에 미치는 광범위한 부작용에 대해 이야기한다. 리탈린의 가장 흔한 부작용으로 꼽히는 것은 성장호르몬 분비주기 교란에 따른 성장 억제다. 리탈린이 뇌하수체의 기능과 성장호르몬 분비를 저해하는 것이다. 리탈린의 또 다른 부작용이기도 한 식욕 억제와 마찬가지로, 성장호르몬 저하는 뇌를 포함한 인체의 모든 기관의 발달에 지장을 준다. 이러한 부작용은 리탈린이 뇌가 먹는 유일한 양식인 포도당의 신진대사를 방해하고 뇌로 공급되는 혈액의 흐름을 30퍼센트나 감소시키기 때문에 나타난다. 1986년 오하이오 주립대학교 연구진이 어렸을 때부터 각성제를 복용한 대학생들의 뇌 크기를 검사한 결과, 이들 중 뇌의 크기가 줄어든 사람이 50퍼센트나 되었다고 한다.

이외에도 리탈린이 뇌의 생화학적 작용에 미치는 영향은 상당한 것으로 알려졌다. 리탈린은 도파민, 세로토닌, 노르에피네프린을 증가시킬 뿐만 아니라 특정 신경전달물질의 수용체를 손상시킨다. 또한 뇌가 새로운 정보를 받아들여 학습과 의식의 맥락 속에 위치 지우는 데 중요한 역할을 하는 망양체 활성화 시스템을 교란시킨다.

지금까지 나열한 것은 리탈린을 비롯한 여러 각성제의 장기복용이 가져오는 생리적 변화에 불과하다. 그리고 이러한 변화가 궁극적으로 어떤 결과를 암시하는지는 이제야 연구되기 시작했다. 리탈린의 심리적 부작용도 만만치 않은데, 브레긴의 주장에 따르면, 각성제는 흔히 무감정, 우울증, 강박신경증, 불면증, 신경과민, 흥분 등의 다양한 정신 이상을 초래하고, 심한 경우에는 조병에까지 이르게 한다. 게다가 다음 약물투여 전에 약효가 떨어지면, 약물을 복용하기 전보다 더 심한 과잉행동으로 돌아가는 경우가 허다하다.

어쩌면 각성제의 가장 심각한 부작용은 자발적이고 자생적인 활동과 무언가를 탐색하고 장난을 치고 누군가와 교류하는 사회화를 위한 행동까지 억제하는 데 있다. 각성제는 온순하고 수동적이며 스스로를 사회에서 고립시키려는 경향을 낳고, 때로는 로봇이나 좀비에 가까운 복종심을 낳기도 한다. 오랫동안 리탈린 처방을 주창해온 심리학자 러셀 바클리마저도 '과잉행동'을 보이는 남아 20명을 대상으로 한 연구에서 각성제가 사회적 상호작용에 대한 아이의 관심도를 떨어뜨리는 것으로 나타났다고 인정했다.

최근 미국 국립정신보건연구소에서 실시한 연구조사는 각성제 중에서도 강력한 편에 속하는 암페타민과 메탐페타민이 실제로 뇌세포의 괴사를 일으킴으로써 뇌에 영구적이고 돌이킬 수 없는 손상을 입힌다는 사실을 밝혀냈다. 이 연구는 나아가 최소 8퍼센트의 피험자가 약물에 따른 심각한 부작용을 호소했고, 51퍼센트의 피험자가 약물 때문에 신경성 안면 경련이나 동일성 집착 같은 강박신경증세를 보였다고 보고했다.

리탈린 복용이 생리 및 심리에 미치는 부작용 못지않게 심각하지만 계량화하기 힘든 부작용이 바로 사회적 낙인이다. 국립정신보건연구소에서 소아청소년 연구를 담당하는 부서는 순응하기를 거부하는 아이들에게 병명을 붙이고 약물로 치료하는 방법을 적극적으로 방어하고 있는데, 이 부서를 이끄는 피터 젠슨은 조지아의 통신헌병훈련학교 ADHD 클리닉에서 정신과 군의관으로 재직하던 시절에 실시한 연구조사를 통해 많은 것을 배웠다고 한다. 당시 피험자들은 모두 군인의 자녀였기 때문에, 다른 민간인에 비해 의료기록이 매우 광범위하고 자세했다.

이 조사에서 젠슨은 20명의 아이들과 그 부모들을 대상으로 ADHD 치료 과정에 관한 심층 인터뷰를 진행했다. 더불어 아이들에게는 자기가 먹고 있는 알약, 그 알약을 먹고 있는 자기 모습, 그리고 가족, 이렇게 세 가지 그림을 그리게 했다.

「사이언스 뉴스Science News」에 짧게 요약되어 실린 조사결과에 따르면, 리탈린을 먹는 아이들은 스스로를 '나쁜 아이'라고 생각했다고 한다. 그 결과, 아이들은 자존심에 상처를 입었고, 어떤 아이는 그 상처가 심각했다. 아이들은 많은 경우 자신의 행동에 대해 책임이 없다고 주장하면서 '좋은 알약'을 먹어야만 스스로를 통제할 수 있다고 말했다. 뿐만 아니라 자녀에게 리탈린을 먹이는 부모는 가정불화에 대처하는 것을 피하고 자녀의 행동 이면에 있는 감정을 무시하는 경향을 보였다. 그들은 자녀의 문제되는 행동을 약물이 고쳐줄 것이라 기대했다.

젠슨은 조사결과에 대한 또 다른 보고서에서 이렇게 말했다. "사실 주의력결핍장애로 추정하고 진단을 내리게 되면, 아이의 역기능적 행동과 괴로움에 일조하거나 이를 더 악화시키는 다른 요인들을 더 이상 살피지 않게 되는 경향이 있다."

아이들에게 신경정신과 치료제를 처방하는 문제를 놓고 현재 벌어지고 있는 논쟁에서 브레긴과 젠슨은 물론 첨예하게 대립하고 있지만, 위의 결론에 있어서만큼은 브레긴도 젠슨의 견해에 동의할 것이다. 브레긴은 각성제의 가장 악질적인 부작용은 어른이 아이의 기본적 욕구도 충족시키지 않으면서 아이를 통제할 수 있는 수단만 갖게 해주는 데 있다고 믿는다. 여기서 그가 말하는 기본적 욕구는 놀이, 운동, 합리적인 훈육, 무조건적인 사랑, 그리고 아이의 마음을 움직이고 개성을 살리고 발달을 돕는 교육에 대한 욕구다. 나도 브레긴의 주장에 전적으로 동의한다.

한편 브라이언은 그나마 행운아였다. ADHD 꼬리표를 달고 약물을 먹어야 하는 운명에 저항할 투지를 타고난 데다, "이제 그만!"이라고 외치는 아들을 믿고 지켜준 좋은 엄마가 있었으니 말이다. 이제 브라이언은 약물로부터 해방된 청소년기를 즐기면서 자신이 또래와 다른 이상한 아이라는 예전의 생각도 버릴 수 있을 것이다. 자신의 타고난 재능을 존중해주고 그 재능을 중심으로 스스로의 배움을 개척해나갈 수 있도록 배려해주는 학교, 브라이언이 필요했던 것은 그뿐이었다.

월터는 엄마의 직관 덕분에 ADHD 낙인과 처방을 면하게 된 경우다. 프리스쿨에는 5년 전에 오게 되었는데, 그 전에 다니던 초등학교는 알바니의 부유한 동네에 자리한 마그넷스쿨이었다. 월터가 2학년이 되던 해, 담임선생은 월터가 ADHD 진단테스트를 받아야 한다고 강력히 주장했다. 월터가 수업에 집중하지 않고 공상에 잠기는 시간이 너무 많고, 다른 학생들에 비해 뒤처진다는 것이 이유였다. 담임선생은 월터의 행동에는 별로 문제가 없지만 단지 머리가 조금 '둔한' 것이 걱정된다고 했다.

월터의 엄마 캐롤은 나에게 전화를 걸 때까지도 분이 안 풀린 상태였다.

"우리 아들은 아무 문제도 없단 말이에요!" 캐롤은 전화에 대고 소리를 지르더니 바로 미안하다며 말을 이어갔다. "같은 학년 애들이 읽는 것보다 훨씬 어려운 책도 잘 읽고, 집에서는 컴퓨터 앞에 붙어 살아요. 궁금한 게 생기면 책이랑 인터넷을 뒤져서라도 알아내려고 하고요. 내가 걔 엄마라서가 아니라, 걔 진짜 똑똑하다니까요. 학교 수업이 너무 따분해서 흥미를 잃은 거라고 봐요."

월터가 우리 학교에서 보낸 첫 몇 주 동안 아이를 지켜본 결과, 우리는 아이 엄마의 직감이 맞다는 판단을 하게 되었다. 우리가 본 월터는 영악하고 호기심 많은 아이였다. 또래보다 훨씬 더 읽기 실력이 뛰어났고, 머릿속은 상상을 초월할 만큼 다양한 지식으로 차고 넘쳤다. 아는 체하는 태도 때문에 또래들한테 인기를 얻기는 힘들겠다는 생각은 들었다. 그리고 엉뚱한 면도 엿보였다. 폭넓은 관심사에다 어딘지 모르게 헝클어진 외모, 별난 유머감각에 이르기까지, 평범한 아이가 아님은 분명했다. 하지만 어딜 보더라도 유전적으로 뇌에 화학적 불균형이 생겼다는 증거는 찾을 수 없었다.

내 생각에 월터의 전 담임선생이 '둔하다'고 파악한 성향은 사실 엄마의 판단대로 따분함의 표출이었다. 월터는 적어도 정신적으로는 둔하지 않았고, 사실 그렇게 공상에 잠기는 시간이 많지도 않았다. 내가 보기에는 가끔씩 다른 사람과 거리를 두는 것이 전부였다. 우리와 처음 만났을 때는 외아들이었던 월터는 혼자 있는 시간을 좋아했고, 주위의 시끌벅

적함에 아랑곳하지 않고 혼자서 이런저런 놀이를 즐겼다. 그중에서 가장 좋아하는 놀이는 역시 인터넷 서핑이었다. 또 오랫동안 혼자 앉아서 책을 보기도 했는데, 특히 공포소설을 좋아했다. 월터가 나이도 어리고 남자아이라는 점을 감안할 때, 조용히 혼자서 책을 보는 모습에 어느 선생이 탐내지 않을까 싶다. 그럴 수만 있다면 나는 월터 같은 학생만 한 열 명 더 주문하고 싶다.

우리는 처음에 월터가 사회성이 떨어져 친구를 사귀지 못할까봐 걱정했었다. 그러나 월터가 다른 사람들과 어울리고 싶을 때는 얼마든지 잘 어울린다는 점을 금방 알아차렸다. 월터는 사실 꽤 다정다감한 아이였다. 프리스쿨 분위기가 워낙 산만할 정도로 활력이 넘치다보니 정적인 놀이를 더 좋아하는 월터가 조금 달라 보였을 뿐이다. 월터는 머지않아 또래들 사이에서 공동체의 한 구성원으로 받아들여졌다. 지적으로는 또래들에 비해 월등히 앞서가고, 신체적으로는 많이 뒤처졌지만 말이다. 산책을 나갈 때마다 월터는 늘 맨 뒤에서 겨우 쫓아왔고, 뜀박질이 조금이라도 들어간 게임을 할 때마다 꼴찌 역시 월터 차지였다. 몸을 움직이기 싫어하는 것은 아닌데, 몸이 너무 무거웠던 탓이었다. 우리가 월터에 대해 걱정하는 점이 있었다면 오로지 하나, 성장하면서 건강에 해로울 만큼 과체중이라는 점밖에 없었다.

월터는 이제 열한 살이다. 키도 쑥쑥 커서 아직은 과체중이지만 그래도 살이 몸에 조금 더 골고루 붙었다. 보조개가 움푹 들어가는 깜찍한 미소도 여전하다. 특히 자기가 썰렁한 농담을 해놓고는 혼자 웃겨 죽겠다는 표정을 지을 때는 참 귀엽다.

여전히 생각이 많고 관찰력이 뛰어난 월터는 이제 박학다식하다 못해 별의별 분야에 대해 뚜렷한 의견까지 생겼다. 그리고 그런 자신의 의견을 망설임 없이 내세운다. 자기주장이 뚜렷한 덕분에 학생들 사이에서 지도력까지 인정받고 있다. 월터의 가장 뚜렷한 장점은 매우 투철한 정의감이다. 전체회의가 열리면 분쟁 해결에 도움을 주려고 나서기도 하고, 제시된 해결책을 하나하나 신중하게 검토해서 관련된 사람들 모두에게 공평한 해결책인지 판단하려고 한다.

그런 월터가 요즘 들어 조금 저기압이다. 안 그래도 진지한 표정이 더 심각해졌다. 그리고 올해부터 2층 유치원에 다니기 시작한 남동생 루디도 매사에 신경질적이다. 지난주에는 같은 반 친구의 팔을 꽤 세게 물었다고 한다. 유치원 교사 미시가 엄마 캐롤에게 전화를 했는데, 캐롤과 남편 둘 다 건강이 안 좋아서 고생하고 있다는 소식을 들었다. 그래서 가족 전체가 받는 스트레스가 이만저만이 아니란다. 이런 정보는 언제나 도움이 된다. 이제는 루디를 더 많이 무릎에 앉히고 안아주고, 월터에게 더 많이 말을 걸고 요즘 기분이 어떤지 얘기할 기회를 찾아주면서 문제를 해결해나갈 수 있기 때문이다.

월터는 학교라는 환경이 학생 개개인의 요구를 충족시켜주는 데 실패하면서 생긴 부작용을 학생의 문제로 돌려버린 대표적인 사례다. 월터가 문제가 아니라 교실 환경 자체가 문제였던 것이다. 교실에 앉아 있는 모든 학생들이 같은 시간에 같은 교과서의 같은 쪽을 보게끔 통제하는 것만으로도 힘에 부쳤을 선생이 아무리 월터를 배려해주고 싶었어도 월터가 자기만의 독특한 학습 경로를 따라가도록 허락했을 리가 만무하다. 월터가 두 시간쯤 아무런 방해도 받지 않고 책을 처음부터 끝까지 읽게 놔두거나, 더하기 빼기에 필요한 반복적 좌뇌 활동을 할 준비가 될 때까지 수학

시간을 미루고 기다려주지도 못했을 것이다. '정해진 과제를 정해진 시간에'가 마치 전국 모든 공공학교의 교훈이 된 것 같다.

흥미로운 사실은 우리 학교에 들어온 후로 월터가 공상에 잠기는 모습을 거의 보지 못한다는 것이다. 물론 공상에 잠긴다고 해도 전혀 문제가 되지 않지만 말이다. 공상은 지극히 자연스럽고 나무랄 데 없는 취미다. 아인슈타인과 에디슨도 유년 시절 분명히 꽤나 많은 시간을 공상에 잠겨 보냈을 것이다. 그런데 월터의 경우는 내 생각에 교실에서 받은 정신적 억압에 대한 일종의 소극적 저항으로 공상을 택했던 것 같다. 자기만의 세계로 빠져드는 것이 유일한 도피처였을 것이다.

월터는 이제 공상에 빠질 필요를 못 느낀다. 우리 학교는 "학교가 아이에게 맞춰야지 아이를 학교에 맞춰서는 안 된다"는 서머힐 스쿨의 설립자 A. S. 니일의 명언을 실천하기 위해 최선을 다하고 있기 때문이다. 월터가 스스로 정한 교과과정이 얼마나 그에게 잘 맞는지 보았다면 니일도 흐뭇해했으리라.

그런 의미에서 요즘 부쩍 늘어난 홈스쿨링 부모들의 증언에 따르면, ADHD 진단을 받았던 자녀를 자퇴시켜 교실이 아닌 가정에서 자녀 개인에 맞춘 유기적인 방식으로 배움의 과정이 이루어지도록 해줬더니 ADHD '증상'이 거짓말처럼 사라졌다고 한다.

같은 논리로 월터 역시 우리 학교에서는 전혀 문제아가 아니다. 오히려 의미 있고 흥미로운 일을 늘 스스로 찾아서 하는 아이다. 단 한 번도 자신에게 허락된 자유를 남용하거나 우리의 믿음을 저버린 적도 없다. 다른 아이들의 권리나 감정을 짓밟는 일도 결코 없다. 다시 말하지만, 난 월터 같은 아이라면 한 열 명쯤 더 들어왔으면 좋겠다.

마크를 마지막으로 소개하겠다. 마크는 카알과 마찬가지로 학교제도의 포로가 되기 전에 탈출한 덕분에 ADHD 꼬리표를 면한 아이다. 동네 공립 초등학교 1학년을 다니고 있던 아이가 학교에서 아무것도 배우지 못하고 아예 학교 다니는 데 흥미를 잃고 있다고 판단한 부모의 손에 이끌려 우리 학교로 온 경우다. 마크의 부모는 40대 후반의 맞벌이 부부인데, 우리 학교가 학생 한 명 한 명에게 충분한 관심을 보여주면서 가르치고 있다는 점을 알고 마크도 그런 관심을 받으면 좋아지지 않을까 하는 기대감에 프리스쿨을 선택하게 되었다. 마크의 형 누나들이 하나같이 공립학교에서 별로 좋은 경험을 못했기 때문에 막내인 마크의 교육문제는 조금 다르게 접근해보기로 한 것이다. 당시 마크는 형 누나들이 그랬던 것처럼 벌써 수업을 따라가기 힘들어하고 있었다.

우리는 공부를 억지로 시키거나 지루하게 가르치지만 않는다면 아이들이 배움 자체를 사랑하게 되리라고 늘 기대한다. 그리고 대부분의 아이들은 이러한 기대에 어긋나지 않는다. 그런데 마크는 예외였다. 적어도 처음에는 그래 보였다. 우리 학교에 들어온 첫날부터 완전한 선택의 자유가 주어지자 마크는 대부분의 시간을 노는 데 보내기로 마음먹었다. 가끔 낸시의 꼬드김에 넘어가 짧게 읽기 공부를 했지만, 그럴 때마다 거의 진도를 나가지 못했다. 마크는 흔히 '실독증'이라 불리는 장애의 모든 증상을 보이고 있었다. 전형적인 증상으로 'b'자와 'd'자를 헷갈리기도 했고, 왼쪽에서 오른쪽으로 글자를 조합하면서 읽어내는 데도 서툴렀다. 엎친 데 덮친 격으로, 열심히 외워두었던 글자의 발음을 하루만 지나도 잊어버리고 말았다. 낸시와 일대일 수업을 하면서 배운 것을 토대로 계속 진도를 나가야 하는데, 그것이 불가능했던 것이다. 결국 마크에게 읽기란 시지프스의 노동과 다름없었다.

마크가 노력을 하지 않았던 것은 아니다. 적어도 뇌의 일부는 공책에 줄줄이 늘어놓은 혼란스러운 기호들 사이에서 길을 찾으려고 애쓰고 있었다. 그러나 15분에서 20분 정도 열심히 노력하다가 끝내 낙담하기 일쑤였다. 낸시가 아무리 인내심을 가지고 꼼꼼히 가르쳐도 마크에게 알파벳은 여전히 풀리지 않는 암호였던 것이다. 마크의 심정을 이해하고 있던 낸시는 아이의 고통을 연장시키기보다는 열심히 했다고 칭찬해주고 다시 놀게 보내주었다. 얼마 지나지 않아 마크는 노력마저 포기하고 말았다. 그리고 낸시도 억지로 시키지 않았다. 무엇이든 억지로 시키면 반항심만 키우고 과제가 더 힘든 것처럼 느껴진다는 사실을 알고 있었기 때문이다.

이따금씩 마크는 수학에도 관심을 보였는데, 나는 그럴 때마다 낸시가 했던 것처럼 일대일로 마크를 가르쳤다. 숫자 개념은 웬만큼 있는 것 같았고, 더하기 빼기도 곧잘 했지만, 문제는 읽기와 마찬가지로 힘들게 터득한 공식을 하루아침에 잊어버리는 바람에 고통스러울 정도로 진도가 나가지 않는다는 데 있었다. 나는 마크 또래 남자아이들한테서 똑같은 현상을 많이 보았는데, 이 아이들은 기억력과 순차적 사고를 담당하는 좌뇌가 마치 짙은 안개에 싸여 있는 것 같다. 아이들이 풀려고 하는 문제의 정답은 그 안개 속을 헤매고 있는 것이다.

내가 경험한 바로는 안개는 대개 자연히 사라진다. 물론 안개가 끼게 된 원인에 따라 편차가 있지만 말이다. 그 원인이 정서적 스트레스라면 우선 스트레스를 완화하는 조치가 선행되어야 한다. 그러나 마크는 우리 학교에 온 후 몇 달이 지나도록 심각한 스트레스 증세를 전혀 보이지 않았다. 그래서 마크가 기억력이 나쁘고 문제해결 능력이 시원치 않은 원인은 한동안 수수께끼로 남아 있었다.

어쨌든 마크는 읽기나 수학에 필요한 인지발달 단계를 밟을 준비가 안 된 것만큼은 확실했다. 이는 가볍게 볼 문제는 아니지만, 우리 프리스쿨에서는 아이들이 더 쉽게 공부할 수 있는 정신적 조건을 갖출 때까지 여유를 갖고 기다리는 편이 훨씬 더 낫다고 생각한다. 아이들을 다그쳐서 빨리 글을 깨우치게 하려 들다가는 자칫 배움 자체가 부담스러운 노동이 되어버리는 데다 아이들의 자존심에 상처만 남길 뿐이다.

마크가 우리 학교에 입학하자마자 열렬히 사랑하게 된 것은 다름 아닌 같은 반 친구 버트였다. 버트는 마크보다 몇 주 전에 우리 학교에 들어온 아이였는데, 두 아이는 서로 첫눈에 반해버렸다. 머지않아 둘은 학교에서도 학교가 파하고 나서도 늘 붙어 다녔다. 버트 엄마 로라는 버트가 외동아들이었기 때문에 어느 날 갑자기 생긴 아들의 단짝친구가 너무나 반가웠고, 마크와 마크 부모에게 마크가 언제든지 집에 놀러 와도 된다고 말했다. 자식 뒤치다꺼리만 20년 넘게 해온 마크의 부모 역시 로라의 초대가 너무나 반가웠다.

마크가 비교적 순조롭게 프리스쿨에 적응해가던 어느 날 아침, 아이가 20달러짜리 지폐를 가지고 학교에 등교했다. 나도 어릴 적 도둑질 경력이 있던 터라 바로 무언가 수상하다는 생각이 들었고, 마크에게 어디서 난 돈이냐고 물었다. 학교 정문 앞 계단에서 주웠다는 아이의 말 역시 진실처럼 들리지 않았다. 대답을 하는 마크의 넋 나간 듯한 표정이 마음에 걸렸다.

그래서 나는 낸시와 제프와 데이브에게 이 사실을 알렸고, 혹시 20달러를 잃어버린 사람은 없는지 확인해보자고 제안했다. 그런 사람이 나타나지 않자, 나는 마크에게 다시 질문을 하기로 했다. "너 그 돈 계단에서 주운 거 맞아? 내가 20달러 잃어버린 사람 없냐고 다 물어봤는데, 다들 아니래."

마크는 아까처럼 넋이 나간 표정으로 말을 바꿨다. "어, 사실 어젯밤에 버트네 가서 잤는데요, 로라 아줌마가 돈을 주셨어요."

"우와, 그 많은 돈을? 아줌마가 왜 그러셨을까?"

"몰라요. 왜 주는지는 말 안 하셨어요."

나는 마크가 돈을 써버려서 돌이키기 힘든 문제가 생기기 전에 발 빠르게 움직여야겠다는 생각이 들었다. 다행히 바로 로라와 연락이 닿아서 마크가 한 이야기를 전할 수 있었다. 로라는 화가 나서 점점 목소리가 커졌다. "오전 내내 그 돈 찾느라 집안을 뒤집어놨어요. 근데, 고 녀석 우리 집에 와서 돈 훔친 게 벌써 두 번째예요."

나는 로라에게 말했다. "그래도 마크가 돈을 가져간 걸 빨리 알게 돼서 다행입니다. 내가 마크한테 얘기하고 돈을 맡아 놓았다가, 로라가 3시에 버트 데리러 올 때 마크한테 돌려줘서 애가 직접 사과하고 돈을 돌려드리게 하겠습니다."

아직 흥분이 가시지 않은 로라는 영국식 억양이 자꾸 짙어지고 있었다. "고놈한테는 뭐라고 하죠?"

"일단 도둑맞은 기분이 어떤지 말해줘야겠죠. 그리고 나 같으면 두 번 다시 도둑질을 하면 우리 집에 못 오게 할 거라고 분명히 못 박아 둘 것 같습니다."

로라의 다음 질문은 "근데 애가 왜 그랬을까요?"였다.

나는 이렇게 대답했다. "빨간불이 켜진 겁니다. 일상생활이 삐거덕거려서 불만이 커진 아이들한테 도벽이 생기는 경우가 많습니다. 로라 앞에서는 애가 어떻던가요?"

"내가 보기에는 아무 문제도 없어 보여요. 애가 항상 예의바르고 고분

고분한 데다가 우리 아들이랑도 얼마나 죽이 잘 맞는지 몰라요."

"그럼 집안에 무슨 문제가 있는 걸지도 모릅니다. 지금 바로 마크를 찾아서 얘기를 좀 해보겠습니다."

나는 마크를 찾은 뒤 둘이서 조용히 대화할 수 있는 빈 방에 데리고 가서 말문을 열었다. "마크, 나 로라 아줌마랑 전화통화 했거든. 그 20달러 아줌마가 준 게 아니라 네가 부엌 식탁에서 집어온 거 알고 있어."

아이가 잘못을 한 것이 분명한 경우에는 억지로 아이한테서 자백을 받아내려고 하지 않는 게 좋다. 궁지에 몰린 아이는 또 거짓말을 하게 되고, 자기 행동을 책임지기 더 어려워질 뿐이기 때문이다.

"로라 아줌마가 너를 참 좋아하고 네가 버트 친구여서 기뻐한다는 걸 알아줬으면 좋겠다. 그러니까 이렇게 하자. 오늘 학교 끝날 때까지 무슨 일 생기지 않게 내가 돈을 맡아둘게. 그랬다가 아줌마가 버트 데리러 오면 네가 직접 돌려드릴 수 있도록 다시 너한테 줄게."

나는 종전의 멍한 표정은 온데간데없는 얼굴로 내 말을 듣고 있는 마크에게 물었다.

"로라 아줌마한테 뭐라고 그럴 거야?"

"미안하다고 할게요."

"좋아. 또 아줌마 돈 훔칠 거니?"

"아뇨."

"그 말도 꼭 해라. 알았지?"

"알았어요."

나는 마크에게 질문을 하나 더 했다. "집에 별일 없니?"

"없어요."

구체적인 답을 기대했던 것은 아니다. 어린 아이들이 대개 그렇듯이, 중요한 단서는 아이의 말보다는 아이의 표정에서 찾을 수 있다. 마크의 멍한 표정이 또 아이의 얼굴에 그림자를 드리우고 있었다.

사건은 우리가 계획한 대로 마무리되었고, 그 뒤로 마크가 버트네 집에서 무언가 훔쳤다는 얘기는 다시 들리지 않았다.

그러나 며칠 지나지 않은 어느 날, 마크는 더 큰 돈을 흔들며 학교에 왔다. 이번에는 50달러짜리 지폐였다. 마크와 같은 반 친구가 낸시에게 달려가 귀띔을 해줬다. "낸시! 마크가 글쎄 50달러나 가지고 있어요!"

낸시와 나는 짧게 의견을 나눴고, 본격적인 정보 수집에 나서기 전에 일단 마크 부모부터 만날 때가 되었다고 합의했다. 그리고 이번에도 내가 마크와 얘기를 해보겠다고 자청했다.

"우와, 마크, 그렇게 큰 돈 어디서 난 거야?"

"우리 아빠가 주셨어요."

"너 그 돈 학교에 가져온 거 아빠도 아시니?"

"네."

"근데 너 학교에 있는 동안 나쁜 일 생길까봐 걱정된다. 집에 갈 때까지 내가 맡아두는 게 어떻겠니?"

"그래요."

이번에는 낸시가 마크 부모에게 전화하는 일을 맡았다. 직장에서 낸시의 전화를 받은 마크 엄마 쉴라는 당연히 남편이 아들한테 50달러를 준 적이 없다고 확인해주었다. 그리고 안 그래도 요즘 마크가 집에서 잔돈을 슬쩍하는 게 아닐까 의심하고 있었다며 낸시가 제안한 비상회의에 동의했다.

낸시와 나는 다음 날 저녁 창고관리인으로 일하는 마크 아빠 빌이 퇴근할 때까지 기다렸다가 마크 부모와 마주앉았다. 빌은 피로와 무관심에 전 눈빛으로 회의 내내 의자 등받이에 기대고 앉아 우리와 거리를 두었다. 이야기는 거의 다 쉴라가 했다.

낸시와 내가 마크 부모를 만난 데는 두 가지 목적이 있었다. 우선 당연히 아들을 걱정하는 부모에게 마크처럼 어린 아이가 도둑질을 할 때는 대부분의 경우 도와달라는 절규라는 사실을 이해시키고 싶었고, 그다음에는 부모와 함께 아이가 무슨 도움이 필요한 건지 알아내고 싶었던 것이다. 낸시가 쉴라와 빌에게 최근 집안에 큰 변화는 없었냐고 묻자, 둘은 처음에는 고개를 내젓다가 쉴라가 서서히 입을 열었다. 부부 둘 다 최근 빚 갚을 돈을 벌어야 해서 초과근무를 하느라 귀가 시간이 늦어지고 있다고 말했다. 때문에 마크는 버트네 놀러가지 않는 날이면 집에서 혼자 있는 시간이 많아졌고, 요즘에는 학교가 끝나면 바로 버트네로 가는 게 점점 일상이 되었다고 했다.

쉴라는 또한 남편 앞에서 우리에게 남편에 대한 불만을 토로했다. 빌한테 텔레비전 보는 시간 좀 줄이고 아들이랑 놀아주라고 그렇게 부탁을 하고 잔소리를 해도 소용이 없다고 말했다. 빌은 수세에 몰리자 뒤로 기댔던 자세를 고쳐 앉더니 자기방어에 나섰다. 퇴근해서 집에 돌아올 때쯤이면 녹초가 되기 때문에 피로를 풀기 위해 텔레비전을 보는 거라고 했다. 그리고 마크에게 주말에 같이 놀자고 해도 마크는 친구들과 약속이 있다며 거절하기 일쑤라고 주장했다. 그러자 쉴라는 마크가 아빠한테 실망해서 이미 포기한 거라고 원망 섞인 말투로 받아쳤다.

우리에게 많은 것을 보여주고 또 많은 걱정거리를 안겨준 회의였다. 그리고 그 후로 2년 동안 마크의 충족되지 못한 정서적 욕구를 채워주기 위해 우리는 비슷한 회의를 여러 차례 가졌다. 다행히 마크의 도벽은 갑자기 시작되었던 것처럼 어느 날 갑자기 사라졌지만, 그 대신 다른 위험

신호가 나타났다. 집에서 멀리 떨어진 곳을 시도 때도 없이 배회하는 마크의 모습을 보았다는 이야기가 들리기 시작했다. 마크 혼자 돌아다닐 때도 있었고, 같은 동네의 떠돌이 아이들과 몰려다닐 때도 있었다. 그러던 중 우리는 마크가 하루는 차에 치일 뻔했다는 소식을 접하고는 두 번째 비상회의를 소집했다.

빌은 이번에는 짜증 섞인 태도로 우리를 대했다. 아들이 학교 밖에서 일으킨 문제로 자기가 학교에 불려온 게 못마땅하다는 표정이 역력했다. 낸시와 나는 빌이 비난으로 받아들일 여지가 있는 말은 최대한 자제하면서 대화를 시도했지만, 빌이 세운 방어벽을 도저히 허물 수가 없었다. 빌은 주말에 마크와 놀아주려고 노력하고 있다는 종전의 주장을 되풀이하더니, 권위적인 말투로 이제부터 아들 단속은 자기가 알아서 하겠다고 약속했다.

쉴라와 빌 사이의 긴장이 더 팽팽해졌다는 증거도 계속 보였다. 둘은 말을 하면서도 서로를 쳐다보지 않았고, 쉴라는 여전히 아들한테 무관심한 빌의 태도에 불만이 쌓일 대로 쌓였다고 토로했다. 듣자하니 운동선수 기질이 다분한 마크를 지역 어린이야구단에 입단시킬 계획도 빌이 등록 절차를 차일피일 미루는 바람에 무산되었던 모양이었다.

우리는 이런 경우 대개 가족상담을 받으라고 권하지만, 나는 빌의 적대감 섞인 방어태세로 보아서는 그런 권유를 할 상황이 아니라는 생각이 들었다. 우리는 회의를 마치면서 마크네 재정난이 하루빨리 해결돼서 부부가 너무 힘들게 일하지 않아도 되었으면 좋겠다고 말했다. 화가 약간 누그러진 빌은 마크가 하루 종일 어디서 무얼 하고 다니는지 더 단단히 통제하겠다는 약속을 다시 했다.

부부와 다시 이야기를 나눌 기회가 찾아온 것은 우리 학교에서 모든 학부모와 매년 갖는 평가회의 때였다. 이번에는 마크의 읽기 실력에 대해 쉴라가 이야기를 꺼냈다. 낸시는 우선 읽기를 처음 배우는 아이들과 함께 진행하는 발음중심의 어학 프로그램을 소개한 뒤 마크와 일대일로 진행했던 수업에 대해서도 이야기했다. 마크가 노력해도 잘 안 되자 흥미를 잃었다고 말했고, 아이가 이제 겨우 초등학교 1학년이기 때문에 별로 걱정하지는 않는다는 소견도 덧붙였다.

쉴라는 집에서 자기나 남편이 아들의 읽기 실력을 키워줄 수 있는 방법은 없냐고 물었다. 이 대목에서는 내가 나서서 부모가 아이에게 소리 내서 책을 읽어주는 것만큼 좋은 방법은 없다고 답했다. 이때 책은 재미있는 것으로 골라야 하고, 책 읽어준다고 해놓고 읽기 수업을 해서는 안 된다고 일러주었다. 책 읽어주기는 무엇보다 아이에게 즐거운 경험이 되어야 하는데, 이렇게 되면 몇 가지 목표를 달성할 수 있다. 우선 아이가 책을 가까이하는 습관을 기르게 되고, 스스로 책을 읽으려는 의욕이 생긴다. 또한 읽기의 운율과 흐름이 몸에 배는 데도 도움이 된다. 나는 아이가 거부감을 보이지 않는다면 부모가 소리 내서 읽는 부분을 손가락으로 가리키며 읽는 것도 좋은 방법이라고 조언했다. 그렇게 하면 아이는 부모의 손가락을 눈으로 쫓으면서 뇌는 왼쪽에서 오른쪽으로 끊어짐 없이 시선을 움직이는 동작에 익숙해질 수 있다. 그리고 아이는 갈수록 점점 더 개별 단어에 초점을 맞추고 특정 단어를 알아보기 시작한다.

낸시가 쉴라와 빌에게 집에서 마크를 재우기 전 치르는 의식이 있는지, 있다면 동화책 읽어주기도 그 의식에 포함되는지 물으면서 대화를 이어갔다. 불행히도 두 질문 모두 "아니오"라는 답이 돌아왔다. 듣자하니 마크가 피곤하면 알아서 잠자리에 드는 날이 대부분이었다. 나는 이 대목에서 두 가지 문제를 동시에 해결할 수 있는 기회를 포착했다. 나는 마크에게 잠자리에 들기 전 책을 읽어주는 일을 마크의 가장 중요한 역할 모델인 빌이 맡는 게 효과적일 것 같다고 제안했다. 이렇게 고정적으로 함께 하는 일이 한 가지라도 생기면 부자지간의 관계도 더 끈끈해질 것이라는 말은 일부러 하지 않았다.

빌은 내 제안에 동의하면서도 집에 읽을 만한 동화책도 없고 서점에 들러 살 시간도 없다고 했다. 나는 학교에 있는 책을 다음 날 마크와 훑어보고 두세 권 정도 빌려갈 수 있게 해주겠다고 제안했다.

이번 회의는 긍정적인 분위기에서 끝났고, 쉴라는 우리가 마크에게 항상 신경 써주는 게 얼마나 고마운지 모른다며 우리 학교에 보내고부터는 마크의 태도가 전반적으로 눈에 띄게 좋아졌다고 말했다.

다음 날 아침, 나는 약속대로 마크에게 동화책을 골라보자고 했다. 아빠가 잠자리에 들기 전에 책을 읽어주기로 했다고 말하자, 아이는 신이 나서 집에 가지고 갈 책 몇 권을 골랐다. 하지만 며칠 후 내가 아빠랑 동화책 잘 읽고 있느냐고 묻자, 마크는 정신이 딴 데 가 있는 듯한 표정으로 "아빠가 너무 바빠서"라는 말만 툭 던지고는 허공을 멍하니 응시했다.

마크는 이듬해 9월 새 학년이 시작되자 다시 우리 학교로 돌아왔고, 그 다음해 9월에도 돌아와 3년 연속 우리 학교를 다녔다. 그동안 쉴라와 빌은 별거를 하더니 아예 헤어졌고, 쉴라는 옆 동네의 다른 남자와 동거에 들어갔다.

이혼한 부모 중 누구와 살지를 정해야 했던 마크는 아빠를 선택했다. 한편 아이는 학교 근처에 사는 아이들 몇 명과 사귀게 되면서 버트랑 친하게 지내던 때와 마찬가지로 친구 집에서 대부분의 시간을 보냈고 밤에도 거기서 자는 날이 많아졌다. 그리고 친구 부모들이 전한 소식에 따르면, 한 번 친구 집에 놀러오면 자기 집으로 돌아갈 시간이 정해져 있지 않거나 아예 돌아갈 생각을 하지 않기가 일쑤였고, 빌한테 전화를 해서 상의하려고 해도 연락이 닿지 않는 경우가 허다했다.

냈시와 나는 내키지 않았지만 빌과 만나서 마크와 잘 지내고 있는지 확인하는 게 좋겠다는 결정을 내렸다. 결과적으로 잘못된 결정이 되어버렸지만, 사실 이 문제를 아동보호국에 넘겼어도 상황이 더 좋아지진 않았을 것이다. 빌은 우리와 대면하는 순간부터 바로 예전보다 더 방어적인 태도를 취했다. 처음으로 대놓고 화를 내면서 자기 사생활에 끼어드는 우리한테 넌덜머리가 난다고 했고, 마크를 다시 공립학교에 보내기로 했다며 그렇게 알라고 통보했다. 빌이 자리를 박차고 나가버리기 전에 내가 얻어낸 것이라고는 마크가 짐도 챙기고 작별인사도 할 수 있게 그 주가 끝날 때까지만이라도 우리 학교에 나올 수 있게 해주겠다는 허락뿐이었다.

나는 목요일에 혹시 빌의 심정에 변화가 생기진 않았을까 하는 희망으로 직장에 있는 빌에게 전화를 걸었다. 빌은 예의 무뚝뚝함으로 나를 대했지만 마음을 바꿀 생각은 없어 보였다. 결국 내가 할 수 있는 일은 아무것도 없었다.

하지만 마크가 좋은 생각을 해냈다. 녀석은 금요일에 교사들이 식사하는 테이블로 오더니 해결책을 찾았다고 했다. 아빠가 자기가 공립학교에 잘 적응하지 못하면 다시 이곳으로 돌아오게 해주겠다고 약속했단다. "그래서요, 나 진짜 못되게 굴 거예요. 그 학교에서 쫓겨나게요."

그리고 마치 군사작전을 수행하듯 계획을 실행한 마크는 삼 개월 만에 우리 곁으로 돌아왔다. 나중에 들은 이야기지만, 그 학교에서 마크가 날린 결정타는 여선생 면전에서 쌍욕을 퍼붓는 것이었다. 결국 선생은 빌에게 전화를 해서 당장 아들을 데리고 가라고 했다.

다행히 마크는 프리스쿨로 돌아오고 얼마 지나지 않아 엄마와 같이 살겠다고 했다. 새 애인과 동거 중이던 쉴라는 사무실이 우리 학교에서 가까운 곳이라 출근길에 마크를 학교에 데려다 줄 수 있었다. 마크는 여전히 친구 집에 자주 놀러갔지만, 엄마와 살면서부터는 정해진 시간에 자기 집으로 돌아갔다.

올해로 우리 학교를 다닌 지 4년째 되는 마크는 매끈한 갈색 피부와 다부진 체격에 유난히 잘생긴 소년으로 성장했다. 그리고 성격도 경이로운 변화를 겪는 중이다. 아이의 얼굴에 자주 스치던 멍한 표정은 이제 옛날 얘기가 되었고, 지금은 말과 행동 모두 흠잡을 데 없이 정직하다. 요즘에는 꽤 자주 흥분을 하는데, 그럴 때마다 눈이 휘둥그레지고 숯검정 같은 눈썹이 코미디언처럼 올라간다.

무엇보다 반가운 사실은 마크의 머릿속을 메우고 있던 안개가 걷히기 시작했다는 것이다. 대부분 사람들이 늦었다고 생각할 열 살이라는 나이에 스스로 글을 읽고 싶은 마음이 생겨서 글을 읽기 시작했다. 낸시가 행정업무가 밀려서 (우리 학교에서는 교사직과 행정직을 구분하지 않기 때문에) 읽기 시간에 늦기라도 하면, 마크가 낸시를 찾아내 빨리 수업하자고 조를 정도다. 마크는 쓰기도 배우고 있는데, 아직은 글을 쓰는 게 익숙하지 않아선지 주로 다른 친구들한테 부탁해 자기가 만든 이야기를 받아쓰게 한다.

한 가지만 더 덧붙이자면 마크는 빨리 글을 읽기 위해 자습까지 한다는 것이다. 요즘에는 여러 명의 친구들과 함께 '매직'이라는 인터랙티브 게임에 푹 빠져 있는데, 게임을 하려면 커다란 카드에 적힌 정보를 숙지해야 한다. 그래서 마크는 또래들의 읽기 실력을 따라잡아 게임에서 제대로 겨루려고 오늘도 열심히 읽기 연습을 하고 있다.

마크 같은 아이나 다음 장에 소개할 가브리엘 같은 아이가 학업에 필요한 기본기를 유년기의 반이 지나도록 배우지 않는데도 그냥 내버려두는 우리 학교 방식에 누군가 의문을 제기할 때마다, 나는 내 친구 존 스콧 이야기를 들려주곤 한다. 존은 1940년대 뉴저지에서 우리 학교와 아주 비슷한 모던스쿨이라는 공동체학교를 다녔다. 배움의 때와 장소를 자기 마음대로 정할 수 있는 자유가 주어졌던 존은 비가 오나 눈이 오나 밖에서 노는 것을 훨씬 더 좋아했고, 어린 시절의 대부분을 공동체 부지를 가로지르는 시냇가에서 보냈다고 한다.

오늘날 존은 박사학위가 두 개나 있다. 얼마 전 이곳 알바니 주립대학 대기과학과 학과장직에서 물러났지만 젊은이들을 가르치는 천직은 여전히 놓지 않고 있다. 조용히 은퇴해서 평생 영혼의 양식이 되어온 자연과 더불어 지내는 삶을 만끽할 수도 있었지만, 존은 학부생을 위한 혁신적인 교육 프로그램을 공동 개발하는 일에 몰두했다. 자신의 유년시절을 채워주었던 전체론적인 배움을 떠올리며 오늘도 존은 각 학제를 구분하는 장벽을 허물기 위해 힘쓰고 있다. 그렇게 함으로써 존은 요즘 젊은이들이 대학에 들어오기 전부터 이미 형성한 파편적 세계관을 바로잡을 수 있도록 돕고 있다.

일부러 마지막까지 아껴둔 내 친구 존의 이야기의 핵심 포인트는 이것이다. 존은 열한 살이 될 때까지 글을 읽을 줄 몰랐다.

여섯 번째 이야기
ADHD, 왜 여자아이들에게는 드물까

보편적인 교실의 역학구조는 현대사회의 군대나 회사 같은 조직과
마찬가지로 학생에게 자신의 의사와 취향, 내적 리듬을 포기할 것을
요구한다. 그 결과, 점점 더 많은 학생들, 특히 남학생들이 탈선을 일삼고,
집중하거나 협조하거나 기대에 부응하기를 거부함으로써,
다시 말해 자신이 가진 유일한 무기로 제도에 저항하는 것이다.

지금까지는 남자아이들 이야기만 했다. 이는 우연이 아니다. 그동안 프리스쿨을 거쳐 간 천 명에 가까운 아이들 중 전형적인 ADHD 성향을 가진 여자아이는 손가락으로 꼽을 수 있을 만큼 적다. 이러한 우리 경험은 ADHD 진단과 처방에 관한 대부분의 보고와 일치하는데, 이러한 보고에서 남자아이들 비중은 평균 75퍼센트를 넘는다.

타냐. 올해 우리 학교 리탈린파 여자아이는 한 명밖에 없다. 만 두 살 반 때부터 우리 학교를 다닌 타냐라는 아이다. 보드랍고 까무잡잡한 피부와 크고 매혹적인 갈색 눈동자가 특히 인상적이다. 튼실한 몸으로 떡하니 서 있으면 세상만사 자기 뜻대로 주무르겠다고 덤빌 것 같다.

타냐의 엄마 마타는 타냐를 낳았을 때 겨우 열여섯 살이었다. 타냐의 생부와도 오래가지 못하고 헤어진 마타는 그 후 십대 미혼모로 어렵게 생계를 이어가다가 지금의 애인을 만나게 되었다. 마타보다 두 살 많은 애인 라마는 프리스쿨 출신이다. 그래서 타냐가 우리와 인연을 맺게 된 것이다.

타냐가 처음 우리에게 왔을 때는 충동적이고 공격적이고 반항적이었다. 앙큼하기가 이를 데 없고 자꾸 나대는 데다 남한테 무례하고 굴고 뭐든지 자기 뜻대로 하는 것에 이미 익숙해진 아이였다. 다른 아이들을 자꾸 할퀴고 물어서 늘 가까이서 감시해야만 했다. 더 이상 어떻게 해볼 도리가 없는 최악의 시기에는 타냐가 다른 친구들한테 상처를 입히지 못하게 손에 면장갑을 씌우고 테이프로 감아놓아야 했다. 물론 자꾸 남을 할퀴면 어떻게 되는지 수차례 경고를 하고 나서 취한 조치였다. 획기적일 뿐만 아니라 지극히 실용적인 이 조치 덕분에 타냐의 반사회적인 행동 중에서도 특히 심각했던 이 버릇만큼은 금방 고칠 수 있었다. 그 후로도 타냐는 다시 남을 할퀴지 않았다.

타냐는 집중시간도 아주 짧았다. 그림 그리기나 색칠, 퍼즐 맞추기, 장난감 가지고 놀기, 정글짐 오르기 등 한 가지 활동을 하다가 느닷없이 다른 활동으로 옮겨갔고, 집중력도 금방 떨어졌다. 동화책을 읽어주면 가만히 앉아서 이야기를 끝까지 듣는 적이 거의 없었다.

올해 다섯 살이 된 타냐는 장족의 발전을 했다. 요즘은 또래 여자아이들과 몇 시간씩 평온하게 논다. 아직도 가끔씩 공격적으로 돌변하긴 하지만, 누가 건드리지 않았는데 괜히 그러는 일은 거의 없다. 다른 친구들을 보호하기 위해 씌웠던 면장갑은 기억 저편으로 사라진 지 오래다. 이제는 타냐도 대부분의 경우 또래와의 갈등을 대화로 풀려고 한다. 그 대화에 욕이 난무하는 것은 여전히 문제이긴 하지만, 유아부 교사들은 타냐가 말보다 주먹이 앞서지 않는 것만으로도 지금으로선 성공이라고 말한다. 언어순화 교육은 조금 기다렸다 해도 된다.

타냐는 요즘 미시가 가르치는 유치부 교실에 자발적으로 들어가기 시작했다. 단체 활동이나 놀이에 참여할 만큼 협동심을 길렀다는 분명한 증거다. 미시는 타냐가 집중시간도 눈에 띄게 늘어났다고 말한다. 뿐만 아니라 타냐가 유치부에서 가장 똑똑한 아이 중 한 명이라고 한다. 이제는 동화 듣기를 즐기고, 좋아하는 동화책에서는 단어를 알아보고 읽기 시작했다.

타냐가 이렇게 좋아진 데는 여러 요인이 있겠지만, 나는 학교가 타냐뿐만 아니라 타냐 가족 전체를 지원할 수 있도록 마타와 라마가 마음을 열어준 것이 아주 중요한 요인이었다고 생각한다. 자아형성기를 우리 학교에서 보낸 라마는 우리를 절대적으로 믿었고, 그 믿음을 마타에게도 심어주었다. 우리는 그동안 이 젊은 커플이 스스로를 나쁜 부모라고 자책하지 않도록 조심하면서도 집에서 타냐에게 보다 긍정적인 방법으로 한계를 설정하도록 코치해주었다. 우선 마타에게 타냐가 아무리 끈질기게 말썽을 부리더라도 때리거나 협박하거나 욕하지 말아달라고 했다. 엄마로서 딸에게 져주면 안 된다고 용기를 주었고, 타냐가 말을 안 듣거나 버릇없이 굴었을 때는 자기 방으로 보낸다든지 하는 체벌을 대신할 결과를 정해놓고 일관성 있게 적용하라고 가르쳐주었다. 우리는 또한 라마가 모녀의 소모적인 기 싸움에 건설적으로 개입할 방법을 찾도록 도와주었다. 마지막으로 우리는 마타와 라마에게 둘만의 시간을 가지라고 격려를 아끼지 않았다. 다행히 라마의 어머니가 가까이 사셔서 부부가 춤을 추거나 영화를 보러 외출하는 날에 기꺼이 아이를 봐주셨다.

친부모로부터 육체적으로나 정신적으로 학대받았고 이후 여러 수양부모 집을 전전하면서 계속 학대받았던 마타는 좋은 본보기도 없이 엄마 역할을 해내야 했다. 게다가 딸아이가 태어났을 때 마타 본인도 여전히 많은 면에서 아이나 다름없었다. 우리가 학교에서 본 타냐의 과격한 행동 대부분의 근원은 어린 나이부터 필요한 보살핌을 받지 못했던 엄마의 공포, 엄마의 답답함, 엄마의 분노와 슬픔이었던 것이다. 우리의 관심, 그리고 그보다 더 큰 라마의 사랑과 지지 덕분에 마타는 이제 성공적으로 청소년기를 벗어나 성인이 되어가고 있다. 고등학교에 다시 진학해 졸업장도 받았고, 지금은 번듯한 직장을 다니고 있다. 그리고 그 과정에서 타냐의 남동생도 생겼고, 오늘도 네 식구는 열심히 가족으로서 뿌리를 내리고 있다.

아무리 낯이 두꺼워도 프리스쿨이 이 상처받기 쉬운 새 가정을 구원했다고 자랑할 수는 없을 것이다. 타냐의 가족은 우리가 해준 약간의 상담, 그리고 친구와 확대가족의 도움에 힘입어 스스로를 구원했다. 미국의 수많은 가정들이 삐거덕거리는 슬픈 현실에 비춰볼 때, 타냐의 가족이 이뤄낸 쾌거는 그야말로 영웅적이라 하겠다.

마타가 안정적으로 자기 길을 찾아가게 되자, 타냐 역시 안정을 찾기 시작했다. 엄마와 딸이 서로에게 거울이었던 셈이다. 타냐는 부모의 관심을 놓고 경쟁해야 하는 동생이 생기면서 잠시 혼란을 겪긴 했지만 곧 균형을 되찾았고, 이제는 자기를 쏙 빼닮은 동생에게 자상한 누나 노릇까지 하고 있다.

무마사토. 타냐보다 먼저 우리 학교를 거쳐 간 아이가 있었으니, 바로 사납고 고집스럽고 화끈한 사고뭉치 무마사토다. 무마사토의 모험기는 내가 프리스쿨에 대해 이 책보다 먼저 쓴 『두려움과 배움은 함께 춤출 수 없다 Making It Up As We Go Along』에도 꽤 비중 있게 등장한다. 홀어머니 밑에서 자란 열 형제 중 일곱째였던 무마사토는 만 세 살 반 때 우리를 찾아와 공립초등학교에 입학할 때까지 우리 학교를 다녔다.

정부에서 나오는 생활보조금으로 근근이 살아가던 무마사토의 엄마는 인내심은 바닥나고 신경질은 폭발하는 날이 많았다. 애들 뒷바라지가 지

궂지궂하다는 말도 서슴없이 하곤 했다. 그래서 무마사토는 언니오빠들이 반쯤 키워주었는데, 언니오빠들도 심심치 않게 무마사토를 구박했다. 그 결과 무마사토는 고삐 풀린 망아지가 되었다. 남을 꼬드겨서 자기가 원하는 대로 조정하거나 끊임없이 뭔가 해달라고 떼를 썼으며, 공격적이고 때로는 폭력적인, 그리고 늘 관심에 굶주린 아이가 되었다. 그것이 긍정적인 관심이든 부정적인 관심이든 무마사토에게는 상관없었다. 그렇게 무마사토는 어린 아이들을 대하는 우리의 모든 접근방법을 금세 무용지물로 만들어버렸다.

엎친 데 덮친 격으로, 무마사토는 생의 첫 삼 년을 브루클린의 악명 높은 저소득층 임대주택 지역인 포트그린에서 보냈다. 충격 사건이 매일같이 일어나는 전쟁터나 다름없는 곳에서 지낸 세월은 무마사토에게 깊은 트라우마를 남겼다. 녀석은 머리를 조금이라도 부딪치면 양손으로 머리를 감싸고 "피난다! 피!"라며 비명을 질러댔다.

아이들에게 그 어떤 꼬리표도 달기를 반대하는 나조차도 무마사토를 외상 후 스트레스 장애post traumatic stress disorder(PTSD)로 진단하는 데 동의했을 것이다. PTSD는 고통의 원인이 개인의 내면이 아닌 외부에 있다는 사실을 내포한다. 최초의 PTSD 진단 대상은 베트남전쟁 참전병사들이었다. 그들은 한시도 공포에서 벗어날 수 없었던 정글 게릴라전 때문에 귀국 후에도 오랫동안 정신적 충격에서 헤어나지 못했다. 혹자는 포트그린과 같은 도심정글에서 자라난 아이들에게 베트남전쟁 참전병사들과 매우 비슷한 후유증이 생길 수 있다고 지적한다.

무마사토의 스트레스는 포트그린에서 벗어나 알바니로 이사 오면서 약간 해소되긴 했지만 결코 없어지진 않았다. 새로 이사 온 동네도 문제가 많기는 마찬가지였다. 무마사토의 가족은 하루가 멀다 하고 각종 사건사고에 휘말렸다. 무마사토는 오빠가 마약밀매를 하다가 경찰에 붙잡히고 언니가 질투심에 눈 먼 애인한테 칼에 찔렸다는 이야기를 학교에 와서 심심치 않게 전했는데, 더 기막힌 것은 그 이야기들이 다 사실이었다는 것이다.

무마사토가 우리 학교를 다니기 시작한 시기의 고통스러움이 절정에 달할 무렵, 우리는 사람이든 물건이든 닥치는 대로 공격하던 아이를 평상시 유아부 아이들에게 쓰는 한계설정 방식으로 다루지 않았다. 대신 우리는 매순간 아이와 신체적 접촉을 유지했다. 초기 몇 달 동안 우리는 계속 아이를 무릎에 앉히거나 움직여야 할 때는 갓난아기처럼 안고 다녔다. 우리는 무마사토를 수시로 토닥거리고 쓰다듬었고, 돌아가며 위층 흔들의자에 앉아 아이를 보듬고 흔들어주었다. 무마사토가 특히 신경질적이어서 이러한 방법도 소용이 없는 날이면 우리는 모든 창의력을 동원해서 새로운 방법을 찾아냈다.

우리는 단 한 순간도 무마사토가 결함이나 결핍이 있다고 생각하지 않았다. 아이가 우리를 미치도록 힘들게 해도 우리는 아이를 탓하지 않았다. 대신 우리는 우리를 힘들게 하는 아이의 행동을 일종의 암호화된 언어로 보았다. 무마사토의 행동은 어디가 왜 아픈지를 표현할 수 있는 아이의 유일한 언어였던 것이다. 우리는 아이를 전문으로 보살피는 사람들로서 아이의 영혼이 아니라 암호를 해독하는 것이 우리의 임무라고 믿었다.

무마사토는 우리 학교에서 교사와 수습교사와 나이 많은 학생들로부터 넘치는 애정과 관심을 받으며 무럭무럭 자랐다. 자기를 어루만져주는 손길을 가뭄에 단비 맞듯 빨아들였고 쑥스러워하지도 않고 더 해달라고 했다. 그러면서 우리의 야생마는 조금씩 차분해지고 공격성이 줄어들었다. 또래와 사이좋게 교감을 나누는 데 흥미를 보이기 시작했고, 짜증이 나도 참는 실력은 그야말로 비약적으로 발전했다. 무마사토가 우리의 품에서 벗어나 어디선가 놀다가 또 화를 내기 시작하면, 최선의 대응책은 또 아이를 끌어안고 보듬어주고 쓰다듬는 것이었다.

우리가 단호하게 한계를 설정하면서 동시에 아이의 자기결정권을 존중해준 덕분에 무마사토는 자유롭게 자신과 세상을 탐색하기 시작했다. 그리고 그 과정에서 무마사토는 늘 관심을 독차지하려던 고집스러움을 조금씩 버리면서 또래 여자아이들 몇 명과 진정한 우정도 쌓아갔다. 물론 무마사토를 상대해준 아이들은 녀석의 무지막지함에도 기가 죽지 않는 아이들이었다. 갑자기 폭발하듯 신경질을 부리던 무마사토의 모습은 거의 사라졌고, 반 년 정도 지나서는 더 이상 아이를 수시로 감시할 필요도 없어졌다. 우리로서도 정말 다행이 아닐 수 없었다.

ADHD를 여자아이와 연계해서 분석하다보면 이야기가 흥미로워진다. 점점 더 많은 사람들이 수백만 명에 달하는 아이들에게 꼬리표를 달고 약물을 투여하는 처사에 의문을 제기하면서 요즘 ADHD에 관한 자료들은 더욱 자기방어적인 논조로 흐르고 있는데, 이 자료들의 주장에 따르면 ADHD 진단 대상의 남녀 성비가 균등해지고 있다고 한다. 그러나 나는 이 주장을 뒷받침할 만한 신뢰성 있는 통계를 찾지 못했다.

성비가 더 균등해지기를 바라는 ADHD 신봉자들의 심정을 이해 못 하는 것은 아니다. 성별 차이에 근거한 신경병리학은 합리화하기 어렵고, 과학이란 자고로 합리적이어야 하니까.

ADHD 꼬리표를 달게 된 아이들 대다수가 왜 남자아이인지는 상식만으로도 쉽게 이해할 수 있다. 물론 환경적 요인이 분석에서 제외되지 않는다면 말이다. 우선 초등학교 교사의 절대다수가 여성인데, 우리 사회가 여성의 권위를 제대로 받아들이는 남자아이들을 양성한 역사가 별로 없다는 것이 문제다. 여성운동이 상당한 진전을 보이긴 했지만, 대중문화의 여성비하성은 오늘날 절정에 달했다. 해변 휴양지의 싸구려 옷가게에 걸린 티셔츠 문구만 봐도, 아니면 잡지 판매대에 꽂힌 성인 잡지나 인터넷의 포르노 사이트만 훑어도 내가 무슨 말을 하는지 알 수 있을 것이다.

그런 다음 여성들이 자신을 비하하고 폄하하는 남성중심적인 세상에 대해 대개는 무의식중에 느끼는 분노를 생각해보시라. 떠들썩하고 집중하지 않고 과장된 행동을 일삼고 말대꾸나 하고 고집 피우고 대들고 뻔뻔하게 구는 모든 남자아이들은 아무리 1, 2학년밖에 안 되는 어린 것들이라 해도 영겁을 이어온 남성적 억압의 상징처럼 거슬릴 것이다. 여교사와 남학생 사이의 관계가 붕괴한 것이 과연 놀라운 일일까?

게다가 남자아이와 여자아이의 정신적 구조에는 근본적인 차이가 있는데, 이 차이가 전형적인 교실환경에서의 적응 여부에 상당한 영향을 미친다. 이제는 고전이 된 펠스연구소의 초등학생 연구조사에 따르면, 어린 여자아이들은 교사의 칭찬에 반응해서 배우려고 하는 반면, 남자아이들은 스스로 만든 성과가 주된 배움의 동기라고 한다. 뿐만 아니라 남자아이들에게는 교사보다는 또래 남자아이들한테 인정받는 게 더 중요하다. 나는 이러한 현상을 교실이 아닌 환경에서도 목격해왔는데, 남자아이들 천성에 더 적합하고 남자아이들이 원하는 활동, 예컨대 체육 같은 활동을 지도할 때도 이러한 현상이 나타난다. 그러니 아이들이 원하지도 않는 과제를 억지로 시키는 환경에서는 학습방식의 성별차이가 어떤 시나리오로 이어질지 누구나 상상할 수 있을 것이다. 나아가 육체적 활동이 거의 배제된 미국 근대 교실에서 탈출하고 싶어 안달이 난 학생들 대다수가 왜 남자아이인지도 이해할 수 있을 것이다.

얼마 전 내 친구가 제시한 이론에 의하면, 여자아이들은 일종의 '정신적 리탈린'이 내재된 것 같다고 한다. 펠스 연구에서도 암시되었지만, 여자아이들은 교사의 통제를 자동적으로 내면화하는 경향이 있기 때문에 약물로 그런 경향을 보강할 필요가 없다는 것이다. 한편, 보편적인 교실의 역학구조는 현대사회의 군대나 회사 같은 조직과 마찬가지로 학생에게 자신의 의사와 취향, 내적 리듬을 포기할 것을 요구한다. 그 결과, 점점 더 많은 학생들, 특히 남학생들이 탈선을 일삼고, 집중하거나 협조하거나 기대에 부응하기를 거부함으로써, 다시 말해 자신이 가진 유일한 무기로 제도에 저항하는 것이다.

ADHD 진단을 받는 여자아이들이 많이 늘고 있다는 ADHD 신봉자들의 주장이 맞다고 치고 논쟁을 해보자. 그렇다고 ADHD가 뇌의 유기적 장애라는 그들의 논리가 성립될까? 사실 곰곰이 생각해보면 ADHD 꼬리표를 단 여자아이들이 왜 늘고 있는지도 몇 가지 환경적 요인들로 설명된다.

성별차이와는 별로 상관없는 두 가지 강력한 추세가 최근에 부각되기 시작했다. 첫 번째 추세는 학교들이 수학 능력을 계속 향상시켜야 하는 압력을 받고 있는 가운데, 어른의 권위는 우리 문화에서 점점 사라지고 있다는 것이다. 로버트 블라이는『형제만 있는 사회Sibling Society』에서 이러한 현상을 묘사하는데, 그는 지난 몇 세대에 걸쳐 일어난 문화적 가치의 격변 때문에 그 누구도 제대로 성장하지 못한다고 주장한다. 당연히 제대로 부모 노릇을 할 사람도 없는 것이다. 그래서 책 제목이 '형제만 있는 사회'다. 블라이는 또한 효과적인 부모상이 부재하기 때문에 아이들은 권위에 대해 혼란스러운 태도를 보일 수밖에 없고, 나아가 너무 어린 나이에 지나친 권한을 행사하게 된다고 말한다. 상황이 이렇다보니 갈수록 제멋대로 행동하는 아이들을 한 공간에 모아놓고 통제하기란 거의 가망성 없는 일이 되어버렸다. 최근 교사훈련 과정에서 그토록 강조하는 이른바 '교실관리' 기법도 소용이 없는 것이다.

두 번째 추세는 제임스 가르바리노가 『유독성 사회에서 아이 키우기 Raising Children in a Socially Toxic Environment』에서 말하는 미국 문화의 '사회적 유독성'이다. 가르바리노는 우리 사회가 "인격이나 성향, 인생 경험에 비춰볼 때 특히 취약할 수밖에 없는 어린이와 청소년들의 경우 살아 있는 것만으로도 건강과 안녕에 해로운 사회"라고 말한다. 가르바리노의 말대로 '갈수록 고약해지는' 미국문화를 여자아이들이 유전적으로나 성격적으로 남자아이들보다 더 잘 견뎌낼지는 몰라도, 면역성까지 생겼을 리는 없다. 그러니 가정에서나 학교에서 고통을 호소하는 여자아이들이 남자아이들 못지않게 늘어나는 것은 당연하지 않은가.

우리 학교에서 또 한 해를 보내게 된 무마사토는 그야말로 극적으로 발전했다. 녀석은 우리 학교의 홍보대사가 되어 처음 방문하는 사람을 포옹으로 맞이하고는 위층을 둘러보도록 안내해주었다. 그날그날의 기분에 따라 단체 활동에 참여하기도 하고 혼자서 놀기도 했다. 그리고 더디지만 꾸준히 자신의 충동을 스스로 통제하기 시작했다.

무마사토는 다섯 살이 될 무렵부터 또래 여자아이들을 따라 미시가 가르치는 유치부 교실에 들어가기 시작했다. 위층에서 화장실 말고는 유일하게 문이 닫혀 있는 방 안에서 무슨 일이 일어나는지 궁금해하면서도 미시와 다른 아이들이 하는 놀이에 함께하는 것은 꺼려했다. 그래서 미시는 무마사토와 이렇게 하기로 약속했다. 무마사토가 다른 아이들을 방해하지만 않는다면 언제든 유치부 교실에 들어올 수 있게 해줬고, 교실에서 혼자 떨어져 앉아 있어도 심심하지 않게 퍼즐이나 조용한 게임, 그림 그릴 종이와 색연필, 동화책 등을 마련해주었다.

그러면서도 미시는 무마사토에게 다른 친구들과 함께 하는 게 더 재미있다고 끊임없이 권유했다. 실제로 미시가 유치부 아이들을 가르치는 방식은 정말 재미있다. 무마사토는 그런 미시의 유혹에 넘어가는 날도 있었지만, 대여섯 명의 경쟁자와 미시의 관심을 나눠 갖는 것을 여전히 견디기 힘들어했다. 그래서 미시는 대학생 인턴에게 도움을 청했고, 덕분에 조금이나마 무마사토의 스트레스를 덜어줄 수 있었다. 무마사토는 기분이 좋은 날이면 그날 미시가 준비한 유치부 활동에 참여했고, 기분이 그저 그런 날이면 단체활동과 개인활동을 오가며 하루를 보냈다. 그리고 기분이 정말 안 좋은 날에는 자꾸 유치부 수업을 방해했다. 그런 날이면 미시는 무마사토한테 큰방으로 나가서 놀아달라고 부탁했다. 하지만 이때도 미시는 늘 무마사토한테 화를 내지 않으려고 조심했다. 유치부에 들러줘서 고맙다면서 다음날 또 와도 된다고 일러두는 것도 잊지 않았다.

무마사토가 정말 짜증이 폭발하기 일보 직전인 상태로 등교하는 날도 있었는데, 그런 날에는 거의 직감적으로 유치부 교실에는 얼씬도 하지 않았다. 대신 큰방이나 뒤뜰에서 몸을 실컷 움직이면서 놀았다. 그런 날이면 무마사토는 종종 프랑스에서 온 미셸이라는 두 살배기 아기의 대리모를 자청했다. 당시 엄마와 처음 떨어진 터라 분리불안이 꽤 오래 가던 미셸은 무마사토를 정말 잘 따랐고, 무마사토가 자기한테 책을 읽어주거나 유모차 대용 장난감차에 태워 큰방을 돌아다니거나 마당에서 그네 태워주는 것을 무척 좋아했다. 보채다가도 미시나 다른 유치부 교사한테 가듯이 무마사토 누나한테 안겨 위로를 받기도 했다.

미시와 낸시와 나 세 사람 모두 무마사토가 모든 면에서 장족의 발전을 했다고 평가하고 있었다. 그러나 학년이 끝날 무렵, 무마사토는 다른 학교로 가겠다는 말을 입에 달고 다니기 시작했다. 특히 뭔가 자기 맘대로 되지 않아 뿔이 났을 때는 "이 바보 같은 학교, 진짜 싫어! 나 내년에는 기펜 갈 거야!"라는 말로 반항했다. 기펜은 무마사토 집에서 네 블록 떨어진 곳에 있는 초등학교로, 이미 무마사토의 언니오빠 여럿이 다니고 있었다.

우리는 무마사토가 공립학교에 다닐 준비가 전혀 되지 않았다고 생각했고, 무마사토 엄마에게도 여러 차례 그렇게 말했다. 무마사토가 선생 한 명에 학생이 스물다섯에서 서른 명이나 되는 반에서 개성을 존중받지 못하고 충분한 관심도 받지 못하면서 버티기 힘들 거라고 설명했다.

무마사토 엄마의 반응은 대충 이랬다. "도대체 걔를 어떻게 해야 좋을지 모르겠어요. 만날 뚱딴지같은 생각이나 하고…."

그러나 무마사토는 기어이 우리 곁을 떠났다. 무마사토 엄마가 우리에게 아무런 통보도 없이 다음 학기에 아이를 기펜에 입학시킨 것이다. 기펜에서의 상황은 처음부터 좋지 못했다. 신학기가 시작된 지 며칠 만에 무마사토가 적응하지 못하고 있다는 소식이 들려오기 시작했다. 그러던 어느 날, 참다못한 담임선생이 자기를 교장실로 보내자, 무마사토는 아예 학교 건물 밖으로 뛰쳐나와 학교 앞의 혼잡한 차로를 건너고 나서야 붙잡혀왔다. 그 후로 똑같은 상황이 여러 번 되풀이되다가 무마사토는 급기야 정신감정을 위해 지역보건소로 보내졌다.

무마사토 엄마가 직접 전해준 이야기에 따르면, 무마사토는 우리 학교를 떠난 지 한 달 만에 결국 ADHD 진단을 받고 '정서장애아동'을 위한 교외의 특수학교에 입학했다. 그곳에서 무마사토는 리탈린과 함께 엄마가 발음도 못하는 또 다른 약을 복용해야 했다. 어쨌든 알바니 학군 역사상 최단 시간에 일반학교 교실을 박차고 나오는 기록을 세웠으니, 역시 우리 무마사토답다.

나는 학교제도가 무마사토에게 '정서장애'가 있다고 판단한 데에는 이의가 없다. 무마사토가 정서적으로 불안한 것은 맞기 때문이다. 그 당차고 발랄하고 창의적이고 똑똑하고 용감하고 다정한 아이가 무슨 동물원을 탈출한 짐승처럼 약으로 다스려진다는 생각에 가슴이 아플 따름이다.

그러나 나는 무마사토를 감당하지 못했던 초등학교를 탓할 생각도 없다. 무마사토가 우리 학교에 있을 때도 우리는 추가인력을 최대한 동원하고 학교구조의 융통성을 최대한 발휘하면서도 한계에 부딪친 적이 한두 번이 아니었다. 그러니 혼자서 거의 서른 명의 학생을 통제하는 것만으로도 힘에 부쳤을 초등학교 1학년 교사가 폭력과 혼돈이 난무하는 환경에 태어난 무마사토의 영혼이 입은 상처까지 돌볼 여력이 있었을 리가 만무하다. 무마사토가 그토록 목말라하던 자상한 관심과 애정을 충분히 줬을 리도 만무하고, 무마사토가 일반학교 교실에 적응할 수 있을 만큼 빨리 아이의 망가진 자아상을 치유해줬을 리도 만무하다.

무마사토는 지나치게 많은 역경을 겪은 아이의 대표적인 사례라고 하겠다. 역경에 관한 한 연구조사에 따르면, 아이의 인생에 '역경지표adversity indicator', 예컨대 가난, 아버지의 부재, 소수인종 신분, 부모의 낮은 학력, 부모의 약물남용, 역기능적인 육아방식, 대가족 생활, 부모의 정신질환 등등이 겹치게 되면 아이의 정신적 정서적 발달에 지장이 생긴다는 것이다. 대부분의 아이들은 한두 가지 역경지표는 견뎌낼 만큼의 회복력이 있지만, 세 가지 이상의 불행이 겹치다보면 눈에 띄게 퇴보하기 시작한다.

비슷한 결론에 도달한 다른 연구조사도 있다. 이 연구를 실시한 하버드 의과대학의 조셉 비더만 박사는 260명의 아이들을 대상으로 앞서 언급한 역경지표가 얼마나 나타나는지 관찰한 후 통계를 냈다. 그 결과, 역경지표가 하나 있는 아이는 ADHD 진단을 받을 확률이 7.4배, 둘 있는 아이는 9.5배, 셋 있는 아이는 34.6배, 그리고 넷 있는 아이는 41.7배나 높은 것으로 나타났다.

무마사토가 공립학교를 견디지 못했던 또 다른 이유는 전혀 신체접촉이 없는 환경에 갑자기 내던져진 탓이 아닌가 생각한다. 애슐리 몬타규는 저서 『만짐: 인간 피부의 중요성Touching: The Human Significance of the Skin』에서 아이의 건강한 인지 및 정서적 발달에 촉감이 미치는 중대한 영향에 대해 논한다. 촉감을 "오감의 어머니"로 묘사한 그는 인간배아가 최초로 경험하는 감각이 바로 촉감이라고 지적한다. 뿐만 아니라 피부는 신경계통과 기본적으로 동일한 세포조직에서 비롯된다고 한다. 그래서 몬타규는 "피부의 정신"이라는 표현으로 피부와 신경계통 간의 밀접한 관계를 강조했다.

몬타규는 인체해부학, 생물학, 인류학에 걸친 광범위한 연구를 통해 아이의 정상적 성장은 충분한 신체 접촉과 애정 없이는 불가능하다는 결론에 도달했다. "갓난아기는 신체접촉이 절대적으로 필요하다. 그 필요가 제대로 충족되지 않을 경우, 다른 욕구가 다 충족되더라도 아기는 힘들어할 것이다."

몬타규는 기관에 맡겨진 신생아들 중 돌보는 사람들의 손길을 거의 받지 못했던 아기들이 정신 및 사회적 발달이 심각하게 지연되었다는 여러 연구결과를 예로 들었다. 그리고 반대로 신체접촉을 육아의 기본으로 삼는 여러 선주민 문화를 매우 자세히 묘사했는데, 그가 소개한 부족문화에서는 아기가 최소한 첫돌을 맞을 때까지 엄마와 아기가 끊임없이 살을 부비며 사는 것을 원칙으로 한다. 다른 수많은 연구결과에서도 나타났듯이, 이렇게 키워진 아이는 산업화된 서구사회의 평균적인 아이보다 발달 면에서 월등히 앞서간다. 보다 최근에는 남미의 석기시대 원시부족과 몇 년을 함께 지낸 진 리들로프가 저서 『연속체의 개념The Continuum Concept』에서 똑같은 결론에 도달했다.

몬타규는 더 나이 많은 아이들과 성인들도 촉감에 대한 강도 높은 자극을 통해 정신적 상처가 치유된 연구사례도 소개했다. 무마사토의 반사회적 행동에 대한 우리의 본능적 대응도 바로 이러한 연구와 같은 맥락이라 하겠다. 우리는 무마사토의 행동을 아이에게 뇌신경의 이상에 따른 행동장애가 생긴 증거로 보지 않고 아이에게 특별한 관심이 필요하다는 신호로 해석했다. 그리고 그 특별한 관심을 보여주자마자 아이가 금방 진정되었다는 사실은 우리의 해석이 옳았음을 확인해주었다.

무마사토가 그토록 갈망하던 신체접촉과 애정표현을 왜 받지 못했는지는 누가 보더라도 쉽게 알 수 있다. 무마사토가 태어났을 때 엄마는 이미 마흔을 바라보는 나이였고, 혼자서 그 많은 아이들을 키우느라 이미 지칠 대로 지친 상태였다. 나는 무마사토의 집을 방문할 기회가 몇 번 있었는데, 그때마다 아직 걷지도 못하는 무마사토의 남동생은 유아용 울타리 안에 앉아 팔 없는 보모나 마찬가지인 텔레비전을 보고 있었다. 그리고 엄마의 관심을 받으려고 서로 경쟁하는 형제들로 북적대는 아파트 안에서 무마사토가 겪었을 신체접촉은 십중팔구 애정과는 거리가 멀었을 것이다.

하지만 무마사토는 집에서 생긴 애정결핍을 학교에서 곧바로 채우기 시작했다. 그런 의미에서 볼 때, 학교에서 스트레스를 받는 남자아이들이 여자아이들보다 훨씬 많은 또 다른 이유가 여자아이들은 누군가 자기를 만지고 안아주는 것을 더 좋아하고 원하기 때문이 아닐까? 나는 이런 가설을 입증하는 연구사례를 찾진 못했지만, 내 모든 경험으로 볼 때, 이 가설이 맞는 게 확실하다. 지난 수십 년 동안 내가 가르친 남학생들은 정도는 달랐지만 대부분 애정표현에 거부감을 나타냈는데, 이는 아주 어릴 때부터 애정표현이 결핍되었기 때문인 것으로 짐작된다.

일반적으로 현대 미국문화 속에서는 그 누구도 충분한 신체접촉을 못하고 있다. 『만져지지 않은Untouched』의 저자 마리아나 캐플린에 따르면, 우리는 '만져지지 않는 민족'이고, 이 때문에 우리 아이들이 특히 큰 피해를 입고 있다. 미취학 아이를 둔 엄마의 삼분의 이가 직장을 다니고 있고, 이들의 절대다수가 아기를 보육시설에 맡기는데, 이런 보육시설은 아이와의 신체접촉에 관해 엄격한 규정을 두고 있다. 불행히도 어린 아이를 상대로 저질러지는 치한 범죄가 계속 늘어나면서, 학교나 어린이집 모두 교사에게 아이들과의 신체접촉을 자제하는 직업의식(?)을 요구할 수밖에 없게 되었다. 다행히 우리 프리스쿨은 그런 규정으로부터 자유롭다.

다시 말하지만 나는 기펜 초등학교가 무마사토의 욕구를 충족시키지 못한 것을 그 학교의 탓으로 보지 않는다. 책임을 물어야 한다면, 아이들을 위해주지 못하는 사회에 물어야 한다. 자라나는 아이들을 위해 안정된 환경을 만들어주기보다는 안정제를 먹이는 방법을 택하는 사회가 문제인 것이다.

가비. 우리 학교 역사를 20년 가까이 거슬러 올라가면, 몇 안 되는 리탈린파 여자아이를 한 명 더 만날 수 있다. '가브리엘'보다는 '가비'라는 애칭으로 불리길 더 좋아했던 이 아이는 유년시절 전부를 우리 학교에서 보냈다. 만 두 살 때 유아부에 들어와 8학년을 마치고 학교를 졸업할 때까지 우리와 함께했다.

긴 다리와 늘씬한 몸매, 반짝이는 파란 눈과 살랑거리는 금빛 곱슬머리를 자랑하는 가비는 온순하면서도 장난기 많고 무엇보다 상상력이 뛰어난 꼬마숙녀였다. 가비의 부모는 집에서 법률사무소를 운영하는 변호사 부부였는데, 우리 학교가 있는 동네로 일부러 이사까지 올 만큼 프리스쿨의 교육철학을 적극적으로 지지했다. 나중에는 둘째아이 팀도 우리 학교에 입학시켰고, 팀 역시 8학년을 마칠 때까지 우리 학교를 다녔다.

어린 가비에 대해 가장 뚜렷이 남은 기억은 아이의 해맑고 낙천적인 모습이다. 가비는 또래 여자아이들이 하는 놀이는 다 좋아했다. 엄마처럼 분장하고 아기인형을 돌보며 소꿉놀이도 하고, 춤추고 노래하기도 좋아하고, 옛날이야기를 곧잘 해주던 아빠 덕분에 긴 동화도 즐겨 듣고, 무엇보다 그림 그리기를 무척 좋아했다. 그림 그리기를 세상에서 가장 좋아하던 가비는 경이로운 속도로 작품을 쏟아냈는데, 아이의 재능은 처음 크레파스로 낙서처럼 그린 그림이나 템페라(물감을 계란과 물에 이겨서 사용하는 화법 _옮긴이) 초상화에서부터 이미 확연히 드러났다. 다섯 살 때부터는 아주 섬세한 유니콘 그림을 그려내기도 했다.

금상첨화로 가비에게는 매일같이 마법의 세계를 함께 창조할 영혼의 반쪽 같은 친구가 있었다. 데시는 금색 대신 갈색 곱슬머리를 한 가비의 초콜릿색 쌍둥이였다. 둘은 비슷한 시기에 학교에 입학했고, 만난 지 몇 달 만에 죽고 못 사는 사이가 되었다. 일곱 살이 되던 해에 데시 가족이 이사를 가면서 둘은 서로 다른 인생길을 걷게 되었지만, 거의 20년이 지난 지금도 데시와 가비는 둘도 없는 친한 사이다.

가비와 데시가 유치부를 졸업하고 아래층으로 내려가 로잘리가 가르치는 1학년 반에 들어갔을 때도, 괴물과 공주가 등장하는 환상의 세계를 그림으로 그려내는 둘의 취미는 여전했다. 꿈속에 그리는 세상을 그림으로 표현하지 않는 날에는 아예 분장을 하고 재현을 하느라 시간 가는 줄 몰랐다. 하지만 두 녀석의 관계는 전혀 배타적이지 않았다. 원하는 사람이면 누구나 둘의 상상놀이에 함께할 수 있었다. 둘이서 만들어낸 세상에 둘이 너무 흡족했기에 다른 사람이 필요하지 않았을 뿐이었다. 둘만의 세상을 살아 숨쉬게 하는 데 필요한 에너지는 둘의 풍부한 상상력으로 충분했다.

이 이야기는 가비의 이야기지만, 가비와 데시가 얼마나 개성이 달랐는지도 중요한 관전 포인트가 되겠다. 예를 들어 데시는 가비만큼 그림 실력이 뛰어나진 않았다. 물론 단짝과 나란히 앉아 그림을 그리는 시간도 즐겼지만, 타고난 춤꾼이었던 데시는 춤, 씨름, 줄넘기 등 몸을 많이 움직이는 놀이를 더 좋아했다. 무엇보다 남자아이들을 곯려서 씩씩거리게 만드는 것이 큰 낙이었다.

가비와 데시의 또 다른 차이점은 수업에서 나타났다. 데시는 읽기, 쓰기, 산수 등을 빨리 익힌 데 반해 가비는 그렇지 못했다. 내 생각에 둘의 뇌 구조상의 차이 때문이었던 것 같다. 데시의 경우 읽기, 쓰기, 셈법에 필요한 순차적 사고를 담당하는 좌뇌가 지배적이었지만 가비는 그 반대였다. 가비는 이미지를 형성하는 우뇌가 좌뇌보다 훨씬 더 발달했던 것이다. 이는 가비처럼 예술성이 뛰어난 아이들한테 매우 흔히 발견되는 성향이다. 로잘리가 형형색색의 그림과 시로 계속 상상력을 자극하는 우뇌중심적 방법으로 가르쳤기 때문에 가비는 각 알파벳의 발음은 쉽게 익혔다. 하지만 알파벳을 이어 붙여 단어를 만들고 문장을 만드는 직선적 사고로 넘어가자, 가비는 흥미를 잃고 스케치북과 색연필을 꺼내들었다. 수학도 마찬가지였다. 가비는 수학적 개념을 쉽게 이해하지 못했고, 어렵게 몇 가지를 익히더라도 별로 성취감을 느끼지 못했다. 가비에게 수학은 지루하기 짝이 없는, 그래서 눈길조차 줄 필요가 없는 것이었다.

한편 가비는 여전히 책을 읽어주면 좋아했다. 가비의 부모도 아이에게 밤마다 책을 읽어주는 것을 철칙처럼 지켰고, 우리도 학교에서 매일같이 책을 읽어주었다. 덕분에 가비는 여덟 살도 안 돼 『반지의 제왕』 시리즈를 비롯해 J.R.R. 톨킨의 전십을 다 섭렵했다. 가비는 시를 쓰는 것도 무척 좋아했는데, 글을 쓰는 작업이 너무 따분하고 번거로워서 남한테 받아 적도록 불러가며 창작을 했다. 시적 감각이 남달랐던 꼬마시인 가비는 알바니 공공도서관이 주최하고 꽤 많은 학교들이 참가했던 창작시 경연대회에서 대상을 받기도 했다.

가비의 창의성은 나이가 들면서 점점 빛을 발했다. 그러나 수학능력을 좌우하는 좌뇌는 여전히 휴면상태에서 벗어나지 못했다. 가비가 아홉 살이 되었는데도 글을 못 읽자, 아이의 가족이 조금씩 걱정하기 시작했다. 가비의 엄마아빠는 그리 크게 걱정을 하지 않았다. 딸아이의 지적능력을 믿었고, 또 배움에 대한 우리 학교의 느긋한 신조를 믿었기 때문이다. 게다가 우리 교사들이 가비가 배울 준비만 되면 금방 배울 거라고 꾸준히 안심시켜준 것도 불안감을 없애는 데 도움이 되었다.

그런데 마치 운명의 장난처럼 가비의 외할머니와 고모 두 분 다 하필 읽기 전문가이셨다. 외할머니는 읽기 보충학습 전문가셨고, 고모는 공공

학교 교사들에게 읽기 교수법을 가르치는 프로그램을 개발한 분이셨다. 직업이 직업인지라 두 분은 가비가 아직도 글을 읽지 못한다는 사실에 점점 더 강한 우려를 표명했고, 가비의 식구들도 두 분의 조바심에 조금씩 전염되기 시작했다.

우리는 모든 사람들의 걱정을 덜어주기 위해 가비의 외할머니를 학교로 초대해서 읽기 보충학습 기법과 수업자료에 대한 설명을 들어보았다. 그리고 가비의 부모는 내키지 않았지만 가비에게 방과 후 일주일에 한두 번씩 읽기 과외를 받아보면 어떻겠냐고 아이의 의견을 물었다. 자기 때문에 집안 어른들이 얼마나 티내지 않으려고 애쓰면서도 노심초사하는지 눈치채지 못한 가비는 그러겠다고 했다. 그리고 학교에서는 할머니의 수업자료를 가지고 공부하기 시작했다.

다행히 가비는 과외선생을 아주 좋아했고, 일대일 과외수업도 무척 재밌어 했다. 그리고 몇 달 만에 전혀 힘들이지 않고 글을 읽게 되었다. 흥미로운 사실은 내가 보아온 읽기 실력이 늦게 발달하는 다른 아이들과 마찬가지로 가비 역시 암호를 해독하는 능력이 생기자마자 바로 수준 높은 책을 읽기 시작했다는 것이다. 그 후로 우리는 좋은 책을 손에서 놓지 않는 가비의 모습을 자주 볼 수 있었다. 독서가 첫사랑인 미술을 제치진 못했지만 박빙의 차이로 가비의 두 번째 사랑이 되었다. 가비 스스로도 이제 남의 도움 없이 책을 읽을 수 있게 된 것에 무척 흡족해했다.

그리고 점점 더 읽기 경험이 쌓이면서 가비의 쓰기 실력도 자연히 따라오기 시작했다. 철자법까지 완벽해졌다고는 말 못하겠지만, 요즘에는 워드프로세서 기술이 하도 발달해서 철자법은 그리 대수도 아니다.

그러나 가비는 수학과 여전히 담을 쌓고 살았다. 가비의 읽기 실력을 둘러싼 '위기'가 사라지면서 집안에서는 더 이상 아이의 수학 능력에 대해 걱정하지 않았고, 이제 아이는 다시 마음껏 그림을 그리고 조각을 하고 시를 쓰고 판타지 소설을 읽으며 지냈다. 그렇게 세월이 흘러 가비가 우리 학교에서 보낸 열두 번째이자 마지막 해가 시작된 어느 날 아침, 가비가 내 옆에 와서 앉더니 이런 말을 꺼냈다. "크리스, 나 수학 좀 어떻게 해야 될 것 같아요. 내년이면 알바니 고등학교에 가야할 텐데, 다른 애들보다 너무 뒤떨어지긴 싫어요."

사뭇 진지한 녀석의 표정을 보아하니 걱정이 많이 됐던 모양이었다. 나는 대략 이렇게 대꾸했던 것으로 기억한다. "야, 별로 문제될 거 없어. 나랑 꼬박꼬박 수업만 하면, 금방 따라잡게 해줄게. 네가 배워 둬야 할 거 그다지 어렵지 않거든."

내가 언제부터 시작하고 싶으냐고 묻자 가비는 "지금 당장이요."라고 대답했다.

그래서 우리는 바로 비어 있는 칠판 앞으로 가서 아이가 얼마만큼을 알고 얼마만큼을 모르는지 파악하기 위해 꽤 긴 첫 수업을 시작했다. 그런데 알고 보니 가비는 자기가 생각했던 것보다 훨씬 더 많은 것을 이미 알고 있었다. 이는 기본기를 다지기 위해 매일같이 문제를 풀어야 하는 수업을 강요당하지 않는 아이들한테서 흔히 볼 수 있는 현상인데, 이런 아이들은 일상생활에서 숫자를 다뤄야 하는 상황에 처하면서 상당한 수학적 지식을 스스로 터득한다.

하지만 가비가 일 년 안에 8학년 수준의 수학과정을 숙달하려면 엄청난 끈기와 노력이 필요하다는 사실도 분명했다. 어릴 적보다는 훨씬 직선적 사고에 능숙해지긴 했지만, 가비는 어떤 개념이든 한 번만 접하고도 바로 이해하고 기억하는 행운아가 아니었다. 그리고 특별히 숫자를 좋아하지도 않았다. 가비의 유일한 학습 동기는 준비된 고등학생이 되겠다는 일념뿐이었다.

나는 가비에게 여러 자릿수 곱셈부터 가르치기로 했다. 우선 조작가능한 블록을 이용해 자릿수 개념에 대한 간단한 복습으로 몸을 풀었다. 이 블록은 일, 십, 백, 천 등 자릿수의 구조적 개념을 직접 만지고 보면서 익히게 해주기 때문에 우뇌가 발달한 학생들에게 특히 유용한 수학교구다. 덕분에 가비는 자릿수에 대해서는 금방 감을 잡았다. 하지만 한 자리씩 곱셈을 해서 구한 값들을 또 더하는 원리에 가서는 막히기 시작하면서 답답해했다. 가비가 더 어렸고 시간적 여유가 더 있었으면 나는 유형을 시각적으로 파악하는 데 도움이 되는 퀴즈네어 막대 같은 교구들을 꺼냈을 것이다. 하지만 다음 학기면 가비는 고등학교에서 일반적인 방식으로 수학을 배워야 했기 때문에 나는 이대로 가는 게 낫다고 판단했다.

그래도 우리는 잠깐 수업을 멈추고 가비가 왜 그렇게 수학을 어려워하는지에 대해 이야기를 나눴다. 나는 가비의 뇌가 직선적인 유형을 쉽게 알아볼 수 있도록 움직이지 않을 뿐이고, 이는 예술적 재능이 특출한 사람들이 흔히 겪는 문제라고 설명했다. 하지만 가비가 필요한 유형을 얼마든지 익힐 수 있고, 단지 조금 더 연습이 필요할 뿐이라고 안심시켰다.

그리고 나는 가비의 어려움을 덜어주기 위한 몇 가지 조치도 취했다. 우선 어떤 아이들에게는 너무 버거울 수도 있는 구구단 외우기를 나중으로 미뤘다. 대신 카드 한 장에 구구단 답이 다 들어있는 '매직 스퀘어'를 쓰게 해줬다. 그리고 문제를 풀 때는 공책 대신 칠판에 숫자를 큼직하게 쓰면서 풀게 했다. 숫자를 크게 쓰면 유형을 알아보기가 더 쉽고, 몸을 움직이기 때문에 불안감을 없애는 데도 도움이 된다.

가비는 며칠 만에 아무리 어려운 곱셈 문제도 척척 풀어냈다. 나는 자신감이 부쩍 늘어난 가비에게 이제 구구단을 외울 준비가 되었냐고 물었고, 가비는 기다렸다는 듯이 "오케이"를 외쳤다. 그리고 정말 놀랍게도 일주일도 안 돼 구구단을 술술 외우기 시작했다.

다음은 여러 자릿수 나눗셈. 한 자리씩 나눗셈, 곱셈, 뺄셈을 차례대로 하고 또 다음 수를 내려서 반복해야 하는 원리가 처음에는 벅찰 수도 있기 때문에 우리는 다시 칠판에 문제를 풀었다. 역시 금방 감을 잡는 가비를 보며 나는 또 한 번 놀랐다. 이쯤 되면 가비가 수학이 너무 쉬워서 재미있어졌다고 말하지 않을까 하는 생각이 들 정도였다.

나는 가비가 나한테 의존하지 않고 또 언제든 혼자서 공부할 수 있도록 내가 수학을 가르칠 때 애용하는 자습서를 주었다. 수학 개념에 대한 충분한 해설뿐만 아니라 정답도 수록되어 있어서 아이들이 자가 채점을 할 수 있는 자습서다. 가비는 무서운 집념으로 자습서를 한 권씩 해치우기 시작했다. 집에 가져가서 저녁에나 주말에도 문제를 풀어올 때가 많았다.

가비는 몇 달 만에 여덟 권짜리 자습서를 다 풀었다. 그야말로 독학을 했고, 나는 가끔씩 거들기만 했다. 그렇게 자습 기간을 마친 가비는 고등학교 수학과정을 따라갈 수 있을 만큼의 기하학과 대수학을 배우기 위해 다시 나와 일대일 수업을 시작했다. 가비는 수업을 특별히 즐기지 않았다. 고등학교 진학을 준비하겠다는 것만으로도 충분한 동기부여가 되었던 것이다.

그런데 운명이 가비를 우리 학교가 아닌 일반학교에 보냈다면 얼마나 상황이 달랐을지 상상해보자. ADHD라는 꼬리표는 면했을지 모른다. 15년 전만 해도 요즘처럼 아이들에게 별의별 장애가 있다고 진단하고 약물을 처방하는 일이 일상다반사는 아니었으니까. 그러나 일반학교에서는 틀림없이 가비를 학습부진으로 평가하고 이런저런 보충학습을 처방했을 것이다. 가비의 학습 성과만 놓고 보자면 일반학교도 우리 학교와 비슷한 결과를 냈을지 모른다. 그러나 그 과정에서 가비의 기질과 영혼은 얼마나 큰 상처를 입었을까?

나는 아이의 학교환경이 아이의 성격이나 성향이나 학습방식에 어울리지 않는다는 것도 모른 채 아이 때문에 속상하다며 하소연하는 부모들을 수없이 많이 만나왔다. 원래는 쾌활하고 호기심 많고 애교 넘치던 아이가 어느새 살기 싫다는 표정으로 자기만의 세계 속에 갇혀 지내는 것을 당혹스러운 마음으로 지켜봤다는 사연을 듣고 있노라면 정말 화가 치민다. 내 분노의 대상은 부모도 학교도 아니다. 나를 분개하게 만드는 것은 교육학자 수잔 오하니안이 말하는 일명 "프리사이즈 학교교육"이 인간을 얼마나 황폐하게 만드는지 인식조차 못하는 이 나라다.

가비의 마지막 날은 그야말로 찬란했다. 자신의 교육과정에서 다음 단계로 나아갈 준비를 마쳤을 뿐만 아니라, 매년 우리 학교 졸업식 뒤풀이로 열리는 장기자랑 대잔치에서 자타가 공인하는 대스타가 되었다. 가비가 그날 준비한 촌극은 오늘까지도 내가 본 어린이 창작극 중 가장 웃긴 것으로 꼽힌다. 가비의 촌극 제목은 'TV는 우리 뇌를 빨아먹는대요'였다. 텔레비전이 아이들에게 미치는 영향이 싫어서 집에 있던 텔레비전을 오래 전에 치워버린 엄마아빠를 향한 장난기 섞인 항의표시였다.

촌극의 내용은 대략 이랬다. 텔레비전을 벽장 속에 넣어두고 두 아이들은 못 보게 하는 집이 있다. 어느 일요일 오후, 아빠는 아이들을 속여 밖으로 내보내고 텔레비전을 꺼내 몰래 축구경기를 본다. 그런데 아빠의 속임수를 금방 눈치챈 아이들이 이번에는 아빠를 속여 밖으로 나가게 한

다음 자기들도 텔레비전을 보려고 한다.

아이 역할을 맡은 두 학생은 가비가 판지로 정교하게 제작한 텔레비전 앞에 모자를 쓰고 앉았다. 그런데 모자 속에는 삶은 스파게티가 가득 찬 투명 비닐봉지가 한 개씩 감춰져 있었다. 비닐봉지에는 투명한 낚싯줄이 달려 있었고, 텔레비전 안에 숨어 있는 또 다른 학생이 그 낚싯줄 반대쪽 끝을 잡고 있었다. 그런 줄도 모르고 우리 관객은 텔레비전에 넋을 잃은 두 아이를 지켜보고 있었는데, 아이의 모자 속에서 갑자기 '뇌'가 튀어나와 철퍼덕 바닥에 떨어지더니 스르륵 무대를 가로질러 텔레비전 속으로 빨려 들어가는 게 아닌가. 정말 기상천외한 개그였다. 관객은 정말 배꼽을 잡고 웃었고, 하도 정신없이 웃다가 의자에서 굴러 떨어진 사람도 있었다. 다음 순서를 위해 관객을 진정시키는 데 몇 분이 걸릴 정도였다.

가비의 성실한 준비과정에도 불구하고 대규모 중앙집중식 고등학교에서의 첫출발은 순탄치 않았다. 거의 전적으로 교과서만 기반으로 하고 좌뇌만 움직여야 하는 과제가 가비에게는 크나큰 도전이었던 것이다. 첫 몇 주 동안은 자신이 만족할 만한 수준으로 숙제를 끝내는 데 몇 시간씩 걸렸다. 처음 치러본 퀴즈나 시험도 낙제는 면했지만 점수가 형편없었다. 하지만 가비는 성공을 향한 강한 집념으로 끈질기게 노력한 끝에 성적표가 처음 나올 무렵에는 자기 이름을 최우등생 명단에 올렸고, 그 후로 고등학교를 졸업할 때까지 한 번도 그 명단에서 빠진 적이 없었다.

가비는 또한 고등학교를 다니면서 미술부 지도교사와 친해졌는데, 가비의 재능을 알아본 교사는 융통성 없는 학교 교과과정의 한계에 맞서 가며 가비의 재능을 더 키워주었다. 학교에서의 하루하루가 지겹기만 했던 가비에게 그 사제 관계는 위로와 버팀목이 되어주었고, 그 스승은 나중에 가비의 고등학교 졸업파티에 VIP로 초대되었다.

이 책을 쓰고 있는 지금, 가비는 인문계열로 유명한 명문 사립대학교 4학년을 막 시작하고 있다. 가비는 그곳에서 다양한 매체를 접하며 실험을 했고, 작년에는 첫 개인전을 성황리에 치르기도 했다. 또한 자신의 열정을 쏟고 싶은 또 다른 매체와 만나게 되었는데, 나중에 전공으로 선택한 극작劇作이었다.

대학을 졸업하면 가비의 인생길이 또 어디로 향할지는 아무도 모른다. 그러나 아주 흥미로운 길이 되리라 우리 모두 믿어 의심치 않는다.

지금까지 우리 리탈린파의 세 여주인공을 한 명씩 소개했다. 이들 이야기의 교훈은 다음과 같다. 타냐, 무마사토, 가비 세 아이 모두 학생으로서 따라야 한다고 우리 사회가 정한 행동 및 학습 규범에 부합하지 않았지만, 그렇다고 뇌에 무슨 신경학적 장애가 있었던 것은 결코 아니었다. 따라서 세 아이를 사회적으로 용인되는 방식으로 학습하고 행동하게 만들기 위해 유럽에선 흔히 운동선수들이 경기력 향상을 목적으로 오남용하는 스테로이드제 같은 약물로 분류된 리탈린을 매일 먹일 필요가 없었다. 세 아이가 필요했던 것, 그리고 실제로 누렸던 것은, 자신을 사랑으로 길러주고, 자신의 가족에게까지 도움의 손길을 건네주고, 무엇보다 자신의 넘치는 개성을 넉넉하게 품어주는 학교환경이었다.

일곱 번째
이야기
자연이라는
스승

주의력결핍장애의 줄임말인 ADD를 아빠의 관심결핍장애를 뜻하는 DADD로 바꿔야 한다. 프리스쿨에서도 다른 곳에서라면 꼬리표를 달고도 남을 행동을 하는 아이들을 보면, 단 한 명의 예외 없이 아버지와의 유대 관계가 깨졌거나 약해졌음을 확인할 수 있었다.

12월은 때 이른 폭설과 함께 우리 곁을 찾아온다. 눈이 펑펑 내린 다음 날 오후, 햇빛이 반짝이고 바람도 불지 않는 데다 기온도 눈이 얼기에 딱 알맞아 썰매를 타기에 완벽한 조건이 갖춰진다. 아래층 아이들 전원이 학교에서 15분 정도 떨어진 링컨공원에 갈 채비를 하며 흥분을 감추지 못한다. 링컨공원에는 알바니에서 썰매타기에 최고로 좋은 '죽음의 언덕'이 있다. 번들거리는 폴리에스테르 방한복까지 챙겨 입은 아이들도 있고, 학교에 비치된 겨울옷 박스를 뒤져 바지를 두 겹씩 껴입는 것으로 때우는 아이들도 있다.

썰매타기는 프리스쿨에서 꽤 비중 있는 겨울행사다. 해마다 썰매 타는 첫날이 돌아오면 피부로 느껴질 만큼 기대감이 고조된다. 데이브와 고학년생들이 학교에 있는 플라스틱 썰매와 각종 넓적한 탈것을 찾아서 아이들한테 나눠주고 있는 동안, 나는 재빨리 집에 들러 아내가 어린 시절부터 지금까지 가보처럼 보관해온 '날아라 씽씽이'를 가져온다. 내가 떡갈나무로 만든 이 정통 썰매를 좋아하는 이유는 방향조절도 되고 아이들 서너 명을 태울 만큼 널찍해서다. '날아라 씽씽이' 위에 다닥다닥 붙어서 가파른 언덕을 바람처럼 내려가는 경험은 잊지 못할 추억이 된다.

윌리엄은 씽씽이를 보자마자 첫눈에 반해버린다. 내 옆에 냉큼 붙더니 큰 소리로 졸라댄다. "크리스! 나 이거 타도 돼요? 네? 네? 제발요!"

아이들이 이렇게 멋있는 썰매를 윌리엄이 독차지하게 내버려둘 리가 없을 것 같지만, 작년에도 우리 학교에 다닌 아이들은 묵직한 썰매를 끌고 긴 언덕길을 오르는 일이 얼마나 힘든지 알고 있다. 그래서 아무도 썰매를 찜하려는 윌리엄에게 도전하지 않는다. 나는 썰매에 달린 밧줄을 윌리엄에게 건네기 전에 귀띔한다. "이거 공원까지 끌고 가는 것도 만만치 않고, 죽음의 언덕 꼭대기까지 끌고 올라가려면 진짜 힘들다!"

윌리엄은 태연한 투로 대꾸한다. "괜찮아요. 할 수 있어요!"

소복이 쌓인 눈을 밟으며 공원으로 가는 길 내내 윌리엄은 열심히 썰매를 끌고 맨 뒤에서 쫓아온다. 같이 끌어주려고 내민 내 손을 두 번이나 뿌리친다. 뉴욕 시에서 나고 자라 썰매를 처음 타보는 윌리엄은 마치 자신과 세상에 무언가를 보여주겠다고 작심한 눈치다.

목적지에 도착할 때까지는 모든 게 순조롭다. 그런데 죽음의 언덕을 오를 때가 되어 뒤를 돌아보니 윌리엄이 다른 아이들처럼 언덕 옆으로 난 길지만 훨씬 오르기 쉬운 길로 돌아서 오지 않고 있다. 녀석은 이미 머릿속에 언덕 꼭대기까지 가는 최단 직선 코스를 그려놓고 그 코스대로 갈 기세다.

나는 윌리엄이 자기가 얼마나 죽도록 고생스러운 길을 택했는지 몸소 체험해볼 때까지 아무 말도 하지 않고 기다린다. 윌리엄이 눈밭에 세 번째 엎어지고 나서야 나는 소리친다. "윌리엄! 이쪽이 훨씬 덜 미끄러워. 우리랑 같이 가면 훨씬 더 빨리 꼭대기에 도착할 거야. 내가 장담한다니까."

윌리엄은 대꾸 대신 결의에 찬 표정을 지어 보인다. 그러고는 가까스로 다시 일어섰다가 한 발자국도 못 떼고 또 넘어진다. 이번에는 몸도 가누지 못할 만큼 눈밭에 나뒹굴면서 밧줄까지 놓치고 만다. 무거운 썰매는 탄 사람도 없이 언덕 밑으로 미끄러져 내려가면서 윌리엄이 힘겹게 올라온 몇 미터를 가뿐히 되돌려놓는다. 나는 썰매를 가지러 다시 언덕 밑으로 내려가는 윌리엄을 지켜보다가 녀석이 이제는 내 말을 알아듣고 쉬운 길을 택하리라 생각하며 다른 아이들을 뒤쫓는다.

언덕마루에 도착한 나는 몇 분 동안 데이브와 함께 각양각색의 폼으로 썰매를 타는 아이들을 구경하다가 윌리엄이 아직도 나타나지 않았음을 알아차린다. 언덕마루 끝으로 가서 내려다보니 내 눈을 의심하게 만드는 광경이 펼쳐진다. 윌리엄이 아까와 똑같은 길을 또 오르려고 안간힘을 쓰고 있는 것이다. 이번에는 아까보다는 조금 더 올라오긴 했지만 또 썰매를 놓치고 부츠까지 잃어버린 채 네 발로 엉금엉금 기어서 언덕을 오르려고 기를 쓰고 있다. 조금 전까지도 의기양양하던 얼굴에는 닭똥 같은 눈물이 흘러내리고 있다. 구조대가 출동할 때가 되었다.

나는 엉덩이로 미끄러져 내려가 윌리엄이 몸을 추스를 수 있게 도와준다. 우선 폭신한 눈 속에 발이 빨려 들어가면서 벗겨진 부츠를 찾아 축축해진 양말 위에 다시 신겨준다. 그리고 웃음을 참으며 "썰매 올리는 거 도와줄까?" 하고 묻는다. 이번에는 코를 훌쩍이며 "네!" 하는 윌리엄. 우리 둘은 말없이 언덕 밑으로 미끄러져 내려가 썰매를 되찾은 다음, 티 없이 새하얀 눈길에 다른 아이들이 내놓은 발자국을 따라 왼쪽으로 방향을 튼다.

윌리엄은 방금 그 엄청난 고집으로도 어찌할 수 없는 적수를 만났다. 바로 자연의 힘이다. 그리고 녀석은 지금 그 만남의 심오한 울림에 떨고 있다.

언덕마루까지 가는 도중 윌리엄의 눈물은 발그레 상기된 갈색 볼에 희미한 자국만 남긴 채 말라 없어진다. 윌리엄은 조용한 목소리로 썰매를 달라고 하더니 바로 내리막길이 시작되는 곳으로 끌고 가서는 썰매를 눈

위에 엎어놓는다. 썰매 밑바닥에 달린 미끄럼쇠를 손잡이로 착각한 모양이다. 윌리엄은 설레는 표정으로 썰매에 올라탄다. 그런데 아무리 몸을 들썩여도 썰매가 움직이지 않자 의아한 표정을 지으며 나와 데이브를 돌아본다.

나는 큰소리로 일러준다. "썰매를 뒤집어야지."

윌리엄은 내가 시킨 대로 하지만, 이번에는 앞뒤를 바꿔놓는다. 다른 아이가 윌리엄의 실수를 지적하려 들지만, 녀석은 친구의 조언을 무시한 채 그대로 썰매에 올라탄다. 나는 윌리엄이 태어나서 처음 썰매를 타는 이 역사적인 순간을 참패로 끝내게 내버려둘 수 없다는 생각에 윌리엄이 땅을 차고 나가기 전에 재빨리 썰매 옆으로 간다. 그리고 나무로 된 가로장이 썰매 머리이고 방향조절을 할 때 쓰는 거라고 가르쳐준다.

본능적으로 그런 건진 모르겠지만 윌리엄은 내리막이 너무 가파르지 않은 곳을 출발점으로 잡았다. 나는 윌리엄에게 썰매 위에 누우라고 조언하지만, 녀석은 다른 아이들처럼 꼿꼿이 앉아서 가기로 마음을 굳힌 모양이다. 나는 썰매를 살짝 밀어준다. 썰매는 윌리엄을 태우고 쏜살같이 미끄러져 내려간다. 윌리엄은 양손으로 썰매에 달린 밧줄을 생명줄처럼 꽉 붙잡고 허공에 발길질을 해대며 겨울바람을 가른다. 썰매는 윌리엄의 끝내주는 균형감각 덕분에 언덕 아래까지 무사히 내려가 승리감에 취한 윌리엄의 고함소리와 함께 멈춘다. 나는 데이브와 함께 언덕 위에서 축하의 박수를 보낸다.

윌리엄은 다시 언덕을 오르려고 또 가장 가파른 직선코스를 택한다. 도와달라고 사정하는 녀석에게 나는 다른 아이들이 오르는 완만한 사선코스를 가리키기만 하고 도와주진 않는다. 윌리엄은 5분 더 헛수고를 하고 나서야 사선코스로 전향해서 다시 한 번 정상에 선다. 이번에는 내려갈 때의 짜릿함을 만끽할 기대감에 부풀어서 입이 귀에 걸렸다.

윌리엄이 정상에 도착하자마자 같은 반 친구들 몇 명이 몰려와 같이 타게 해달라고 아우성치기 시작한다. 이미 황홀경에 빠져 있는 윌리엄은 흔쾌히 그러자고 한다. 데이브와 나는 흥분한 녀석들이 모두 썰매에 올라타서 양쪽 다리로 앞 사람 허리를 감아 발로 고리를 걸도록 도와준다. 이번에도 우리가 썰매를 가볍게 밀어준다. 용감무쌍한 윌리엄을 필두로 녀석들은 마치 롤러코스터를 탄 것처럼 고래고래 악을 쓰며 무서운 속도로 날아간다. 내리막길을 반쯤 가자 인간사슬은 풀리기 시작하고, 아이들은 제각각 다른 방향으로 몸을 기울인다. 그러다가 조그맣게 튀어나온 돌부리에 썰매가 걸리면서 아이들이 붕 뜨더니 네 명 모두 아직 반쯤 붙은 채 썰매에서 동시에 떨어진다. 빈 썰매가 언덕 아래로 소리 없이 미끄러져 내려가는 동안, 아직도 타성이 남은 느슨한 인간사슬은 팔다리가 뒤엉킨 채 여전히 괴성을 내지르며 눈덩이처럼 굴러 내려간다. 녀석들의 첫 비행에 이보다 완벽한 착륙은 없을 것이다.

네 친구는 무거운 썰매를 군말 없이 함께 끌고 올라온다. 그리고 오후 내내 단체경기 기술을 연마하더니 완벽한 비행을 여러 번 선보인다. 학교로 돌아가는 아이들의 발걸음은 피곤할 텐데도 흥겨움으로 가볍다.

윌리엄처럼 주체하기 힘들 만큼 에너지가 넘치고 기복이 심한 아이들은 실생활에서 도전에 맞서 자신을 시험할 수 있는 기회가 절실히 필요하다. 마치 중독된 것처럼 끊임없이 남한테 맞서고 치받아야만 직성이 풀리는 아이들에게는 이만한 특효약이 없다. 한마디로 자연이 스승이 되게 해주는 것이다. 자연은 그 어떤 치사한 공격에도 기분 나빠하지 않고 가장 적합한 교훈을 가장 적합한 시기에 우리가 배우도록 배려한다.

윌리엄이 준비도 안 됐는데 너무 일찍 읽기, 쓰기, 산수 등을 강요당하지만 않는다면, 언젠가는 스스로 그런 과제에도 도전하겠다고 나설 것이다. 그러나 이러한 나의 낙관론이 들어맞기 위해서는 부모와 교사의 믿음과 인내가 절대적으로 요구된다. 불행히도 윌리엄의 부모는 점점 더 걱정이 쌓여가는 눈치다. 이미 윌리엄이 학교에서 "공부는 안 하고 놀기만 해서 걱정이다"라는 말이 여러 번 나왔다. 게다가 낸시와 나는 윌리엄의 부모를 안심시킬 만한 방법이란 방법은 이미 다 써버렸다. 윌리엄의 태도도 전혀 도움이 안 된다. 녀석은 반 친구들이 하는 읽기나 쓰기 과제에 여전히 눈길도 주지 않는다. 숫자 셀 때는 머리가 빨리 돌아가서 가끔은 내가 하는 수학수업에 관심을 보여 엄마아빠의 걱정을 조금이나마 덜어주고 있지만, 엄마아빠는 아이가 아직도 글을 못 읽는다는 사실이 못내 불안한 모양이다.

나는 아이린과 아버지 윌리엄의 불안을 너무나 잘 이해한다. 우리 사회는 자식을 걱정하는 부모 마음에 끊임없이 공포를 불어넣는다. 최근에 시작된 '학업표준'에 관한 과대선전은 상황을 더욱 악화시키고 있다. 특히 어린 나이에 좌뇌중심적인 학습능력을 습득하라고 압력을 가하는 게 아니라 압력을 없애주는 게 더 바람직한 윌리엄 같은 경우에는 더더욱 표준에 집착할수록 이로울 게 하나도 없다. 엎친 데 덮친 격으로, 냉장고 운반하는 일을 쉬는 날에는 견인 트레일러를 운전하는 아버지 윌리엄은 아들만큼은 더 나은 인생을 살기 원한다며 학교에서 공부를 잘해야만 인생에서도 성공할 수 있다고 믿는다.

윌리엄에게 놀이가 얼마나 중요한지, 나중에 글을 잘 읽는 데 얼마나 큰 도움이 되는지를 윌리엄 부모가 깨닫게 해줄 방법이 있다면 얼마나 좋을까? 상상력에 대한 아인슈타인의 명언은 천번만번 옳았다. 정말로 상상력이 지식보다 중요하다. 윌리엄은 놀이를 통해 자신을 새로운 방식으로 상상하는 법을 배우고 있다. 가다서다를 되풀이하고 있지만, 공동체에 속하는 것이 얼마나 가치 있는 일인지 깨닫고 있고, 그 공동체에 자신만의 방식으로 중요한 기여를 하고 있다. 이제는 한 집단의 구성원이 되면 뭐든지 자기 뜻대로 될 수 없다는 사실을 안다. 뿐만 아니라 윌리엄은 성공과 실패를 자신이 정한 기준으로 가늠하는 법, 그리고 지금의 전략이 통하지 않을 경우 스스로 전략을 수정하는 법을 배워가는 중이다. 이것이야말로 아이들의 놀이에 담긴 빛나는 지혜다. 놀이는 동기와 결과를 씨줄과 날줄처럼 엮어서 아이의 내면에 의미의 천을 짠다. 그럼으로써 아이의 지능이 만발하는 데 중대한 역할을 한다.

리탈린파에 대한 내 지식은 대부분 윌리엄처럼 우리 학교를 다닌 아이들로부터 얻은 것이다. 하지만 가끔은 우리 학교에 아주 잠시 머물다 간 아이들 덕분에 중요한 교훈을 얻기도 한다. 폴이 대표적인 사례다. 폴은 일주일의 시험방문 기간만 있다가 갔지만, 그 짧은 기간 동안 꼬리표와 약물처방으로 이어지는 아이들의 행동 이면의 내적 동역학에 대해 나에게 많은 것을 가르쳐주었다. 폴은 데미안처럼 유치원 때부터 ADHD 진단을 받았다. 폴이 초등학교 1학년을 반쯤 마쳤을 무렵, 폴의 엄마는 아들에게 먹이던 리탈린의 효과가 우려되어 대안을 찾아 나섰다.

폴은 마른 체격과 각진 얼굴, 파란 눈과 솜털처럼 고운 금발머리를 한 소년이었다. 손이 늘 미세하게 떨리는 것처럼 보였고, 말하는 속도는 따발총 쏘듯 빨랐다. 생각 또한 빛의 속도로 빨랐던 탓에 녀석과의 대화는 일종의 모험이었다. 순식간에 화제를 바꾸는 바람에 아이의 생각을 따라가기가 여간 힘든 일이 아니었다. 그리고 대부분의 리탈린파와 마찬가지로, 처음에는 한시도 가만있질 못했다.

어느 날 아침 나는 폴에게 일대일로 수학을 가르치다가 ADHD에 관한 중요한 사실을 폴한테서 배웠다. 나는 내가 하는 말에 폴을 집중하게 만드느라 애를 먹고 있었다. 조금이라도 주의를 끄는 다른 것이 생기면 거기에 정신을 파는 통에 나는 포기하기 직전이었다. 집중도 못하는 아이를 놓고 이게 무슨 짓인가 싶었지만 마지막으로 한 번만 더 시도해보자는 심정으로 다시 공식을 설명하면서, 나는 속으로 무엇이 문제인지 곰곰이 따져보았다. 폴이 수학에 관심이 없는 것은 확실히 아니었다. 녀석이 수학을 좋아하는 건 분명했고, 사실 애초에 일대일 수업을 하자고 한 것도 녀석이었다. 내가 내는 문제에 정답을 척척 뱉어내며 우쭐대는 걸 보면 문제를 못 풀어 답답해하는 것도 아니었다. 그렇다고 내가 경험이 부족한 것도 아니었다. 수년 동안 셀 수 없이 많은 학생들에게 여러 숫자를 덧셈할 때 한 자리 올리는 법을 성공적으로 가르쳐온 나였다. 게다가 폴은 나를 교사로서 좋아하는 것 같았다.

폴의 빠른 두뇌회전이 나에게도 전염되었는지, 나는 갑자기 묘안이 떠올랐다. 아이의 말하는 속도에 나도 맞춰보기로 했다. 그러기 위해서는 내가 평상시 말하는 속도보다 두 배 내지는 세 배 더 빨리 말을 해야 했다. 나는 아주 빠르게 공식을 한 번 더 설명해주고는 숨쉴 틈도 없이 바로 몇 개의 예를 보여주었다. 그 순간 폴의 태도는 놀랍게 바뀌었다. 그 예민하고 산만하던 아이가 차분해지면서 집중하기 시작했다. 우리는 마치 빨리 달리기를 하듯 진도를 나가기 시작했다. 하지만 내가 잠시라도 주춤하면 폴의 손은 다시 떨리기 시작했다. 폴이 또 집중력이 떨어진다는 신호였다. 수업은 한 30분 더 진행되었는데, 아이가 움직이지 않고 한 곳에 머문 최장 시간이었다. 폴이 뿌듯한 표정을 지으며 이제 그만하겠다고 할 때쯤에는 한 자리 올리기에 완벽하게 통달해서 세 자릿수 숫자도 정확하게 더할 줄 알게 되었다.

폴이 필기도구를 챙겨서 쏜살같이 다른 방으로 달려 나가고 난 뒤, 나는 의자에 등을 기대고 손깍지를 끼워 뒤통수를 받치며 안도의 한숨을 내쉬었다. 운동장 한 바퀴를 방금 전속력으로 달린 기분이었다.

폴은 왜 내가 자기의 두뇌회전 속도에 맞춰 나란히 빨리 달리기를 하자 편안해졌을까? 나는 지금도 그 이유를 잘 모르겠다. 하지만 그동안 나는 폴과 정신세계가 비슷한 아이들에게 똑같은 전술을 사용해서 똑같은 성공을 거뒀다.

지금까지 이 수수께끼 같은 현상에 대해 유일하게 나에게 단서를 준 자료는 로날드 데이비스의 저서 『난독증이라는 재능The Gift of Dyslexia』이다. 흥미롭게도 난독증이라는 단어는 학교에서 학습상의 문제를 가리키는 최초의 용어로 쓰였던 1920년대와 달리 오늘날에는 특정 정신과 장애를 지칭하는 의학 용어가 되었다. 아이들에게 다는 수많은 꼬리표 중 하나가 된 '난독증'의 의미에 대해 나는 대수롭지 않게 생각한다. 내가 쓰는 웹스터 사전에는 난독증을 "읽기 능력에 문제가 생기는 것"이라고 간단하게 정의한다.

본인도 난독증이 있었던 데이비스에 따르면, 난독증이 있는 사람들은 단어중심으로 사고하는 대부분의 사람들과 달리 이미지로 생각한다. 언어적 사고는 직선적이다. 이러한 사고의 속도는 1분당 250단어, 즉 해독이 가능한 범위에서 단어를 이어붙일 수 있는 최고속도를 넘지 못한다. 반면 비언어적 사고는 이보다 몇 천 배는 더 빠르다. 그래서 데이비스는 난독증을 '재능'으로 보는 것이다. 나아가 데이비스는 아인슈타인과 에디슨을 포함해 20세기가 배출한 천재들 중 다수가 난독증이 있었을 것으로 짐작된다고 주장한다.

이미지 중심으로 사고하는 사람들의 단점은 글을 읽는 데 필요한 뇌기능이 덜 발달했다는 것인데, 이는 특히 어린 나이에 두드러지게 나타난다. 데이비스에 따르면, 난독증이 있는 아이들은 어떤 구체적인 경험과 관련이 없는 단어를 읽기 어려워한다. '코끼리'나 '달리다' 같은 단어는 기억에 영구적으로 저장할 공간을 만들어내지만, 글의 연결조직과도 같은 관사나 전치사는 도저히 이해할 수도 없고 이랬다저랬다 하는 무의미한 암호로밖에 각인되지 않는다는 것이다. 데이비스는 난독증이 있는 사람들에게 그토록 해독하기 힘들어하는 추상적인 단어들을 찰흙을 이용해 스스로 형상화하거나 재현하는 것을 토대로 글을 가르치는 매우 성공적인 방법을 개발해냈다.

데이비스는 난독증이 있던 자신의 인식체계가 어떤 기제를 통해 작동하는지 연구하였고, 또 난독증이 있는 아이들과 지속적으로 작업을 해왔다. 그렇게 해서 어렵게 얻은 이해를 근거로 난독증은 신경학적 장애에서 비롯된 문제가 아니라는 결론에 도달한다. 『난독증이라는 재능』에서는 그 근거를 자세히 설명하진 않았지만, 데이비스는 난독증 아이들이 보이는 다차원적 지각능력은 일종의 방향상실감을 극복하기 위한 노력이라고 주장한다. 그런데 이 방향상실감은 일반적인 교실에서의 일과를 지배하는 직선적이고 순차적인 과제들 때문에 극대화된다는 것이다. 데이비스는 ADHD 아이들 중 다수가 사실은 난독증이기 때문에 잘못된 꼬리표를 달고 있다고 말한다. 이 아이들이 주의가 산만해지고 과잉행동을 하는 것 역시 방향상실감에 따른 추가적 생리현상이라는 것이다.

난독증에 대한 데이비스의 기술은 여섯 살배기 폴의 모습과 정확히 일치했다. 나는 폴이 우리와 함께한 일주일 동안 아직 글을 못 읽는다는 사실도 발견했다. 내가 같이 책을 읽어보자고 해도 전혀 관심을 보이지 않았다. 한번은 내가 평소보다 조금 더 적극적으로 권했더니 아이가 극도의 불안과 혼란을 보여서 바로 내가 수업을 끝내버린 적도 있었다.

데이비스가 제시한 견해 중 마지막으로 하나 더 소개하자면, 난독증 아이가 겪는 정신적 혼란은 대개 여덟, 아홉 살이 되면서 자연히 사라진다는 것이다. 우리 역시 이러한 경향을 또래들보다 늦게 글을 깨치는 아이들한테서 관찰해왔는데, 우리는 이들에세 난독증이든 무엇이든 일체의 꼬리표를 달지 않는다.

문제는 역시 여섯, 일곱 살이 되어도 글을 못 읽는 아이들을 대하는 현대사회의 태도다. 이쯤 되면 십중팔구 누군가가 비상버튼을 누르고, 뒤따르는 불안과 압력은 아이의 학습과정을 더더욱 복잡하고 혼란스럽게 만든다. 이로써 '읽기 장애'가 탄생하는 것이다.

옛날에는 이렇지 않았다는 사실을 아는 사람들은 그리 많지 않다. 1950년대까지만 해도 아이들이 각기 다른 연령에 글을 읽기 시작할 수 있도록 글을 가르치는 연령을 정해놓지 않는 것이 일반적인 교수법이었다. 당시 뉴욕주립교대에서 출간한 글 가르치기에 관한 유인물을 보면 세 부류의 1학년생을 그린 삽화가 실려 있다. 한 아이는 아주 영리해서 이미 글을 읽을 줄 안다. 두 번째 아이는 전형적인 교실수업에 잘 반응한다. 그리고 세 번째 아이는 꼼지락거리며 한자리에 머물지 못하고 주의가 산만한 아이인데, 쉬는 시간에는 가장 먼저 교실 밖으로 뛰쳐나갔다가 가장 늦게 돌아오는 데다 교실에 앉아 있을 때도 교사의 지시에 반응조차 하지 않고 다른 아이들에 비해서 점점 더 뒤처지고 있다.

이 유인물에서 세 번째 아이에게 무슨 장애나 문제가 있다고 진단했을까? 오히려 그 반대다. 유인물은 이 아이가 지극히 정상적이고 활동적인 아이라는 점을 아주 많은 공을 들여 젊은 교사들에게 강조한다. 단지 정원이 많을 수밖에 없는 공립학교 환경에서 글을 깨치기 위해 요구되는 장시간의 수동적 집중력을 발휘할 준비가 되지 않았다고 설명한다. 유인물은 나아가 이러한 학생들에게 어린 나이부터 압력을 가하는 것은 바람직하지 않을 뿐더러 실패의 패턴만 고착시키고 배움에 대한 저항만 키울 위험이 있다고 경고한다. 대신 인내심을 가지고 아이가 3학년 정도 될 때까지 기다릴 각오를 하라고 조언한다. 그때쯤이면 에너지가 넘치는 아이들도 읽기처럼 한 곳에 앉아 머리를 써야 하는 직선적 과제에 집중할 수 있는 능력이 자연히 생긴다는 것이다.

프리스쿨에서는 아이들이 진정으로 글을 읽기 시작하는 나이가 천차만별이라는 사실을 늘 실감해왔다. 어떤 아이들은 네 살 때 이미 글을 깨치고, 또 어떤 아이들은 아홉, 열 살이 되어서야 글을 읽기 시작한다. 이른바 늦깎이 학생들도 나중에는 일찍 배운 학생들만큼 글을 잘 읽게 되고, 읽기 장애라는 잘못된 인식 때문에 낙인찍힌 경험이 없었기 때문에, 일단 읽는 데 능숙해지면 거의 독서광이 된다.

ADHD 꼬리표를 달게 된 아이의 부모는 어떤 사람일까 하는 내 물음에 맨 처음 단서를 제공해준 사람도 사실 폴의 엄마였다. 폴 엄마는 시험방문 첫날, 유아부에 보낼 네 살배기 딸 티나까지 데리고 학교를 찾아와 두

아이를 관찰하며 몇 시간을 보냈다. 우리에게는 엄마와 아이들 사이의 상호작용을 관찰할 수 있는 절호의 기회였다.

폴 엄마 브렌다는 적정 체중을 15킬로그램 정도 초과한 듯 보이는 체격 좋은 사람이었다. 어깨에 닿는 갈색 머리를 양 옆으로 늘어뜨린 얼굴은 매순간 짜증난 표정을 짓고 있는 듯 했다. 나는 지난 몇 년 동안 이 가족이 상당한 격변을 겪었으리라는 인상을 받았다. 브렌다는 애들 아빠와는 헤어졌다며 25마일 떨어진 교외 트레일러 주차장(차로 끄는 이동주택이 정주할 수 있는 공원. _옮긴이)에서 알바니로 이사를 해야만 아이들을 프리스쿨에 보낼 수 있다고 말했다.

브렌다가 위층 유아부의 분장코너에서 티나의 일거수일투족을 감시하느라 여념이 없는 틈을 타서 나는 조용히 폴을 네리고 아래층으로 내려가 다른 1학년생들을 소개시켜주었다. 우리는 큰 탁자에 둘러앉아 이야기를 나누기 시작했다. 내가 폴에게 학교 규칙을 설명하고 있던 중 부산스럽게 들어온 브렌다가 탁자로 와서 내 맞은편에 앉았다. 엄마가 나타나자마자 폴의 태도는 눈에 띄게 바뀌었다. 정신이 순식간에 자리를 뜬 표정이었다.

얼마 지나지 않아 엄마의 잔소리가 시작되었다. "폴, 선생님 말씀 들어야지."

폴은 다시 나를 쳐다보았다. 나는 전체회의 제도에 대해 다시 설명을 이어갔지만, 폴은 몸만 방에 앉아 있을 뿐 정신은 다른 데로 간 게 분명했다. 아이는 앉은 자리에서 꼼지락거리기 시작했다.

브렌다가 또 아들을 들볶았다. "폴, 꼼지락대지 말고 가만히 좀 앉아 있어."

그러고 나서 1학년 친구가 폴에게 매주 목요일은 수영장 가는 날이니까 수영하고 싶으면 수영복과 수건과 25센트를 챙겨오라고 일러주었다. 하지만 폴은 시선을 다른 곳에 둔 채 거의 아무것도 듣지 못한 눈치였다.

아니나 다를까 브렌다가 또 아들에게 한마디 했다. "폴, 대화할 땐 상대방을 쳐다봐야지. 친구 하는 얘기 제대로 안 들었지?"

폴이 자리에서 일어나 수학 교재와 교구들이 진열된 책장으로 향했다.

"폴! 앉으란 말이야! 선생님이 일어나도 된다고 안 하셨잖아."

대화는 계속 그런 식으로 흘렀고, 나중에는 내가 더 이상 브렌다의 끈질긴 간섭을 참고 견디기가 힘들어졌다. 다행히 그날은 화창한 가을 날씨여서, 나는 폴에게 동네를 둘러보자고 했다. 브렌다가 다시 어린 딸한테 가보고 싶어 할 것이라는 내 예상은 들어맞았다.

폴과 함께 월버가로 접어들면서, 나는 엄마한테 들들 볶일 때 폴의 심정이 어떨지 상상해보았다. 나는 방금 모자와 같은 탁자에 앉아 끊임없이 가해지는 브렌다의 통제를 피부로 느꼈었다. 그러면서 나도 모르게 신경이 예민해졌다. 내가 견뎌야 했던 시간은 겨우 10분이었는데도 말이다. 그렇다면 폴처럼 6년 동안 그런 상황에 노출되었던 것이 이른바 과잉행동을 일으키는 데 기여하지 않았을까?

나는 폴과 엄마 사이의 상호작용을 제대로 이해하고 싶은 마음에 그 후로 몇 주 동안 토요일 오후를 할애해 알바니 도서관에서 의학 학술지를 뒤져보았다. 덕분에 두 개의 기념비적인 연구를 발견하게 되었는데, 심리학자 엘리자베스 칼슨, 데보라 야코비츠, 앨런 스로페가 ADHD의 심리적 근원에 대해 시행한 연구였다. 이들의 연구는 그동안의 연구와 차별

화되는 두 가지 특징이 있었다. 우선 과거 거의 모든 연구가 이미 ADHD 진단을 받은 아이들에 초점을 맞추고 사후조사를 통해 원인을 밝히려 했던 데 반해, 이들의 연구는 미니애폴리스 지역 내 여러 공공보건소를 찾은 산모와 신생아들 중 약 삼백 명을 선별해 조사를 실시하는 것으로 시작되었다. 세 연구자는 그 후 아기들이 여섯 살이 되었을 때 누가 ADHD 증세를 보이는지 조사한 뒤 그 원인을 추적해 들어갔다.

칼슨, 야코비츠, 스로페의 첫 번째 연구는 1987년 「아동발달Child Development」이라는 학술지에 실렸는데, 이 연구에서 세 심리학자는 유아기의 '흥분 규제arousal regulation'가 ADHD 증후군의 핵심 요소로 간주되는 과잉행동의 발생에 어떻게 기능하는지 알아보려고 했다. 예를 들어 1단계에서는 연구자들이 피연구자의 집을 방문해 6개월 된 아기가 먹고 노는 과정을 관찰했는데, 주로 엄마가 그때그때 아기의 기분과 관심사에 맞춰 자신이 행동하고 개입할 시기와 내용을 조절하기보다는 아기가 하던 활동을 중단시키는 경우를 기록했다. 그 결과 연구자들은 다음과 같은 결론을 내렸다. 아기 스스로 흥분상태를 조절하고 통제하려는 노력을 엄마가 방해하게 되면, 예컨대 아기가 자꾸 밀어내려고 하는데도 젖병을 물리거나 이미 과도하게 흥분한 아기를 진정시키기보다는 더 자극하는 등 지나친 통제 또는 혼란을 가하는 육아방식이 지속되면, 이는 무의식적으로 아이 스스로 충동을 다스리고 욕구불만을 견뎌내고 집중력을 유지하는 능력을 키우는 데 걸림돌이 된다는 것이다. 그 효과는 특히 신생아기와 유아기에 두드러지게 나타나는데, 이 시기에는 아기가 더 높은 독립심과 성숙도를 향해 다음 발달단계로 넘어갈 준비를 하기 때문이라고 연구자는 설명했다.

세 심리학자는 또한 과잉행동의 전조로 간주되는 산만함 역시 엄마의 불안심리나 공격성에 따라 예측가능하며, "엄마와 관련된 변수들이 '특히' 남아의 경우 산만함을 예측가능하게 하기에 충분하다"고 발표했다.

폴은 엄마의 숨 막히는 감시에서 벗어나 자유롭게 움직일 수 있는 우리 학교 분위기 덕에 눈에 띄게 좋아졌다. 점점 더 긴장을 풀었고, 일주일의 시험방문 기간이 끝날 무렵에는 루이스라는 아이와 친해지기 시작했다. 루이스 역시 본인의 불안심리를 아이한테까지 진가시키는 엄마 때문에 신경이 예민하고 남들과 잘 어울리지 못하는 중남미계 소년이었다. 두 아이는 참 잘 어울렸다. 아이들이 늘 그렇듯이 서로 처지가 비슷하다는 사실을 직감적으로 느끼고 서로에게 끌렸던 모양이다.

한편 나는 일일이 간섭하고 통제하려 드는 폴 엄마의 육아방식을 어떻게든 완화시켜서 폴이 자율권을 갖게 해야 한다는 확신이 들었다. 어떤 방법을 취할지는 아직 미지수였지만, 상황이 이미 극단으로 치닫고 있었기 때문에 어떻게든 부딪혀서 해결해야만 했다.

불행히도 브렌다와 육아상담을 할 기회는 결국 우리에게 허락되지 않았다. 도심으로 이사 오려던 계획이 무산되면서 아예 우리와 연락이 두절된 것이다. 나는 폴이 계속 우리와 함께하지 못하게 된 게 못내 아쉬웠다. 여러 모로 매력적인 아이였고, 우리 학교처럼 에너지 넘치고 유연하고 아이 개개인에 맞추는 분위기에서는 아마 아주 잘 성장했을 것이기 때문이다. 하지만 현실감 넘치는 사례를 몸소 보여준 점에 대해서는 모자에게 지금도 고맙게 생각한다. 두 사람 덕분에 비슷한 가정을 대하는 우리의 생각이 보다 선명하고 첨예해졌고, 앞으로도 우리는 그런 가정을 점점 더 많이 접하게 될 것으로 보인다.

안토니 역시 리탈린파 남자아이였는데, 비록 우리 학교에 머문 시간은 일 년밖에 되지 않았지만 나에게 ADHD의 심리적 측면에 대해 많은 것을 깨닫게 해줬다. 폴보다 몇 년 앞서 우리 학교를 다녔던 아홉 살 흑인소년 안토니는 많은 면에서 폴과 닮았었다. 폴과 마찬가지로 극도로 신경이 예민하고 뭐든지 빨리빨리 하고 심한 불안감에 시달렸다. 그리고 자신의 현재 경험에 집중할 수 있는 시간이 얼마나 짧은지, 심지어 자기가 좋아하는 일도 5분 내지 10분 이상 지속하지 못했다. 안토니가 우리 학교를 다닌 지 얼마 되지 않았을 때, 나는 목공실에서 뭔가 만들고 있는 안토니를 돕고 있었는데, 안토니는 몇 분마다 하던 일을 멈추고 아빠가 준 1달러로 구멍가게에 가서 사탕을 사먹어도 되냐고 내게 물었다.

안토니를 프리스쿨에 입학시킨 사람은 안토니의 아빠 얼이었다. 엄마는 안토니를 낳기 전부터 마약중독에서 벗어나려고 발버둥치다가 결국 다른 도시에 있는 재활센터에 입소했는데, 이 때문에 안토니의 양육권이 아빠에게 넘어갔고, 아빠는 얼마 후 안토니를 우리 학교에 등록시켰던 것이다. 안토니가 만 세 살도 되기 전에 순탄치 않았던 결혼생활에 종지부를 찍으면서 엄마는 떠나고 안토니는 아빠와 살게 되었다고 했다.

깔끔한 옷맵시와 잘생긴 얼굴을 한 삼십대 후반의 얼은 혼자 아들 키우기라는 새로 맡은 임무에 넘치는 에너지와 신념으로 임하고 있었다. 그는 안토니가 그동안 일반학교에서 남긴 비행과 실패의 전과를 지우고 새롭게 시작할 수 있도록 돕겠다는 강한 의지를 보였다. 데미안의 엄마처럼 얼 역시 프리스쿨에 오려면 리탈린을 즉시 끊어야 한다는 내 말에 쾌재를 불렀다. 본인도 한때 마약중독자였고 지금은 마약중독자 상담을 하는 사람으로서, 얼은 내담자들한테 그렇게 마약을 경계하라고 말하면서 정작

1학년부터 ADHD 진단을 받은 자기 아들한테는 내담자들이 사용해선 안 될 약물과 너무나 비슷한 약을 먹이는 게 정말 싫다고 말했다.

안토니가 우리 학교에서 보낸 첫 며칠 동안 우리는 아이가 자기만의 정신없는 페이스대로 동에 번쩍 서에 번쩍 하게 내버려 두었다. 곡예사 못지않은 운동신경을 타고난 녀석은 소형 트램펄린에서 튀어 올라 현란한 공중제비와 재주넘기를 하는 데 많은 시간을 보냈다. 다행히 얼은 전통적인 학교공부로부터 스스로에게 방학을 선포한 아들이 그리 걱정되지 않는 눈치였다. 오히려 학교당국이나 담임선생들로부터 하루가 멀다고 걸려오던 항의전화를 받지 않아도 돼서 살 것 같다고 했다.

안토니는 한 동갑내기 친구와 단짝이 되면서 정신없던 페이스가 현저히 줄어들었다. 라만이라는 친구는 미술을 좋아했고 재능도 뛰어났다. 머지않아 안토니는 라만과 함께 머리를 맞대고 앉아 한 시간이 넘도록 액션 장면을 도화지에 담아내는 데 열중하기 시작했다. 물론 안토니의 그림 실력은 라만에 비해 한참 모자랐지만 그건 문제가 되지 않았다. 라만의 지도 아래 안토니는 실력이 금방 늘었다. 그리고 체조도 여전히 열심히 하던 터라 나중에는 운동신경이 훨씬 덜 발달한 라만에게 앞으로 공중제비를 도는 법을 가르쳐주기 시작했다.

두 아이는 늘 붙어 다니기 시작했고, 때로는 쌍으로 밉살맞게 굴기도 했다. 라만은 ADHD 꼬리표를 단 적은 없었지만, 전에 다니던 학교에서 적응하지 못했던 점은 안토니와 똑같았다. 그리고 두 녀석 다 우리 학교에 다니면서부터 하루아침에 천사표가 된 것은 결코 아니었다. 특히 같은 반 여자아이들을 대할 때는 밉상이 따로 없었다. 하지만 가장 인상 깊었던 점은 안토니가 라만과 그림 그리는 시간이 길어질수록 다른 일에 집중하는 시간도 점점 길어졌다는 것이다. 그렇게 안토니는 눈에 띄게 차분해지면서 꾸준히 사랑스러운 아이로 변해갔다.

일 년이라는 짧은 기간 안에 안토니가 일궈낸 장족의 발전을 생각하면 나는 지금도 감탄이 절로 나온다. 6월쯤 되자 안토니는 한 자리에 앉아서 그림이나 체조 말고도 다른 활동에 무려 45분 동안 몰두할 수 있게 되었다. 충동적으로 자꾸 자리를 뜨던 옛 버릇은 완전히 사라졌다.

여름방학이 되어 동네 친구들과 다시 어울리게 된 안토니는 개학한 후에도 그 친구들과 하루 종일 함께 있고 싶은 마음에 예전에 다니던 학교에 재입학하기로 결심했다. 그 후 한 2년 동안 안토니는 우리들, 특히 라만을 만나기 위해 프리스쿨에 자주 들렀고, 이제는 리탈린 없이도 일반학교에 잘 적응한 자신의 성공담을 자랑스럽게 얘기하곤 했다.

다른 장에 소개한 피터 젠슨은 안토니의 상황에 직접 적용할 만한 또 다른 연구를 수행했다. 젠슨은 '아이의 불안감을 증폭시키거나 부모와의 안정적 관계를 위협할 만한 사건'이 ADHD와 과연 상호연관성이 있는지 살펴보기 위해 ADHD 진단을 받은 남자아이 32명, 여자아이 6명, 총 38명의 발달이력과 같은 수의 이른바 '정상적인' 아이들의 발달 이력을 비교 분석했다.

젠슨의 연구결과는 많은 주목을 받으며 미국소아청소년심리학회 학회지에 실렸다. 젠슨은 이 연구를 통해 ADHD 집단에 속한 아이들이 "애착에 대한 위협threats to attachment"이라고 자신이 명명한 사건을 더 많이 겪었다고 밝혔다. 예를 들어 ADHD 아이들 중 23.7퍼센트가 유아기에 자신을 돌보던 사람으로부터 상당 기간 떨어져 지낸 경험이 있었던데 비해 대조집단에서는 같은 경험을 한 아이들이 2.6퍼센트에 불과했다.

또한 ADHD 아이들의 21.1퍼센트가 부모의 이혼을 겪은 반면 대조집단은 이혼한 부모가 하나도 없었다. ADHD 아이들의 36.8퍼센트는 집에서 부모가 싸우는 것을 보며 지냈고, 대조집단은 2.6퍼센트가 같은 상황을 경험했다. 그리고 ADHD 집단의 55.3퍼센트가 학대 또는 방치가 의심되는 가정에서 자란 데 비해 그 같은 가정에서 자란 대조집단 아이들은 15.8퍼센트였다.

젠슨의 연구결과는 안토니를 비롯해 내가 봐온 수많은 아이들의 상황과 정확히 일치한다. 이 아이들도 마약중독, 결혼불화, 경제난 등에 따른 정서적, 때로는 신체적 학대와 방치를 겪은 아이들이었는데, 안토니도 전형적인 케이스였다. 우리를 처음 찾아왔을 때 아이가 보였던 극도의 불안감과 충동성은 아이의 슬픈 과거를 너무 잘 대변하고 있었다.

한편 젠슨의 연구는 존 보울비라는 영국 정신과 전문의의 영향을 많이 받았는데, 보울비는 아이가 부모 또는 양육자와 형성하는 "애착 패턴patterns of attachment"이 아이의 심리발달에 중요한 역할을 수행한다는 이론을 제시했다. 보울비의 결론에 따르면 유년기에는 세 가지 주요 애착 패턴이 있는데, 아이를 대하는 부모의 태도가 애착 패턴 형성에 지대한 영향을 미친다는 것이다.

세 가지 패턴 중 하나만 건강한 발달에 해당하고, 나머지 둘은 불안정한 발달의 전조가 된다. '안정 애착secure attachment'이라는 패턴을 형성한 아이들, 예컨대 자신이 어렵거나 무서운 일을 당했을 때 부모가 늘 곁에 있어주고 호응해주고 도와줄 거라고 확신하는 아이들은 "담대하게 세상을 탐구하며 세상을 감당할 능력을 갖췄다고 자신한다." 보울비의 주장에 따르면, 유아기에 이러한 패턴이 형성되게끔 유도하는 사람은 기본적으로 엄마다. 아기가 보호나 위로, 도움을 받고 싶을 때 보내는 신호에 엄마가 민감하게 반응하고 함께 있어줌으로써 바람직한 애착관계가 형성된다는 것이다.

두 번째 패턴인 '불안정 저항 애착anxious resistant attachment'은 아이와 함께했다 말았다 일관성이 없는 데다 아이를 버리겠다는 협박으로 아이를 조종하려는 부모 때문에 형성된다. 이러한 불확실성 때문에 아이는 늘 불안해하고 부모한테 달라붙으려 하며, 분리불안이 나타날 확률이 높다. 세 번째 패턴은 '불안정 회피 애착anxious avoidant attachment'인데, 이 패턴은 아이가 위로나 보호를 요구할 때 엄마아빠는 자기를 보듬어주기보다는 내칠 거라고 예상함으로써 형성된다. 보울비는 반복적으로 거절당하면 여러 가지 인격장애가 초래된다고 지적한다.

안토니의 경우는 두 번째와 세 번째 유형에 해당한다. 엄마는 마약중독을 극복하려고 사투를 벌이느라 아이 곁을 지켜줄 겨를이 없었을 것이다. 아빠 역시 최근 양육권을 이양받기 전까지는 안토니의 인생에서 들락날락하는 존재였다. 게다가 안토니가 더 어렸을 때는 그나마 엄마아빠와 같이 살았겠지만 그때도 두 사람의 육아 스타일은 권위적이었을 가능성이 크다. 아이를 보듬어주고 위해주는 일도 별로 없고, 혼낼 때도 떠나버리겠다는 협박으로 아이한테 겁을 줄 때가 많았을 것이다.

보울비는 아이를 돌보는 일이 일관성 있고 안정적으로 이루어지는 가정에서는 일단 형성된 안정 애착이 오래토록 지속된다고 말한다. 보울비는 이를 '안전기지secure base'를 만드는 과정이라고 말했다. 이렇게 안전기지가 있는 아이들은 그렇지 못한 아이들에 비해 지적으로나 정서적으로, 그리고 면역학적으로도 훨씬 더 왕성하다.

보울비는 나아가 아이가 자율성과 탐구심을 보일 때 말리려고만 하는 엄마들은 일반적으로 본인이 유년기에 안전기지가 없었던 사람들이라고 분석한다. 이런 엄마들은 의식적으로나 무의식적으로 부모아이 관계를 뒤집어서 아이를 자신의 애착인물로 삼고, 따라서 아이를 지나치게 오냐오냐하며 키울 가능성이 농후하다는 것이다. 그렇게 되면 결국 끊임없이 징징대고 불안해하거나 분노와 공격성으로 가득 찬 아이들이 계속 엄마의 부정적 반응을 유도해서 바람직하지 못한 애착 관계가 고착되는 악순환이 생긴다.

보울비는 부정적인 애착 패턴은 돌이킬 수 없는 게 아니라고 말한다. 부모가 꾸준히 예전과는 다른 방식으로 아이를 대하면, 애착 패턴은 새로워진 관계에 맞춰 바뀔 수 있다. 그러나 아이가 나이가 들수록 애착 패턴이나 그에 따른 인격적 특징은 "점점 더 아이 자신의 인격에 통합되어 버리고" 바꾸기 어려워진다. 그렇게 되는 이유 중 하나는 부정적 애착을 형성한 아이들이 나중에 만나는 부모 외의 권위적 인물과의 관계에서도 똑같은 패턴을 되풀이하기 때문이다. 교사와의 관계가 그 대표적인 예인데, 이로써 학교에서도 악순환이 재생산되고 만다.

안토니는 부정적 애착 패턴을 돌이킨 훌륭한 사례다. 아빠가 평생 가져보지 못한 안전기지를 마련해주자, 안토니는 마음이 편해지면서 예전의 역기능적인 행동을 대부분 그만두었다.

안토니의 극적인 변화는 아이, 특히 남자아이의 균형적 발달에 아버지 내지는 아버지 같은 인물이 얼마나 중요한지를 보여준다 하겠다. 아동행동장애 꼬리표를 만들어내는 세태에 대해 한 평론가는 이렇게 말했다. 주의력결핍장애의 줄임말인 ADD를 아빠의 관심결핍장애를 뜻하는 DADD로 바꿔야 한다고. 나도 그 말에 백번 동의한다. 프리스쿨에서도 다른 곳에서라면 꼬리표를 달고도 남을 행동을 하는 아이들을 보면, 단 한 명의 예외 없이 아버지와의 유대관계가 깨졌거나 약해졌음을 확인할 수 있었다. 어떤 경우에는 유대관계가 깨진 것을 한눈에 알아볼 수 있다. 아빠가 아이의 인생에서 아예 빠졌거나 있더라도 부정적 영향이나 심지어 해로운 영향을 미치는 경우다. 어떤 경우에는 이상신호가 더 미묘하게 나타난다. 아빠가 너무 바쁘거나 자기밖에 몰라서 아이에게 필요한 관심을 베풀지 못하는 경우도 있고, 어쩌면 본인이 아버지와 형성했던 불편하거나 소원한 관계를 본의 아니게 대물림하는 경우도 있다.

안토니의 경우, 아이의 아버지가 아이의 괴로움을 덜어줄 변화를 이미 주도하고 있었다. 프리스쿨에 요구되었던 것은 안토니가 무슨 유기적 또는 유전적 장애를 가진 게 아니라는 믿음으로 안토니를 응원하고, 또 안토니가 상처 받은 자존심을 스스로 치유하고 열정을 쏟을 만한 일을 찾을 수 있는 학교 환경을 만들어주는 것이었다.

여덟 번째 이야기
긴장과 분노 풀어내기

사방에서 아우성치는 갖가지 충동에 시달리는 아이들,
또는 인지적 기능이 뒤죽박죽이 되어 혼란스러운 아이들은
긴장을 풀고 내면과 외면의 세계를 탐색할 시간이 필요하다.

기나긴 겨울철은 느긋하게 실내 활동에 집중하는 시기다. 브라이언을 비롯한 7, 8학년 반 아이들은 봄마다 가는 수학여행을 준비하느라 여념이 없다. 올 봄에는 전국대안공동체학교연합의 연례회의에 참석하기로 했다. 회의 장소는 콜로라도 덴버의 로키산맥에 위치한 대회의장이다. 일주일에 걸쳐 열리는 회의는 아주 흥미진진한데, 미국 전역에서 대안학교 학생들이 결집하기 때문에 특히 십대 청소년들에게는 가슴 설레는 기간이다.

지금까지 세운 계획은 알바니에서 덴버까지 기차를 타고 가서 덴버에 있는 공립 대안학교에서 1박 2일을 보낸 뒤 일주일 동안 회의에 참석하고, 돌아오는 길에는 시카고에 들러서 더 많은 대안학교를 둘러보고 며칠 관광을 즐기다 오는 것이다.

이번 수학여행 경비는 5천 달러 가까이 들 것으로 예상되는데, 7, 8학년 반 아이들은 이 비용 전액을 자체 조달해야 한다. 우리가 이런 원칙을 세운 데는 두 가지 이유가 있다. 아이들에게 도전정신을 심어주기 위해서, 그리고 그 누구도 돈이 없어서 여행을 포기하는 일은 없게 하기 위해서다. 아이들은 이미 생선튀김 일일식당과 케이크 경매로 한 차례 모금행사를 성황리에 치렀다. 그 외에도 반 문집에 유료 광고를 싣고, 경품추첨권을 판 다음 2차 일일식당을 열어서 경품추첨으로 마무리할 계획을 세우고 있다. 지금은 경품추첨에 쓰일 경품을 기증해달라고 알바니 지역의 사업체에게 전화를 돌리는 중이다. 왕년에는 아이들이 공격적으로 영업을 뛴 덕분에 추첨권도 많이 팔고 꽤 괜찮은 경품도 기증받아서 2천 달러에 달하는 수익을 올리기도 했다.

브라이언은 예의 뻔뻔함과 사교성으로 모금운동에 큰 보탬이 되고 있다. 십대 초반의 여린 감수성 때문에 웬만한 아이라면 모르는 사람 앞에서 숫기도 없고 말수도 줄어들 만한데, 브라이언은 전혀 그렇지 않은 모양이다. 아무렇지도 않게 상인들에게 전화를 걸어 경품을 기증해달라고 부탁을 하는데, 정말 선수가 따로 없다. 애교 섞인 목소리로 자기 소개를 한 다음 전혀 애쓰는 기색도 없이 영업 멘트를 술술 뽑아낸다. "안녕하세요. 저는 프리스쿨 8학년 브라이언 앤더슨이라고 하는데요, 올해 우리 반이 콜로라도에서 열리는 대안교육 회의에 단체로 가기로 했어요. 앰트랙 타고 갈 계획인데 경비가 거의 5천 달러나 들어요. 반 친구들이 그 돈을 다 알아서 모아야 돼요. 그래서 모금행사로 경품추첨을 하려고 하는데요, 혹시 기증할 만한 경품 있으세요?"

어떤 아이들은 미리 할 말을 적은 다음 기증할 만한 사람에게 전화를 걸어 수줍은 목소리로 써놓은 멘트를 읽는다. 처음 해보는 아이일수록 그렇게 하는 경우가 많다. 그런데 브라이언은 다르다. 연습 없이 매번 즉석에서 말을 만들어내고, 전화 받은 사람과 좀 말이 통한다 싶으면 느낌을 살려 애드리브까지 한다. 그렇게 해서 지금까지 받아낸 경품 목록도 대단하다. 고급호텔 주말숙박권, 진주 목걸이, 알바니 지역 고급식당 상품권 등등. 이번 경품추첨 행사는 예감이 아주 좋다.

한편 월터는 알바니 지역에 있는 컴퓨터 그래픽 업체에서 실습을 시작했다. 원래 이런 실습이나 인턴과정은 7, 8학년부터 시작하는 게 관례인

데, 월터의 컴퓨터 실력은 더 이상 우리 교사들이 가르칠 수 있는 수준을 넘어선 지 오래다. 다행히 우리 학교 홈페이지 개발에 도움을 주고 있는 조디라는 컴퓨터 그래픽 전문가가 월터를 받아주겠다고 했다. 덕분에 월터는 학기가 끝날 때까지 매주 목요일 오후 조디의 사무실에서 같이 작업을 할 수 있게 되었고, 더없이 좋은 교류가 시작되었다. 월터는 진짜 전문가와 작업할 수 있는 기회에 물 만난 물고기가 되었고, 조디는 조디대로 이 잔망스러운 열한 살짜리 컴퓨터 도사의 지식과 영악함에 반해버렸다. 아닌 게 아니라 2주 전 월터가 처음 조디를 찾아가 실습을 시작한 날, 조디는 방금 컴퓨터에 설치한 새로운 웹페이지 디자인 프로그램 때문에 애를 먹고 있었다고 한다. 그 소프트웨어를 이미 다뤄본 월터는 조디에게 사용법을 속성으로 가르쳐주었고, 덕분에 조디는 독학을 했더라면 한참 걸렸을 프로그램에 금방 익숙해지면서 많은 시간을 절약할 수 있었다.

마크는 여전히 낸시와 열심히 읽기 공부를 하고 있다. 더디지만 꾸준히 발전하고 있고, 끈기 하나는 끝내준다. 이제 완전히 암호를 깨고 스스로 글을 읽는 건 시간문제다.

어제는 마크가 전체회의 의장직을 연달아 세 번째 맡았다. 겨울에는 주로 실내에 있으니까 그날이 그날 같고 다들 서로 부대끼다보니 전체회의 소집이 잦아진다. 게다가 우리 학교 리탈린파가 불어나면서 그 아이들의 들뜬 에너지가 크고 작은 문제를 일으키는 데 한몫한다. 내 생각에 아이들이 마크를 계속 의장으로 뽑는 이유는 회의가 주제에서 벗어나지 않도록 중심을 잡아주는 실력이 날로 늘고 있기 때문인 것 같다. 마크는 고압적이지 않게 회의질서를 잘 유지하고, 당면 문제를 해결할 만한 좋은 대안도 곧잘 제시하는 편이다. 혼자서 많은 것을 해결하며 자라온 데다 프리스쿨로 돌아오겠다는 일념으로 공립학교에서 추방당하려고 꾀를 부렸던 경력만 봐도 녀석이 어쩌다 그렇게 기지가 발달했는지 이해할 만하다.

다행히 이제 마크는 안정적으로 우리 학교를 다닐 수 있게 되었다. 마크가 엄마와 살기 시작하면서부터 아빠는 아이의 양육에 전혀 관여하지 않게 되었고, 엄마는 엄마대로 마크가 우리 학교로 돌아온 것에 아주 만족해하고 있다. 특히 이제는 글을 깨치려고 진지하게 노력하는 아들이 무척 대견하단다.

오늘 아침에는 데미안이 우리 학교 매킨토시 컴퓨터를 사용 중인 나에게 다가온다. 요즘 해빙기를 맞아 날씨가 푹해져서 데이브 반과 우리 반 아이들은 공원에 공을 차러 나갔다. 땅은 아직 반밖에 녹지 않았고 기온도 아직 영하지만, 아이들이 오늘처럼 햇빛 쨍쨍한 날 실내에 틀어박혀 있을 리가 만무하다. 나는 오랜만에 아이들이 없는 고요함을 만끽하며 밀린 행정업무를 처리하고 있다.

데미안이 우리 학교에 온 지 이제 넉 달이 되었다. 우리 학교에 익숙해진 건 확실하지만, 아직까지는 몸을 움직이는 게임이나 운동은 멀리하고 있다. 내 생각에는 데미안이 다른 아이들에 비해 운동신경이 덜 발달했기 때문에 일부러 뒤로 빠지는 것 같다. 운동은 D&D 같은 지능게임과 달리 자신의 월등한 실력으로 다른 아이들을 통제할 수 없다는 것을 아는 게 아닐까 싶다. 어쩌다 한 번씩 운동을 하는 데미안을 보면, 녀석은 경기가 자기 뜻대로 풀리지 않는다고 생각하는 순간 바로 그만두기 일쑤다.

반 친구들이 나가고 없는 학교에 남은 데미안은 약간 넋이 나간 표정으로 무언가 할 일을 찾아 헤매는 것 같아 보인다. 아이는 나한테 오더니 바로 강아지 이야기를 꺼낸다. 최근에 집에서 키우는 개가 새끼를 낳았는데, 강아지들의 재롱 때문에 생긴 웃긴 일화를 내게 말해주고 싶은 모양이다. 데미안은 말을 아주 빨리 하면서도 중간 중간 컴퓨터 책상 위 선반에 있는 과학 실험 상자를 내려달라고 내게 요구한다. 예전부터 데미안한테서 관찰한 버릇이 오늘도 어김없이 나타난다. 아이는 질문을 해놓고는 내가 대답할 시간도 주지 않고 바로 다음 이야기로 넘어가는 버릇이 있다.

나는 이번에는 아이의 행동패턴을 지적하기로 한다. "있잖아, 데미안, 너 나한테 뭘 물어본 다음에 내가 대답할 때까지 기다려주지 않는 거 아니?"

"미안해요." 아이는 약간 억울하다는 표정으로 대꾸한다.

나도 바로 대꾸한다. "야, 괜찮아. 미안할 거까지 없어. 네가 뭘 잘못했다는 게 아니야. 내가 답답해지는 기분이 들어서 그래. 네가 나하고 대화한다기보다는 나한테 대고 그저 말을 쏟아 놓는 느낌이 들어서 말이야." 그러고는 이렇게 묻는다. "둘이 어떻게 다른지 알겠어?"

"대충요." 이번에는 잘 모르겠다는 표정이다.

나는 내 목소리에서 짜증이 전혀 묻어나지 않게 조심하면서 데미안에게 또 묻는다. "너한테 왜 그런 버릇이 생긴 것 같아?"

"모르겠어요." 그러고는 생각나는 대로 말을 이어간다. "그냥 어젯밤 내 침대 밑에 낀 강아지 얘기를 진짜 하고 싶었어요. 강아지가 얼마나 낑낑댔는지 몰라요. 걔를 침대 밑에서 빼내느라 진짜 힘들었거든요."

나도 내 생각을 말한다. "나한테 다음 이야기를 해줄 생각에 너무 흥분해서 내 대답을 들으려고 잠깐 기다리는 시간도 아까운 거 같다."

데미안은 어깨를 으쓱거리며 대답한다. "그런가 보죠."

나는 부탁으로 마무리한다. "다음부턴 자기가 질문을 했다는 걸 의식하고 나한테 대꾸할 시간을 주려고 노력해줄래? 그렇게 중요한 문제는 아닌데, 그래도 네가 노력해주면 고마울 것 같다."

"알았어요." 녀석이 이제는 내 말을 편하게 받아들이는 눈치다.

나는 데미안의 가정에 태어날 강아지가 아닌 아기에 대해 화제를 돌리기로 한다. "엄마가 곧 애기 낳을 텐데 넌 기분이 어때?"

아이는 바로 대답한다. "빨리 나왔으면 좋겠어요. 진짜 멋있을 것 같아요."

데미안의 행동이 지난 2주 사이에 또 퇴보하기 시작했다. 신경이 많이 날카로워졌고, 올해는 전원 여성인 유치부 선생님들을 점점 무시한다고 들었다. 위층에서 꼬맹이들을 너무 거칠게 대해 유치부 선생님이 내려가라고 하면 대들기 일쑤란다. 우리는 데미안의 퇴보가 곧 태어날 동생에 대한 커져가는 불안감과 연관이 있으리라 짐작하고 있다.

나는 데미안이 혹시라도 아기를 강아지와 같은 부류로 취급하고 있진 않은지 확인해보기로 한다. 그래서 멋있을 것 같다는 녀석의 말에 이렇게 대꾸한다. "그래, 집에 애기가 생기는 건 멋있는 일이지. 근데 정말 귀찮을 때도 있어. 한밤중에 막 울어대서 식구들 다 깨워놓으면 짜증날걸." 그러고는 넌지시 묻는다. "애기가 태어나면 집안 분위기가 정말 많이 달라지겠다, 그치?"

데미안이 대답한다. "그러게요. 엄마가 애기 태어나면 나보고 많이 도와달래요."

나는 데미안이 훌륭한 형이나 오빠가 될 거라고 칭찬해주고는 여동생과 남동생 중 어느 쪽이었으면 좋겠냐고 묻는다.

대답이 돌아오는 데 1초도 안 걸린다. "당연히 여동생이었으면 좋겠죠."

나는 속으로 '어련하겠냐.' 싶다. 자기가 가족에서 차지하는 위치가 위태로워지는 걸로 따지자면 여동생이 훨씬 덜 위협적일 테니까.

대화는 더 일상적인 이야기로 흘러가고, 데미안은 결국 아까 내려달라고 했던 과학 실험 상자가 생각났는지 다시 내려달라고 요구한다. 나는 자석에 관한 상자를 골라서 내려준다. 아이는 한 15분 정도 여러 가지 자석으로 실험을 하더니 이내 나에게 인사를 하고는 자기 교실로 돌아간다.

데미안과 곧 태어날 동생에 대해 이야기를 나눌 기회를 가졌던 건 다행이다. 상처받기 쉬운 아이일수록 중대한 변화가 생기면 더욱 균형이 깨지기 십상이다. 데미안 역시 엄마의 사랑을 10년 동안 독차지하다가 하루아침에 등장한 깜찍한 경쟁자를 중대한 변화로 인식할 게 분명하다. 내 바람은 인생의 새로운 마당이 열리는 이 시기를 지나면서 아이가 즐거운 일뿐만 아니라 괴로운 일도 대화로 푸는 법을 배우는 것이다.

사람들이 왜 데미안을 보고 집중시간이 짧은 아이, 또는 '주의력 결핍'이라고 판단하는지는 쉽게 이해가 간다. 아이는 관심의 대상을 아주 빠르게 바꾸는 경향이 있고, 질문을 해놓고도 대답을 듣지 않는 버릇도 있다. 또한 사람들이 많은 공간에서는 새로운 자극에 매우 민감하게 반응한다. 어떤 것에 집중하다가도 새로운 소리나 움직임이 포착되면 거의 자동적으로 시선을 빼앗긴다.

하지만 과연 데미안이 '주의력 결핍'에 걸린 걸까? 아니면 그저 성급하고 충동적이고 고도로 기민한 아이인 걸까? 말장난을 하자는 게 아니다. 데미안에게 '주의력 결핍'이 있다고 단정하는 것은 '성급한', '충동적', '기민한'과 같은 형용사를 '주의력 결핍'이라는 명사로 대체하는 행위다. 이렇게 서술적이기보다는 규범적인 어법을 사용함으로써, 사람들은 '충동적'인 아이의 성격적 특징을 '주의력 결핍'이라는 병리적 상태로 부풀리게 된다.

이반 일리히는 인체를 마치 기계처럼 지칭하는 현대인의 태도가 문제라고 지적한다. 심지어 오늘날 우리가 사용하는 건강 관련 용어도 생물학이 아니라 물리학에 바탕을 두고 있다. 예를 들어 두려움, 근심, 불안감, 불확실성과 같은 단어를 통틀어 일반적으로 '스트레스'라고 부르는데, 스트레스는 원래 공학 분야에서 쓰이던 개념이다. 또 인체가 병원체에 대응하여 스스로를 보호하는 여러 개별적인 방법들을 살피기보다는 '면역체계'라는 용어로 대체한다. 또 다른 예로 최근 뉴스위크지에 실린 ADHD에 관한 기사의 표지제목도 있다. "더 나은 사내아이 만들기 How to Build a Better Boy."

'어떤 증상이 있다'라는 말과 '어떠하다'라는 말은 의미론적으로 상당한 차이가 있다. 예를 들어 나에게 '두통이 있다'라고 하면 두통을 완화하기 위해 아스피린 같은 약을 먹으면 된다. 반면 내가 '성급하다'라고 하면 내게는 선택의 여지가 있다. 계속 성급한 사람으로 살거나, 앞으로는 조금 더 느긋해지려고 노력하거나.

이러한 변화에는 의식과 의지라는 두 가지 요소가 필요하다. 그러므로 나는 앞으로도 데미안이 질문을 던져놓고는 답을 듣기도 전에 다른 얘기로 내달릴 때 가끔씩 지적을 해줄 생각이다. 내 의도는 아이에게 잔소리를 해서 보다 바람직한 의사소통 방식을 가르치려는 게 아니라, 아이가 타인과 더불어 사는 세상 속에서 자신의 존재방식을 스스로 의식할 수 있도록 돕는 것이다. 아이는 내가 자기의 품행에 점수를 매기지 않는다는 것을 안다. 아이와 나 사이에 일어나는 상호작용의 맥락은 우리 둘의 관계 그 이상도 이하도 아니며, 나는 우리 둘 사이의 교류가 질적으로 향상되길 바랄 뿐이다. 그렇게 되기 위해서 데미안은 예의 자기중심적이고 충동적인 잣대를 넘어 자신의 의식을 넓혀야 한다. 그런 다음 다른 방식으로 행동하는 것을 스스로 실험해볼 기회를 충분히 가져야 한다. 궁극적으로 달라질지 달라지지 않을지는 데미안의 선택에 달렸다.

이른바 '성격개조'라는 과업을 성공적으로 수행하기 위해 필요한 세 번째 요소는 (정말로 문제라고 판단되는 경우에 한해) 문제시되는 행동패턴의 원인을 찾아서 가능한 한 원인을 완화하는 노력이다. 앞서 언급했듯이, 뭐든지 후딱후딱 해치우고 쉽게 산만해지면서도 어딘가에 꽂히면 오로지 그것에만 빠져드는 데미안의 성향은 극심한 불안감과 빈약한 사회화 경험 탓이다. 따라서 이미 설명한 대로 학교에서 다양한 영향에 충분히 노출되고, 아울러 자신이 더 이상 외동아들이 아니라는 사실에 적응하면서 보다 안정적인 가정생활을 하게 된다면, 데미안도 불안감이 점차 해소되면서 타인과 보다 만족스러운 관계를 맺는 데 능숙해지지 못할 이유가 전혀 없다.

태어날 동생에 대해 자기 감정을 털어놓긴 했지만, 여교사들에 대한 데미안의 불손한 태도는 점점 적대감으로 치닫고 있다. 오늘만 벌써 몇 번째 위층에서 추방당했는지 모르겠다. 이번에는 유치부 교사들 중 신참인 린이 데미안에게 아래층으로 내려가라고 했는데, 내려오기 직전에 녀석이 되돌아보더니 린을 향해 욕설을 섞어가며 뭐라고 내뱉었단다. 요지는 "당신은 여자니까 난 당신 말을 들을 필요가 없다"는 것이었다.

린은 아래층으로 내려오는 데미안을 뒤쫓아 내려와 바로 전체회의를 소집한다. 이번 회의에서는 데미안이 유치부생들을 대하는 태도가 아니라 린을 비롯한 여교사들을 대하는 태도가 도마에 오른다. 린은 아이들 사이에서 인기가 대단하기 때문에 이번에도 역시 데미안이 궁지에 몰릴 판이다.

린은 학생들에게 데미안을 위층에서 내려보낸 건 녀석이 네 살, 다섯 살 꼬맹이들을 선동해 봉제인형을 던지며 싸우게 했기 때문이었다고 설명한다. 그리고 약간 검열된 버전으로 데미안이 자기에게 어떤 욕을 했는지 밝히고, 이제 자신을 비롯해 위층 모든 선생님들은 데미안한테 질렸다고 말한다. 더 이상 꼬맹이들과 놀게 해줄 만큼 녀석을 믿지도 못하겠고, 요즘에는 못 놀게 하면 아주 고약하게 굴어서 힘들다고 호소한다.

화가 머리꼭대기까지 난 데미안은 자신을 변호할 생각도 없는 모양이다. 하지만 아이들과 교사들이 조금 더 다그치자 결국 무너지면서 본심을 드러낸다. 손을 번쩍 들더니 의장이 발언권을 주자 전의에 불타는 목소리로 이렇게 외친다. "난 여자라면 다 싫어. 우리 엄마 빼고. 엄마는 사랑해."

그러자 바로 일곱 살짜리 아이가 일곱 살짜리다운 순진한 직관력으로 이렇게 대꾸한다. "근데 데미안 엄마도 여자잖아. 그럼 엄마도 싫어해야 되는 거 아냐?"

데미안은 심리분석을 당할 기분도 아니고, 논리적 사고마저 거부할 태세다. 자리에 앉아서 팔짱을 끼고는 누구와도 눈을 맞추지 않는다. 우리 학교에 온 이래 최고로 화가 난 모습이다. 믿기 어렵겠지만 이는 드디어 우리 방법이 녀석한테 통하기 시작했다는 확실한 징조다.

이번 전체회의는 좋게 끝나긴 글렀다고 정확히 판단한 린은 데미안에 대한 처분을 제안한다. 다른 이야기가 나올 때까지, 또는 데미안이 스스로 선생님들과 따로 진지한 대화를 하겠다고 나설 때까지, 위층 아이들과 교사들에 대한 접근금지령을 내리자는 것이다.

데미안의 반 친구가 녀석이 딱해 보였는지 데미안에게 혹시 본인은 제시할 만한 해결책이 있는지 묻는다. 하지만 데미안은 여전히 묵묵부답으로 일관하고, 결국 린의 발의가 표결에 부쳐져 만장일치로 통과된다.

그 후로 상황은 악화일로를 걷는다. 날씨가 풀리면서 유치부 아이들은 학교 뒷마당의 놀이터에서 점점 더 많은 시간을 보내게 된다. 그러자 데미안은 몰래 나가서 은근슬쩍 꼬맹이들 틈에 끼려다가 우리한테 여러 번 들킨다. 규정을 어기지 말라고 하자 순진한 표정을 지으며 법리적으로 자기방어를 한다. "아, 위층에만 못 올라가는 거 아니었어요?" 그러다가 변명이 통하지 않자 또 말대꾸를 하며 대들기 시작한다.

겨울에는 문을 닫아서라도 데미안의 유치부 출입을 막을 수 있었다. 하지만 봄에는 겨우내 묵힌 실내 공기를 몰아내느라 뒷마당으로 통하는 문 네 개를 다 활짝 열어놓고 지낸다. 때문에 데미안을 묶어두거나 방에 가둬놓지 않는 이상 녀석이 뒷마당에서 꼬맹이들과 어울리는 것을 막을 도리가 없다. 그저 발각될 때마다 실내로 들여보내는 수밖에. 이런 상황에서 극명히 드러나듯이, 우리 학교 구성원들이 누리는 자유는 확고한 믿음과 상호존중을 기반으로 한다. 그런데 데미안처럼 분노와 고집으로 똘똘 뭉친 아이가 자기에게 가해지는 모든 제약에 끈질기게 도전하는 경우, 우리는 딜레마에 직면하게 된다. 계속 아이에게 고삐를 채워 조이느냐, 아니면 아이가 예전에 처했던 숨 막히는 규제와 감시의 환경으로 돌려보내느냐 고민하게 되는 것이다.

때 이른 폭한 날씨가 일주일째 계속되면서 문제가 절정에 달하자, 나는 낸시와 데이브와 머리를 맞대고 다음 조치를 의논한다. 나는 데미안의 엄마 폴라가 시험방문이 끝나면서 가졌던 학부모 면담에서 아이를 심리상담사에게 보내고 있다고 얘기했던 것을 기억해낸다. 그래서 우리는 폴라와 심리상담사를 초대해 긴급회의를 열기로 한다. 나는 폴라에게 남자친구 조와 같이 올 것을 권한다. 조는 이제 데미안의 의붓아버지이자 곧 대어날 아기의 친아빠이기도 하다.

다음 날 오후, 우리는 회의에 기꺼이 와준 조와 함께 엄마와 아이 둘 다 '닥터 디'라고 부르는 심리상담사를 만난다. 나는 프리스쿨이 결코 데미안을 포기하고 싶지 않다는 말로 회의를 시작한다. 지금까지 아이의 공격적인 행동을 완화하는 데 많은 진전을 이뤘고, 아이는 전반적으로 상당히 차분해진 상태다. 하지만 최근 유치부 접근금지령을 대놓고 무시하는 아이의 태도 때문에 우리는 진퇴양난에 빠진 것이다. 낸시는 유치부 교사 세 명이 다 여성이고 안 그래도 정신없이 바쁘기 때문에 데미안 같은 훼방꾼까지 받아줄 여유가 도저히 없다는 설명을 덧붙인다.

가장 먼저 나온 중요한 정보는 데미안이 근래에는 심리상담을 정기적으로 받지 못했다는 사실이다. 학기가 시작된 후로는 심리상담을 받은 횟수를 손에 꼽을 수 있다는 것이다. 상황을 파악해보니 심리상담사가 강 건너 지역으로 사무실을 옮기면서 데미안이 사는 곳에서 훨씬 더 멀어졌고, 폴라는 배가 점점 불러오는 데다 자동차까지 자주 고장 나서 상담을 받기로 예약을 해놓고도 못 간 적이 많았다고 한다. 게다가 심리상담사가 보험사를 바꾸면서 보험 적용 여부가 불투명해지는 바람에 상담료를 부담하기도 힘들어졌다고 한다.

온화해 보이는 사십대 후반의 닥터 디는 데미안이 매주 심리상담을 받음으로써 이 위태로운 시기에 충분한 정신적 지지를 받을 수 있도록 더 노력하겠다고 폴라와 함께 약속한다. 조는 이제 자기한테 차가 생겼으니 데미안을 닥터 디의 사무실에 데려다주는 역할을 자기가 하겠다고 자원한다.

폴라는 데미안이 집에서도 퇴보하고 있다고 말한다. 또 다시 엄마에게 말대꾸하기 시작했고, 자기가 맡은 집안일이나 집에서 지켜야 하는 수칙을 다 거부하고 있다는 것이다. 우리는 폴라의 임신이 데미안의 불안감을 예전 수위로 증폭시키고 있다는 데 모두 동의한다. 닥터 디는 그동안 데미안과의 상담에서 아직 여성에 대한 적대감이 드러난 적은 없었지만, 이제는 상담시간의 대화를 그 방향으로 잡아보겠다고 말한다. 그리고 데미안이 프리스쿨을 다닌 뒤로는 긍정적인 변화를 보였다며 다시 미운 짓을 일삼는 데미안을 우리가 어떻게든 받아줘서 지금의 고비를 넘기기를 바란다고 말한다.

닥터 디는 또한 데미안이 약물치료를 받던 작년에도 자신이 아이의 상담을 맡았지만, 그때도 약물치료를 중단하겠다는 폴라의 의사를 전적으로 지지했다고 한다. 그는 자율성에 근거한 프리스쿨의 접근법이 지금으로는 데미안에게 가장 알맞다고 생각한다며, 단지 아이가 이런 환경에 적응할 시간이 더 필요하다고 지적한다.

집에서 데미안 때문에 생긴 문제도 해결하고, 닥터 디와 조를 한 자리에서 볼 수 있는 기회도 십분 활용할 겸, 나는 닥터 디에게 데미안한테 집안일을 시키고 허락받을 일이 생기면 허락을 해주는 역할을 조가 하는 건 어떻겠냐고 묻는다. 닥터 디는 내 제안에 동의하면서, 엄마에 대한 데미안의 부정적 집착을 완화하고 갓난아기를 돌보느라 엄마가 어쩔 수 없이 자기한테 신경을 덜 쓰게 될 상황을 받아들일 준비를 할 수 있는 아주 좋은 방법이라고 말한다. 뿐만 아니라 그렇게 함으로써 간접적으로 유치부 교사들에 대한 데미안의 적개심까지 누그러뜨릴 수 있을지도 모른다고 덧붙인다.

회의는 희망적인 분위기로 끝난다. 우리는 바로 전날 연락을 했는데도 그 바쁜 와중에 시간을 내준 닥터 디에게 고마움을 표한다. 나중에 우리 교사들끼리 가진 회의에서 낸시와 나는 아직 포기하기에는 이르다는 결론을 내린다. 하지만 데미안이 점점 더 심술을 부리고 있는 것을 생각하면 우리가 마냥 낙관적일 수만은 없는 것도 사실이다.

어떤 이유에서든 자신을 통제하지 못하는 아이에게 통제를 가할 수 있는 가장 편리한 방법은 의심의 여지없이 생체심리학적 약물치료일 것이다. 하지만 약물치료를 택함으로써 치러야 하는 비용은 어떤가? 나는 그 비용이 높다고 말하고 싶다. 정말 지나치게 높다. 데미안에게 약물을 먹이는 것은 아이가 자신의 충동을 다스리고 책임 있는 선택을 하는 법을 배울 만한 생물학적 능력이 없다는 최종선고를 내린 것과 진배없다.

프리스쿨에서는 리탈린파 아이들을 다른 아이들과 전혀 다르게 대하지 않는다. 우리는 그 어떤 아이도 높은 수준의 책임감과 자율성을 발휘할 능력이 있음을 알고 있다. 트라우마 없이 행복하게 자라왔고 자율성을 발달시킬 기회를 누리며 길러진 아이는 자연히 책임감과 독립심이 강하다. 그렇게 자라지 못한 아이는 자신에게 관용과 용서를 베푸는 환경에서 책임감과 독립심을 배워야 한다. 그리고 지나친 간섭을 받으며 자란 데다 고통까지 겪은 아이는 다른 아이들보다 더 많이 더 오래 배워야 한다.

사방에서 아우성치는 갖가지 충동에 시달리는 아이들, 또는 인지적 기능이 뒤죽박죽이 되어 혼란스러운 아이들은 긴장을 풀고 내면과 외면의 세계를 탐색할 시간이 필요하다. 그래서 우리는 아이들의 지성을 미시적으로 교육시키려들지 않는다. 우리가 오랜 세월에 걸쳐 깨달은 진리가 있다면, 그것은 배움에 목마르고 살아 숨쉬는 지성은 뭐든지 일일이 가르쳐줄 필요가 없다는 것이다. 이런 지성을 가진 아이들은 어떤 상황에서든 필요한 정보를 찾아내고 새로운 생각과 연관성을 창출한다.

데미안처럼 꼬리표가 붙고 약물을 처방받은 경력이 있는 아이일수록, 자기한테 맞는 수위를 스스로 찾고 가장 시급한 욕구부터 먼저 채우는 법을 배울 수 있게 해주는 것이 필수적이다. 데미안이 처음 우리를 찾아왔을 때, 아이는 복잡하게 꼬여 있었다. 예전 학교에서 약물처방으로 다스리려고 했던 '증세'는 사실 조난신호였는데, 우리는 이러한 신호를 약물로 덮어버리면 진정한 성장과 치유는 불가능하다고 믿는다. 지혜로운 의사라면 환자가 병균에 감염되어 열이 나더라도 당장 열만 내려주기보다는 병균이 자연히 소멸될 때까지 기다려줌으로써 환자의 자연적 면역력을 키우려고 할 것이다. 마찬가지로 우리는 데미안이 자기 안에 있는 분노와 적개심이 표면 위로 떠올라 분출되어 자연히 소멸될 때까지 기다려야 한다는 것을 알고 있다. 이때 우리가 신중히 따져야 할 비용은 데미안이 다른 아이들에게 주는 피해다. 과도한 피해를 주지 않도록 수위 조절을 해야 하는데, 지금은 위험수위에 너무 바짝 다가가 있다. 그래도 우리 모두 합심하여 노력한다면 데미안이 위험수위를 넘어버리는 사태는 막을 수 있지 않을까 기대해본다.

한편 윌리엄은 올해 초부터 상당한 진전을 보이고 있다. 예전보다 훨씬 더 행복하고 진정돼 보이고, 스스로를 통제하고 충동을 다스리는 법에 대해서도 확실히 감을 잡은 것 같다. 하지만 설정된 한계를 받아들이는 법을 익히려면 한참 멀었다. 오늘은 녀석이 전체회의에 불참했다가 나한테 걸렸다. 회의가 진행되는 동안 교실에 숨어 있었단다. 우리 학교 구성원은 전체회의에 의무적으로 참석해야 한다. 나는 윌리엄에게 정당한 이유 없이 또 전체회의에서 빠질 경우, 수영장에 가서 물속에 못 들어가고 벤치에서 다른 아이들을 구경하는 벌칙을 회의 때 제안하겠다고 경고한다. 내 말을 귓등으로 듣는 녀석의 태도를 보니 예감이 안 좋다. 자신에게 가해지는 한계에 언제까지 저렇게 닥치는 대로 도전할지 나도 모르겠다.

윌리엄은 자기 반 아이들을 괴롭히는 버릇도 여전히 못 고쳤다. 몇 주 전 남자아이 두 명이 새로 입학하면서 윌리엄도 이제 친구를 사귀지 않을까 기대했었다. 주로 피에르가 주도하긴 했지만, 어쨌든 피에르와 윌리엄 사이에 조심스럽게 우정이 싹트는 것 같았다. 그런데 얼마 전 피에르 부모가 곧 캐나다로 돌아갈 계획이라고 밝혔다. 게다가 새로 온 두 아이가 금세 자기들끼리 친해지는 바람에 윌리엄은 두 아이 사이에 끼지도 못하고 여전히 겉도는 눈치다. 그러다가 여자아이들을 괴롭히는 데 맛을 들이고 말았다.

윌리엄은 카알의 여동생 라미카를 괴롭혔다가는 자기만 곤경에 처한다는 사실을 곧 깨닫게 된다. 라미카는 겁이 많긴 하지만 자기보다 큰 남자아이만큼은 절대 무서워하지 않는다. 자신을 시험 삼아 건드리는 윌리엄을 하루 이틀은 참아주다가 오늘 아침에도 윌리엄이 성가시게 굴자 학교 건물이 쩌렁쩌렁 울릴 만큼 큰 목소리로 "전체회의!"를 외친다.

이번에도 역시 윌리엄은 사라지고 없다. 하지만 이번에는 몸을 피한 이유가 단지 전체회의에 참석하기 싫어서가 아니라고 나는 짐작한다. 자기한테 무슨 일이 일어날지 뻔히 아니까 도망간 게 분명하다. 전체회의가 시작되자 윌리엄이 없으니 라미카의 관점에서만 상황이 설명되고, 대신 라미카가 윌리엄을 먼저 자극하진 않았는지 확인하기 위해 여러 명이 라미카에게 질문을 한다. 같은 반 아이들 모두 라미카가 윌리엄에게 자기 좀 그만 괴롭히라고 여러 번 말한 것 말고는 윌리엄에게 아무 짓도 하지 않았다고 증언한다. 우리는 지난 번 회의 때 피에르가 발의한 대로 윌리엄이 자기보다 작은 아이를 괴롭히면 받기로 한 벌칙을 또 받게 하자는 데 중지를 모은다. 남을 괴롭히는 녀석의 버릇을 고칠 수 있는 유일한 방법이라는 데도 대부분 이견이 없다.

라미카가 지난 번 피에르를 도와 윌리엄을 깔고 앉았던 도우미 다섯 명을 다시 자기 도우미로 지명하는 동안, 나는 지난 번 윌리엄에게 경고한 대로 회의에 불참한 벌까지 내리자고 제안할까 잠시 고민하다가 관두기로 한다. 어차피 녀석은 지금도 충분히 벌을 받게 될 테니까.

회의가 끝나자마자 라미카는 도우미들을 몰고 윌리엄을 찾아 나선다. 하지만 윌리엄은 어디에도 없다. 나는 녀석이 자기 교실의 열린 문 뒤에 숨어 있다는 사실을 눈치챘으면서도 아이들이 윌리엄 못 봤냐고 물을 때 고개를 젓는다. 나는 이번에도 극적효과를 최대한 살릴 셈이다. 이미 윌리엄은 '깔고 앉기'를 두 번이나 당했고, 우리는 이런 과격한 수법이 일상화되는 것을 결코 원치 않기 때문이다. 이번에도 윌리엄이 정신을 차리지 못한다면, 우리는 남을 괴롭히는 녀석의 버릇을 고칠 다른 수단을 강구해야 할 것이다.

윌리엄이 학교 밖으로 도망친 게 아니냐는 추측이 난무하는 가운데,

아이들은 윌리엄을 찾아내려고 학교 구석구석을 더 샅샅이 뒤진다. 마침내 한 아이가 문 뒤를 들여다볼 생각을 해내고, 은신처를 들켜버린 윌리엄은 머쓱한 표정을 짓는다. 그리고 자신에게 내려진 정의의 심판을 받아들였다는 듯이, 도망갈 생각도 하지 않는다. 오히려 아이들이 자기를 깔고 앉을 수 있게 아예 도와주기까지 한다.

아이들이 윌리엄을 카펫 위에 눕히고 단단히 붙잡자, 윌리엄은 바로 울먹이면서 외친다. "알았어! 알았다고! 이제 그만할게. 라미카, 이제 너 안 괴롭히겠다고 약속할세."

라미카와 도우미들은 윌리엄을 눕혔을 때와 똑같이 조심스럽게 다시 일으켜준다. 그러고는 문제가 발생하기 전에 만들던 콜라주에 윌리엄을 포함한 반 전원이 다시 몰두하기 시작한다.

오전이 다 갈 무렵, 윌리엄은 내 교실을 통과하는 길에 아이들이 자기를 깔고 앉았던 일에 대해 아무런 두려움이나 수치심 없이 말한다.

"이번에는 1분밖에 안 깔려 있었어요." 윌리엄이 자랑스럽게 말한다.

"또 그런 벌칙 받아야 될 것 같아?"

"아뇨!"

녀석의 예상은 적중했다.

윌리엄처럼 고집스러운 아이를 다룰 때는 대개 과유불급이 원칙이다. 윌리엄이 다른 아이를 괴롭히는 것이 이번이 마지막이 아니었다면, 우리는 또래 집단이 녀석을 깔고 앉게 하는 방법을 폐기하고 아이디어 회의를 해서라도 다른 방법을 시도했을 것이다.

며칠 뒤 윌리엄은 또 전체회의를 땡땡이쳤다. 이번에는 회의 안건이 윌

리엄과 상관없었기 때문에 나는 예전에 경고했던 대로 윌리엄이 수영을 못하게 하자고 발의한다. 발의는 만장일치로 통과가 되고, 회의에 없었으니 이를 알 리 없는 녀석에게 나쁜 소식을 전하는 역할도 내가 맡기로 한다.

하필이면 오늘이 수영장 가는 날이다. 나는 점심식사가 끝날 때까지 윌리엄에게 말을 꺼내지 않는다. 자기가 학교에서 제일 좋아하는 활동 중 하나인 수영을 오늘 못할 거란 말을 아침부터 들었다가는 오전 내내 씩씩댈 게 뻔하기 때문이다.

점심식사 후 윌리엄에게 전체회의에서 내 발의가 통과되었다고 말해주자 녀석은 순간 울상을 짓는다. 하지만 진정한 전사답게 바로 일그러진 표정을 수습하더니 이렇게 대꾸한다. "그럼 나 수영장 안 가요. 나 억지로 가게 만들기만 해봐라." 그러고는 다들 수영장에 갈 채비가 끝날 때까지 그 말을 주문처럼 되뇐다.

아니나 다를까, 윌리엄은 다른 아이들을 따라 나서지 않겠다고 버틴다. 데이브는 녀석을 안아서 승합차에 태우고 수영장에 도착해서는 또 안아서 건물 안으로 들어간다. 윌리엄은 건물로 들어설 때까지 고래고래 악을 쓴다. "나 수영장 안 가! 나 수영장 안 가!"

도심 저소득층을 위해 백 년 넘게 운영된 이 시설에서 오랫동안 근무해온 베테랑 수영장 구조원은 광분하는 윌리엄을 보고도 눈 하나 깜짝하지 않는다. 시원한 물속으로 신나게 뛰어드는 스무 명의 아이들이 내는 왁자지껄한 소리가 메아리치며 울려 퍼지자, 윌리엄의 분노에 찬 고함소리는 이내 묻혀버린다. 다른 친구들이 수영장에서 자기만 빼고 재미나게 노는 광경을 보자, 윌리엄의 분노는 극에 달한다. 벤치에 앉아 윌리엄 곁을 지키던 데이브가 부드럽게 아이를 끌어안아 자기 무릎에 앉힌다. 어른 품에 안전하게 안겨서 완전히 분노를 분출할 수 있게 해주기 위해서다. 데이브는 아이의 다리가 자기 허리를 감고 아이의 가슴이 자기 가슴과 맞닿을 만큼 아이를 꼭 끌어안는다.

윌리엄의 고함소리가 짐승의 포효처럼 커지기 시작하자, 데이브는 아이에게 말한다. "윌리엄, 너 꼭 사자 우는 거 같다."

윌리엄은 그렇게 15분 내지 20분 정도 울부짖는다. 아이의 분노는 음악이 되어 오래된 건물 안을 가득 채운다. 아이는 마침내 분노의 에너지를 소진하더니 곧 바로 밀려오는 공포에 휩싸인다. 이제 아무 소리도 내지 않고 얼굴을 일그러뜨린 채 하염없이 눈물을 흘린다.

그러다가 윌리엄은 다시 몸부림치기 시작하더니 연신 이렇게 외친다. "데이브! 제발 나 좀 놔주세요. 숨을 못 쉬겠어요."

데이브는 자기가 윌리엄을 너무 꽉 안고 있진 않은지 다시 확인한다. 그러고는 윌리엄의 귀에 나지막이 속삭이며 아이를 달랜다. "윌리엄, 괜찮아질 거야. 아까는 진짜 화가 났던 거고, 지금은 무서워서 그러는 거야."

윌리엄은 소리친다. "데이브, 나 진짜 놔달라니까요. 골이 너무 아파요. 나 죽을 것 같아. 죽을 것 같단 말이야."

데이브는 계속 아이를 진정시킨다. "괜찮아, 윌리엄, 괜찮아. 너 안 죽어. 아까처럼 화가 엄청나게 나면 무서운 건 당연한 거야. 너 기분 나아질 때까지 선생님이 조금만 더 안고 있을게."

윌리엄은 분노를 터뜨릴 때보다 더 빨리 두려움을 극복한다. 온몸이 이완되어 축 늘어지더니 학교로 돌아갈 시간이 될 때까지 자기를 안고 흔들어주면서 부드럽게 머리와 어깨를 쓰다듬어주는 데이브의 품에 몸을 맡긴다.

이번에도 윌리엄은 극단적인 상황에서만 사용되는 극약처방 같은 물리적 개입의 대상이 되었다. 우리는 정서장애아 치료법을 응용한 이 개입 방법을 '안고 있기'라고 부른다. 기본 취지는 개입하는 어른이 분노가 폭발하기 일보 직전인 아이를 끌어안음으로써 아이가 자신이나 타인을 해치지 않으면서 정신적 압박을 풀 수 있도록 돕는 것이다. 여기서 중요한 것은 어른이 절대 화를 내거나 아이를 비난하거나 아이에게 어떤 행동을 기대하는 마음을 가져서는 안 된다는 것이다. 이상하게 들릴지 몰라도, 안고 있기는 애정 어린 행위이며, 아이가 자기 안에 쌓인 분노를 안전하게 분출할 수 있도록 돕는 것만이 유일한 목적이다.

그런데 윌리엄은 어쩌다 그 어린 나이에 벌써 그렇게 분노가 폭발할 만큼 쌓였을까? 나는 아마 아주 어릴 때부터 벌을 자주 받고 때로는 아주 심하게 받는 집안 분위기가 한 몫 하지 않았나 싶다. 다행히 윌리엄 아빠는 더 이상 아들을 때리지 않는다고 한다. 체벌의 가장 큰 문제는 아이에게 모욕과 공포를 안겨주고 나중에는 분노와 증오로 남아서 결국 매로 고치려 했던 바로 그 행동을 오히려 강화하는 결과를 낳는 데 있다. 윌리엄 아빠는 어린 아이가 두려움을 느끼기에 충분할 만큼 거구이다. 그러니 아빠가 협박을 하거나 허리띠를 휘두르지 않더라도, 아이는 아빠한테 대놓고 화를 내는 것 자체가 위험하다고 느낄 것이다. 따라서 윌리엄은 어려서부터 분노를 삼키는 법을 배울 수밖에 없었고, 여태까지 그 엄청난 감정을 억누르고 감추느라 가슴과 목 근육이 늘 딱딱하게 굳어 있었던 것이다.

하지만 데이브는 엄격하고 위압적인 존재와는 거리가 멀었고, 윌리엄은 데이브의 품에서는 감정을 분출해도 안전하리라는 사실을 본능적으로 알고 있었다. 그래서 그렇게 무섭게 감정을 폭발시킨 것이다. 꽉꽉 눌러 담았던 그 많은 감정을 다 비워내자, 평소에 굳어 있던 몸이 확 풀어지면서 무방비 상태가 된 윌리엄은 아무런 경계심 없이 데이브의 애정 어린 위로를 받아들이게 되었다.

윌리엄은 그 후 몇 차례 소집된 전체회의에 꼬박꼬박 참석한다. 그런데 안타깝게도 녀석은 사람들이 자기를 회의에 끌어나 앉혀 놓은 것을 후회하게 만들려고 작정한 듯 끈질기게 회의 진행을 방해한다. 의장의 제재도 점점 더 안 먹히고 있다. 윌리엄이 자기와 아무 상관없는 문제를 논하는 자리에 가만히 앉아 있기 힘들다는 건 이해한다. 하지만 다른 여섯 살배기 아이들은 다 참고 있는데 윌리엄만 봐줄 수도 없는 노릇이다. 왜냐하면 전체회의는 무엇보다 학교가 개개인의 오합지졸이 아니라 진정한 공동체로 기능할 수 있게 해주기 때문이다.

오늘 윌리엄이 회의진행을 또 방해하자, 나는 윌리엄이 회의에 불참하면 수영을 못하게 하는 결의안을 수정하자고 다시 발의한다. 윌리엄이 전체회의 때 자꾸 말썽을 일으켜 의장이 윌리엄을 퇴장시킬 수밖에 없다고 판단하면, 회의를 빠졌을 때와 똑같은 벌을 내리자는 제안이다. 내 발의가 토의도 거치지 않고 통과되자, 윌리엄은 표정이 굳어지더니 회의가 끝날 때까지 모범적인 자세로 회의에 임한다.

하지만 며칠 후 또 전체회의가 소집되자, 윌리엄은 옛날 버릇을 못 버리고 또 소란을 피운다. 나는 의장이 윌리엄에게 수정된 결의안을 상기시켜 줄 것을 권한다. 하지만 윌리엄은 잠시 주춤하나 싶더니, 다시 회의 진행을 끈질기게 방해한다. 결국 의장은 할 수 없이 윌리엄을 주방에 있는 접이식 의자로 보낸다. 전체회의에서 퇴장당한 사람을 위한 전용의자다.

놀랍게도 윌리엄은 다음 수영장 가는 날이 되자 다른 아이들과 함께 순순히 승합차에 올라탄다. 이번에도 물속에 못 들어가고 벤치에서 구경만 해야 되는 줄 알면서도 말이다. 이번에는 데이브가 아이들과 물속에 들어가고 내가 윌리엄 옆에 앉는다. 알고 보니 녀석은 전략을 바꾼 모양이다. 몇 분이 지나자 윌리엄은 태연한 표정으로 벤치에서 일어나더니 조금씩 물가로 다가가면서 계속 내 눈치를 살핀다. 나는 윌리엄이 접근한 쪽이 물이 얕은 쪽이라 위험해질 일은 없다고 판단하고 녀석을 못 본 척 하기로 한다.

윌리엄은 물속에 있는 아이들의 관심을 끌기 위해 별별 짓을 다하지만 그다지 큰 효과를 거두지 못한다. 윌리엄이 아무리 욕을 퍼붓고 약을 올려도 아이들은 물놀이에 신이 나서 윌리엄에게 눈길 한 번 제대로 주지 않는다. 다시 곁눈질로 윌리엄이 무슨 짓을 하나 보았더니 이번에는 옷을 입은 채로 아예 수영장 가장자리에 엎드려 팔을 물에 담가 휘젓고 있다. 긴팔 스웨터가 팔꿈치까지 축축해졌다. 녀석은 또 내 반응을 살피지만, 나는 다시 데이브 쪽으로 고개를 돌려 하던 얘기를 계속한다. 물이 깊은 쪽 벤치에 앉은 구조원이 의아한 표정으로 나에게 고갯짓을 한다. 나는 구조원에게 내가 알아서 하겠다는 신호를 조용히 보낸다. 구조원은 수 년 동안 우리를 봐왔기 때문에 우리가 특이한 행동을 많이 한다는 사실을 익히 알고 있다.

윌리엄이 다시 일어서더니 내가 있는 곳에서 제일 가까운 쪽 물속으로 내려가는 계단을 향해 슬금슬금 다가간다. 이제 나와 윌리엄 사이의 거리는 몇 미터로 좁혀진 상태다. 그래서 녀석이 발목까지 오는 농구화를 신은 채 첫 계단을 내려가는 광경을 안 볼래야 안 볼 수 없다.

나는 익살스런 미소를 날리는 녀석에게 같이 웃어주며 말을 건넨다.

"어때, 윌리엄?"

다른 아이가 바닥에 손을 딛고 물속에서 물구나무 서기를 하는 자기를 봐달라고 나에게 소리치는 순간, 윌리엄이 두 번째 계단을 내려가는 모습이 내 시선 끝에 걸린다. 이제 물은 거의 무릎까지 올라왔다. 우리 둘은 마치 눈싸움의 달인처럼 서로를 노려본다. 과연 누가 먼저 눈을 깜빡일 것인가? 다행히 나머지 아이들은 물놀이에 정신이 팔려 윌리엄의 만행을 보지 못한다. 나는 윌리엄에게 당장 물에서 나오지 못하겠냐고 소리를 지를까 아니면 뛰어가서 아예 그 고집쟁이를 물속에 빠뜨려 세례를 줄까 고민한다. 하지만 내가 마음을 정하기도 전에 녀석은 스스로 올라오더니 흠뻑 젖은 운동화를 흔들어 물기를 빼낸다.

학교로 돌아갈 시간이 되자 윌리엄은 싱글벙글한 얼굴로 물을 뚝뚝 흘리며 승합차에 올라탄다. 다행히 도착했을 때 벗어 놓았던 외투를 젖은 옷 위에 걸쳐서 추위는 웬만큼 막을 수 있다. 3시에 자기를 데리러 올 엄마에게 윌리엄이 자기 꼴을 어떻게 설명할지 기대가 된다. 이제는 윌리엄 엄마도 우리가 평범함과 거리가 멀다는 사실을 알고 있다.

며칠 후 라미카가 또 전체회의를 소집한다. 이번에는 같은 반의 캐시라는 여자아이 때문이다. 듣자하니 라미카가 오랜 시간 공을 들여 완성한 그림에 캐시가 낙서를 해서 망쳐놓고는 문제를 해결할 생각은 하지 않고 연거푸 "내가 안 그랬어. 난 몰라."라고만 내뱉는다는 것이다.

캐시가 오리발을 내밀며 의사진행을 막는 바람에 전체회의가 평소보다 길어지는데도 윌리엄은 회의를 전혀 방해하지 않는다. 오히려 토론에 동참해 캐시에게 잘못을 시인하라고 권유하고, 라미카한테 사과하고 다시는 안 그러겠다고 약속하면 된다고 조언한다.

윌리엄과 가까운 자리에 앉은 사람들은 녀석이 혼자 중얼거리는 소리를 듣는다. "나 다시는 수영 못하면 안 돼."

그런 윌리엄의 의지가 시험을 받는 요즘이다. 유난히 전체회의가 잦아졌기 때문이다. 보아하니 녀석은 전체회의 내용에 관심이 있으면 회의에 집중하고 방해를 하지 않을 뿐만 아니라 간간이 토론에 참여하기도 한다. 그런데 회의 안건이 자기와 별로 상관이 없을 때는 금방 지루해하고 가만히 앉아 있지 못한다. 윌리엄만 그런 것도 아니다. 그래서 우리도 아주 어린 아이들에게는 되도록 관대하려고 노력한다. 어쨌든 지금으로서는 회의가 따분해져도 끝까지 참고 앉아 있을 만큼 수영을 하고 싶은 마음이 윌리엄에게 충분한 동기가 될지 두고 봐야 하겠다.

요즘 윌리엄의 전체회의 참여 태도가 개선되었다는 점을 다른 아이들도 인정해서인지, 오늘은 윌리엄이 처음으로 의장 추천을 받는다. 결국 선출되지는 않지만, 녀석은 아주 뿌듯해하는 눈치다.

그리고 며칠 뒤, 웬일로 윌리엄이 전체회의를 소집한다. 아이들이 찍고 있는 영화에서 방금 쫓겨나서 화도 나고 기분도 상하고 소외감도 느끼는 모양이다. 경찰과 강도가 등장하는 액션 영화인데, 지금은 고학년 아이들이 쓴 대본과 냉장고 박스로 만든 소품을 가지고 촬영에 들어갈 준비를 하는 중이다. 윌리엄은 자기 반 아이들과 함께 유랑하는 도적패 역할을 맡았는데, 녀석이 단역에 불만을 품은 모양이다. 여러 번 경고를 줬는데도 리허설 때마다 장난을 치며 방해를 하더니 오늘 아침에는 급기야 큰 소리로 말장난을 하고 총을 난사하는 시늉을 하다가 영화촬영을 주도한 열 살짜리 여학생 둘한테 쫓겨나고 만다. 세트에서 추방당한 것이다.

윌리엄은 무슨 문제로 전체회의를 소집했는지 명료하게 설명하고, 두 여학생은 왜 녀석을 쫓아낼 수밖에 없었는지 열을 올리며 해명한다.

"영화에 못 끼워주는 건 미안한데, 너 때문에 계속 리허설 망치는 거 질렸단 말이야."

약삭빠른 윌리엄은 누나들의 말을 부인하기보다는 거부당해 상처 받았다는 표정을 짓는다.

회의가 끝날 무렵, 윌리엄은 다시 손을 들더니 적당히 공손한 말투로 누나들에게 애원한다. "나 한 번만 더 기회 주면 안 돼? 제발!"

두 여학생이 단호한 말투로 대꾸한다. "딱 한 번이다. 그다음엔 국물도 없을 줄 알아. 그리고 혹시 또 쫓겨나도 그땐 전체회의 소집하지 않겠다고 약속해."

"알았어. 약속할게." 윌리엄이 싱글벙글 웃으며 대답한다.

윌리엄이 자기 문제를 해결하기 위해 스스로 전체회의를 소집해서 만족스러운 성과를 얻은 모습에 다들 흐뭇해하는 것 같다. 어쩌면 오늘 일을 계기로 윌리엄은 자기와 관련 없는 문제로 열리는 회의에도 성실하게 참석하겠다는 의지를 더욱 굳힐지도 모른다.

윌리엄은 더 이상 문제를 일으키지 않고 리허설에 임한다. 윌리엄이 맡은 역은 체포되어 재판을 받고 감옥살이를 하다가 나중에 탈옥하는 인물인데, 녀석은 넘치는 끼와 열정을 발휘해 배역을 멋지게 소화해낸다. 두 감독은 다시 윌리엄을 받아줬던 것을 후회하지 않는다.

그 후로도 윌리엄은 승승장구한다. 드디어 수영장 가는 날이 돌아오고, 점심 전 열린 마지막 전체회의에서 녀석은 뿌듯함을 견디지 못하고 소리를 지른다. "해냈어! 이번 주엔 나도 수영할 수 있어!"

이 순간이 얼마나 역사적인 순간인지 알고 있는 의장은 회의규칙을 어긴 윌리엄의 행동을 눈감아준다.

아홉 번째
이야기
모험이
필요한
아이들

날로 증가하는 가족 분열, 갈수록 심각해지는 육체적, 성적, 정신적 학대, 환경오염에 따른 유독성 물질과 에스트로겐 유사물질이 뇌 발달에 미치는 영향, 어마어마한 당분 섭취량, 그리고 아직도 제대로 연구되지 못한 텔레비전, 컴퓨터, 비디오 게임과 같은 전자기기의 홍수가 미치는 영향 등 고려해야 하는 요인들이 너무나 많다. 그러나 궁극적으로 이 모든 것 중에 가장 막강한 영향력을 미치는 요인은 바로 텔레비전이다.

데미안의 심리상담사를 만난 뒤로는 모든 당사자들이 한시름 놓을 수 있게 된다. 데미안의 반항심이 감당할 만한 수준으로 줄어들면서 데이브는 반 아이들이 계획하고 있는 여행에 데미안도 끌어들인다. 아이들은 YMCA가 운영하는 야영수련장에 다녀올 계획인데, 몇 백 달러 되는 여행경비를 반 전원이 역할 분담을 해서 모아야 한다. 이 때문에 데미안은 어떻게 돈을 모금할지를 놓고 벌어진 여러 차례 토론에 참여하게 된다. 아이들은 두 가지 행사를 진행하기로 최종 합의한다. 하나는 인근 초콜릿 공장에서 기증한 초콜릿 막대사탕을 파는 것이고, 또 하나는 잡지를 발행하는 것인데, 데미안은 잡지에 글을 기고하기로 한다.

뉴욕 북부 애디론댁 산맥 조지호에 위치한 야영수련장은 미국 동북부 지역에서 최고의 하이로프코스(높은 곳에 매달린 외줄을 타는 체험 코스_옮긴이)를 자랑한다. 데이브네 반 여학생 한 명은 그곳에 있는 동안 등산도 할 거라고 말하고 다닌다. 계획된 프로그램이 만만치 않으리라는 예상, 사흘이나 집을 떠날 생각, 그리고 여행경비를 다 모으지 못하면 어쩌나 하는 걱정이 겹치면서 반 전체의 불안지수가 평소보다 높아진다. 들뜬 분위기 덕분에 생긴 부수적 효과는 데미안이 유치부 꼬맹이들보다 또래 아이들과 더 많은 시간을 보내게 되었다는 것이다.

늘 그렇듯 이번 여행 때문에 더 겁이 많이 난 쪽은 남자아이들이다. 그래도 다행히 데미안이 제일 겁을 많이 먹은 아이는 아니다. 래리라는 새로 온 남학생 한 명과 카알이 최고 겁쟁이 자리를 놓고 겨루는 중이다. 래리와 카알은 모금운동에서는 계속 자기 몫을 하면서도 여행에서는 빠질 수밖에 없는 이유를 만들어내느라 바쁘다. 아무튼 모금운동은 성공적으로 진행되고 있고, 데이브가 두 녀석이 여행에서 빠지지 못하도록 부모들과 연락을 주고받는 중이다.

나는 카알이 여행을 가지 않으려는 진짜 이유를 알 것 같다. 녀석은 아직도 밤에 오줌을 싸기 때문이다. 카알은 당연히 진짜 이유를 남들한테 말하고 싶지 않을 것이다. 나는 카알이 혼자 있는 틈을 타 조용히 카알과 이야기를 나눈다. 우선 나도 카알 나이 때는 이부자리에 지도를 그리는 버릇 때문에 외박하기 싫었다고 고백한다. 그리고 옛날부터 같은 고민을 하던 프리스쿨 선배들은 늘 있었고, 이번 여행 중에도 혹시 카알에게 문제가 생기면 데이브가 다른 아이들 눈치 못 채게 조용히 잠옷을 갈아입고 이불을 교체할 수 있도록 도와줄 거라고 카알을 안심시킨다. 우리 둘만의 대화가 끝날 무렵에는 카알의 불안감이 약간은 해소된 듯 보인다.

한편 래리는 사흘이나 엄마하고 떨어져 있는 것 자체를 두려워하는 것 같다. 래리의 엄마는 아이의 일에 사사건건 개입하는 스타일인 데다 정신불안 증세까지 있다. 데이브와 나는 래리가 엄마의 나약함 때문에 독립심을 기르지 못했다고 판단하고, 래리보다는 래리 부모를 공략해서 래리가 꼭 여행을 가게끔 부모가 아들을 설득해달라고 요청한다. 몇 차례에 걸친 긴 대화 끝에 데이브는 래리가 얼마나 사회적 유대감이 부족하고, 또 그래서 반 친구들과 모험을 함께하는 것이 얼마나 중요한지에 대해 부모를 이해시키는 데 드디어 성공한다.

흥미롭게도 데미안은 전혀 뒤로 빠지고 싶은 기색을 보이지 않는다. 어쩌면 애디론댁 출신이라 야생에 대한 두려움이 없어서 그런지도 모르겠다. 아무튼 데미안은 이번 여행을 가장 열성적으로 준비하는 아이로 꼽히고 있고, 여행이 무척 기대된다는 말도 자주 하고 있다.

3월이 금세 지나고 4월이 되자, 브라이언이 속한 반 역시 콜로라도 여행경비를 모으느라 여념이 없다. 아이들은 경품추첨권을 팔고 또 상점과 회사를 방문해 문집에 광고를 내달라고 요청하기 위해 매일같이 시내로 나간다. 기차표를 살 수 있을 만큼의 돈은 이미 모았는데, 그것만으로도 어린 학생 여덟 명으로서는 대단한 성과임에는 틀림없다. 그러나 식비, 회의 참가비, 시카고 관광비를 모을 시간이 앞으로 삼 주밖에 남지 않았다.

모금운동을 성공시켜야 한다는 압박감 때문인지 반 아이들 사이에서 한동안 쌓여가던 서운함이 결국 폭발하고 만다. 최근에는 경품 추첨권과 문집 광고 판매를 주로 여자아이들이 떠맡고 있고, 남자아이들은 자꾸 이런저런 핑계로 시내에 나가지 않고 있다. 브라이언의 경우에는 의욕이 떨어진 이유가 게을러서도, 아니면 너무 곱게 자라서도 아닌 것 같다. 얼마 전까지만 해도 경품을 아주 열심히 모으던 브라이언이다. 또한 여행에 대한 기대도 크고, 향수병도 문제가 될 것 같지 않다. 내 생각에 집을 보름이나 떠나 머나먼 콜로라도까지 다녀오는 것을 두려워하는 사람은 타이런이다. 타이런이 며칠 전부터 이번 여행에서 빠질지도 모른다는 말을 지나가는 말처럼 흘리기 시작하는 바람에 녀석과 제일 친한 브라이언도 덩달아 모금운동에 대한 열의가 식은 것이다.

도시 빈민층 아이들이 장기여행을 두려워하는 것은 꽤 흔한 일이다. 이런 아이들은 안전하다고 느끼는 세계의 경계를 좁게 보는 경향이 있다.

타이런의 경우, 작년 뉴욕 시에서 알바니로 이사 온 것이 처음이자 아직까지는 유일한 장거리 여행이었다. 하지만 세상물정 다 아는 양 폼을 잡는 열네 살 인생이 반 친구들한테 여행가기 무섭다고 고백할 리가 만무하다. 나는 타이런과도 조용히 대화를 시도해봤지만 소용이 없었다.

나는 문제가 너무 커지는 것을 미연에 방지하기 위해 지난주 교사 렉스에게 반 토의를 거쳐 돈이 얼마나 모자라는지 계산한 뒤 그 금액을 8인분으로 나누라고 조언해주었다. 그래서 자기 몫을 다 모은 아이는 여행을 가고, 모으지 못한 아이는 남게 하자고 했다. 이렇게 하면 게으름을 피우던 아이들은 더 분발할 테고, 타이런도 정말 여행을 가기 싫으면 빠져나갈 구멍을 만들 수 있을 것이다.

모금운동의 피날레를 장식할 일일식당은 브라이언에게 그동안의 불성실함을 만회할 기회를 제공한다. 엄마의 애인 짐이 시내의 별 네 개짜리 레스토랑 주방장인데, 녀석이 짐을 일일식당에 동원한 것이다. 짐과 브라이언은 프랑스 요리로 화려하게 일일식당 메뉴를 짰다. 브라이언은 잠시 묵혀 두었던 영업실력을 다시 발휘해 일일식당에 쓸 음식을 기증받는 데 큰 성과를 올리고 있다. 아이들이 목표액을 달성하려면 식당에서 최소 천 달러의 수익을 내야 한다.

한편 데이브의 반은 캠프 친가츠국으로 가는 데 필요한 경비를 성공적으로 다 모았다. 바로 전날까지도 전원 참가가 불투명했지만, 출발하기로 한 날이 밝자 한 명도 빠짐없이 캠핑 장비를 짊어지고 학교에 나타난다. 학교는 열두 명의 흥분한 아이들이 뿜어내는 에너지로 들썩거린다.

앞으로 며칠간 완연한 봄 날씨가 예보된 가운데, 몇 년간 우리 학교 교사로 일했었고 이번 여행에서 아이들 인솔을 돕기로 한 내 아내 벳시는 데이브와 함께 아이들과 짐을 가까스로 학교 승합차에 구겨넣고 캠프장을 향해 출발한다. 출발과 거의 동시에 차 안에서는 미니드라마가 펼쳐진다. 데미안이 마리라는 여학생 옆자리에 앉았는데, 녀석은 얼마 전부터 마리를 자기 여자친구로 찜했단다. 덕분에 데미안은 그 나이에 남녀가 짝지어 다니면 결코 피할 수 없는 놀림거리가 된다. 이로써 데미안은 아이들 사이에서 감도는 불안감을 한 곳으로 모으는 피뢰침 역할을 떠맡는다.

데미안을 가장 심하게 놀리는 친구는 왠지 쓸쓸해 보이는 래리다. 알고 보니 래리도 마리를 좋아하는 모양이다. 여행에 따라나서긴 했지만 여전히 찜찜함을 떨치지 못한 카알도 바로 데미안을 놀리는 데 합세한다. 따돌림을 당하는 데 오래 전에 이골이 난 데미안의 반응도 뻔하다. 자기를 놀리는 남자아이들한테 온갖 욕을 퍼붓는다.

뉴욕을 가로질러 북으로 향하는 차 안은 키득거리고 옥신각신하고 욕을 해대는 소리로 한시도 조용한 순간이 없다. 데이브와 벳시가 얼마나 정신 사나운지는 말할 것도 없다.

야영장에 도착한 아이들은 남자숙소와 여자숙소로 나뉘어 짐을 푼 뒤 호숫가 풀밭에 다시 모여 피크닉으로 점심을 때운다. 참 아름다운 자연풍경이긴 한데, 단 한 가지 흠이 있다면 바로 검정모기다. 5월은 검정모기가 가장 기승을 부리는 시기라서 이제부터 모든 야외활동 중에는 굶주린 모기떼의 습격을 각오해야 한다. 벳시가 잊지 않고 가져온 곤충기피제가 괴로움을 줄여주긴 하지만, 평생 도시에서만 살아온 여자아이 세 명이 방충망이 설치된 숙소에서 나오지 않겠다며 난리를 친다. 밖으로 나오라는 데이브나 벳시의 꾐에도 "저놈의 벌레들 때문에 못살아!"라고 비명만 질러댄다.

그 와중에 래리가 누군가 자기 물건을 건드렸다는 사실을 발견하면서 남자아이들 사이의 다툼이 본격적인 갈등으로 비화된다. 래리 엄마가 비타민 삼종세트에서부터 칼라민 로션, 반창고, 항생제 연고에 이르기까지 약이란 약은 다 챙겨서 한보따리 싸준 모양이다. 그런데 그중 몇 가지가 없어진 것이다. 다행히 래리는 제일 의심이 가는 데미안과 주먹다짐이 일어나기 전에 전체회의를 소집하기로 한다.

래리는 사람들에게 자기 짐을 아무리 뒤져도 비타민 E 오일과 선글라스를 못 찾겠다고 말한다. 그리고 숙소에 뭔가 가지러 들어왔더니 자기 침대 위에 약이 든 가방이 지퍼가 열린 채 놓여 있었고, 침대 옆에 데미안이 서 있었다고 설명한다.

"아까 놀러 나갈 때는 지퍼가 채워져 있었거든요." 래리가 말한다.

"근데 너네 엄만 그 많은 약을 왜 싸줬다니?" 화창한 봄날 실내에 앉아 전체회의를 하고 있는 게 짜증이 나서 검정모기 공포증마저 잠시 잊은 바네사가 묻는다.

래리가 대답한다. "몰라. 우리 엄만 만날 내 걱정만 한다니까."

벳시가 개입한다. "문제는 래리 물건이 없어졌다는 거야. 가져간 사람이 있으면 당장 주인한테 돌려줘야겠지."

데미안은 추궁당하지도 않았는데 불쑥 말한다. "내가 그런 거 아녜요."

"그럼 래리 침대 옆에 왜 서 있었는데?" 또 다른 아이가 묻는다.

"왜 카알은 의심 안 하는 건데? 재 만날 남의 물건에 손대잖아."

카알이 바로 받아친다. "데미안, 나한테 뒤집어씌울 생각이라면 관두지? 나 오늘 하루 종일 밖에서 놀고 있었거든."

그러고는 이렇게 말을 잇는다. "너 래리가 차 안에서 놀린 거 때문에 화가 나서 그런 거잖아."

싸움 구경에 신이 난 바네사가 끼어든다. "나라도 너희들이 나랑 남자 친구 그렇게 놀려대면 화나겠다."

데미안이 앓는 소리를 내기 시작한다. "다들 나만 미워해."

이번에는 데이브가 대꾸한다. "데미안, 왜 그래? 아무도 너 미워하지 않는다는 거 너도 알잖아. 넌 꼭 사고치고 궁지에 몰리면 다들 너만 미워한다고 그러더라."

벳시도 한 마디 거든다. "그리고 우리가 이러려고 여기 온 게 아니잖아? 너희들 이번 주에 여기 올 수 있게 시간 조정하느라고 내가 얼마나 캠프 측에 사정사정했는지 알아? 너희들 멋지게 도전하는 거 보려고 그랬더니, 여기까지 와서 이런 일로 시간낭비 할거야?"

데이브는 또 데미안이 마음의 문을 닫아버리기 전에 차 안에서 있었던 일에 대한 토론을 시작한다.

"너희들 이번 여행에 오기 싫었던 사람도 있는 거 알아. 자신의 두려움과 싸우기보다는 남한테 화풀이하는 게 더 속편할 수도 있겠지. 하지만 내일 하이로프코스에 도전하는 것도 다 두려움 때문에 주저앉지 않고 두려움을 정면으로 돌파하는 훈련을 하기 위해서야."

"그거 꼭 해야 돼요?" 카알이 묻는다.

데이브는 대답한다. "여기 있는 동안 자기 하고 싶지 않은 건 억지로 할 필요 없어. 안전에만 신경 쓰고 캠프 수칙만 지키면 돼."

벳시가 토론을 이어간다. "다들 자기는 무엇을 무서워하는지 말해볼까?"

바네사가 한 치의 망설임도 없이 대꾸한다. "저놈의 벌레들이요! 날 잡아먹을 것처럼 덤빈단 말이에요."

애들은 각자 생각에 잠기면서 조용해진다. 벳시가 또 다른 질문으로 침묵을 깬다. "깜깜한 거 무서워하는 사람 있어?"

아이들 몇 명이 손을 든다.

벳시가 말을 이어간다. "여긴 밤 되면 진짜 깜깜한데. 도시의 불빛에서 멀리 떨어져 있으니까. 그런데 별이 나오면 정말 볼만 해. 하늘이 다이아몬드로 수놓은 것 같다니까."

카알이 손을 들더니 이렇게 얘기한다. "난 내가 없는 동안 동생한테 나쁜 일 생길까봐 무서워요."

데이브가 대꾸해준다. "너 진짜 라미카한테 신경 많이 쓰는구나. 라미카는 카알 같은 오빠 있어서 좋겠다."

데미안도 입을 연다. "난 높은 데 올라가는 게 무서워요. 그래도 내일 하이로프에는 도전할 거예요."

데이브가 바로 응수한다. "하지만 래리가 잃어버린 물건 못 찾으면 내일 하이로프고 뭐고 없어. 데미안, 그냥 네가 가져갔다고 자백하고 돌려주는 게 어때? 그럼 다들 더 이상 시간낭비 안 해도 되잖아."

데미안이 손을 엉거주춤 올린 채 불만 섞인 목소리로 말한다. "그래요. 내가 가져갔어요." 그러고는 더 큰 소리로 덧붙인다. "근데 잰 당해도 싸!"

데이브가 다시 나선다. "래리, 너 아까 차 안에서 데미안한테 말 좀 심하게 하긴 했어."

이번에는 래리의 손이 슬그머니 올라간다. "미안해, 데미안."

전체회의는 데미안이 다시는 래리의 물건을 건드리지 않겠다고 약속하면서 끝난다.

하이로프코스는 이 사고뭉치 아이들에게 그야말로 명약처방이다. 어떤 녀석들은 자신의 존재를 편안하게 받아들이고 살지만, 어떤 아이들은 여전히 자의식이 불안정한 상태다. 이런 아이들이 함께 참가하게 될 하이로프코스는 아주 세밀하게 구조화된 체험 프로그램으로, 참가자들은 캠프 직원과 자일로 연결된 암벽 등반용 벨트를 매고 높은 곳에서 외줄타기를 한다. 안전을 기하는 데 지나치다 싶을 정도로 신경을 쓰기 때문에 사실상 전혀 위험하지 않다. 하지만 9미터가 넘는 높이에 설치된 가느다란 통나무를 건너려는 사람에게는 위험하지 않다는 사실이 실감날 리가 없다.

캠프 직원이 안전장비와 절차에 대해 많은 시간을 할애해 시범을 보인다. 그러고는 데이브와 벳시와 아이들에게 몇 가지 협동심과 문제해결 능력을 강화할 수 있는 게임을 시킨다. 팀 전원이 일심동체가 되어야만 통과할 수 있는 게임들이다. 한 게임에서는 팀 전원이 손바닥 두 장 넓이가 채 안 되는 작은 나무판자 위에 모두 올라타야 한다. 팀은 배꼽이 빠지도록 웃어대며 15분간의 시행착오를 겪은 끝에 드디어 이 불가능해 보이는 미션을 수행할 방법을 찾아낸다.

하지만 이는 더욱 불가능해 보이는 다음 게임을 위한 몸 풀기에 불과하다. 다음 게임에서는 데이브와 벳시를 포함한 팀 전원이 가파른 3미터짜리 나무 벽을 넘어야 한다. 처음에는 아이들이 데이브와 벳시가 먼저 올라가서 나머지 팀원들을 끌어올리는 전략을 택한다. 게임이 계획대로 잘 풀리는가 싶더니 월터가 올라갈 차례가 되면서 난관에 봉착한다. 녀석은 어른들이 끌어올리기에도, 밑에 남은 아이들이 받쳐주기에도 너무 무겁다. 아이들은 2차 시도에서 전략을 수정한다. 우선 벳시를 가장 먼저 위로 올려주어, 벳시가 팔을 뻗어 월터 손을 잡을 수 있도록 한 뒤 데이브가 아이들과 함께 월터를 들어올린다. 모든 사람이 온갖 신음소리를 내가며 한참 동안 기를 쓴 끝에, 월터는 벽 위에 올라가 벳시 옆에 선다. 그다음에는 데이브가 올라가고, 힘 좋은 세 명이 나머지 아이들을 가뿐히 끌어올린다. 곧 열네 명 모두 벽 위에 서서 박수와 환호성으로 성공을 자축한다.

본격적으로 로프를 타기 전에 이런 팀 훈련을 받는 데는 중요한 이유가 있다. 한 사람씩 허공에서 로프를 탈 때마다 밑에 있는 나머지 팀원들은 그 사람이 공포를 극복할 수 있도록 격려와 지지를 보내주는 임무를 맡기 때문이다. 모든 개인 도전도 단체 도전으로 간주되는 것이다. 아이들은 금세 단결을 이룬다. 여행경비를 조달하느라 이미 상당한 결속력을 다진 까닭일 것이다.

캠프 직원이 팀을 세 조로 나눠서 첫 조에게 벨트와 안전모를 착용하고 나무 위로 오를 준비를 하라고 지시한다. 공중에서 하는 장애물경기와도 같은 로프코스의 구성요소는 난이도가 각각 다르다. 모든 참가자는 스스로 책임 질 수 있을 만한 목표를 정한다. 참가자는 자신의 두려움에 정면으로 맞서 도저히 더 이상 갈 수 없을 것 같은 한계지점을 돌파하고 조금만 더 가면 된다. 도저히 공포를 감당할 수 없어 포기하더라도 전혀 낙오자로 낙인찍힐 염려는 없다.

데미안이 제일 먼저 도전하겠다고 나선다. 현명하게도 상대적으로 난이도가 조금 낮은 코스를 정한다. 약 12미터 간격으로 떨어진 견고한 소나무 두 그루 사이에 약 7.5미터 높이로 설치된 케이블까지 거대한 그물사다리를 기어 올라가 케이블을 타고 한쪽 끝에서 반대쪽 끝까지 가야 미션이 끝난다. 데미안은 그물을 한 삼분의 일 오르다가 공황상태가 되고 만다. 아이가 그물에 달라붙어 더 오르지도 다시 내려가지도 못하고 온몸을 바들바들 떨고 있는 동안, 밑에서는 응원을 계속한다.

"데미안! 넌 할 수 있어!"

"벌써 많이 올라갔잖아!"

"겁나도 괜찮아. 겁난다고 멈추지만 않으면 돼."

친가츠국 캠프 리더가 데미안에게 자신이 안전줄과 연결되어 있다는 사실을 상기시켜준다.

"데미안, 혹시 그물을 놓치더라도 내가 붙잡고 있으니까 넌 땅으로 떨어지지 않아. 너 벌써 거의 반쯤 올라왔잖아. 그러니까 마저 올라오는 게 다시 내려가는 것보다 낫지 않겠어? 더 무서울 것 같지만 그게 더 쉬워."

데미안이 조심스럽게 한 발 더 올라가자 밑에서는 환호성이 터진다. 점점 더 자신감이 생긴 데미안은 더 이상 머뭇거리지 않고 그물을 마저 오른다. 그리고 케이블 한쪽 끝에 도달해 소나무를 껴안고 서서 또 박수갈채를 받는다.

하지만 더 이상 자축할 시간이 없다. 그물을 오른 것은 예선에 불과하다. 케이블 양 옆으로 손잡이가 되어줄 밧줄이 연결돼 있긴 하지만 반대쪽 끝은 너무나 멀게 느껴지고, 저 밑의 땅도 까마득히 멀어 보인다. 점점 불어나는 데미안의 공포심이 눈에 보인다. 두 눈을 부릅뜨고 겁에 질려 일그러진 표정으로 후들후들 떨고 있다.

밑에서 다시 응원을 시작한다.

담당 카운슬러가 데미안을 계속 설득한다. "똑바로 서는 거 어렵지 않지? 진짜 잘하고 있는 거야. 이제 몸을 돌려서 케이블 위로 한 발자국만 나가봐. 양옆에 밧줄이 균형을 잡게 도와줄 거야. 그리고 혹시라도 발을 헛디디면 내가 안 떨어지게 잡아줄 테니까 걱정하지 말고."

한참을 머뭇거리던 데미안이 드디어 천천히 몸을 돌려 소나무를 놓고 앞으로 한 걸음 내딛는다. 몸의 떨림이 케이블과 밧줄로 전해지면서 케이블과 밧줄과 아이 모두 휘청대지만, 아이는 용케 균형을 잃지 않고 케이블 위에 선다.

카운슬러는 끊임없이 격려의 말을 쏟아내고, 데미안의 반 친구들도 밑에서 카운슬러의 메아리가 되어 응원을 멈추지 않는다.

"해냈다! 한 발자국 뗐다! 첫발이 제일 어려운 법이지. 자, 이젠 건너편 나무에 시선을 고정하고 앞으로 나가면 돼."

데미안은 밧줄에 기대 균형을 잡아가며 앞으로 나간다. 공포는 어느덧 굳은 의지로 변하고, 데미안은 곧 케이블을 건너 반대편 소나무를 껴안는다. 녀석의 입이 귀에 걸렸다. 밑에서 올라오던 박수와 환호가 잦아들자, 데미안은 이제 그만하겠다며 내려달라고 한다.

남은 하루 동안 다른 아이들도 차례대로 하이로프에 도전하면서 데미안과 비슷한 성공의 쾌감을 맛본다. 마지막 클라이맥스는 카알이 장식하는데, 처음에는 로프가 있는 곳까지 올라가는 것도 못하겠다고 버티던 아이가 나무 높은 곳에 설치된 좁은 발판 위에서 하염없이 허공을 응시하다가 드디어 300미터 길이의 자일에 몸을 싣고 중력에 이끌려 쏜살같이 미끄러져 내려와 착지한다. 녀석이 정신적으로나 육체적으로 그 엄청난 장벽을 넘어 마침내 자일에 몸을 맡길 수 있게 한 동기가 과연 무엇이었는지는 아무도 모른다.

우리가 아이들에게 이러한 대자연 속 모험을 체험하게 하는 이유는 여

러 가지가 있다. 앞으로 몇 가지 이유는 자세히 설명하겠지만, 그중 가장 중요한 이유는 텔레비전이 아이들에게 미치는 끈질긴 영향에 맞서기 위해서다.

몇 년 전, 나는 텔레비전을 장시간 시청하는 행위가 ADHD에 수반되는 각종 행동이나 학습장애와 연관성은 없는지 궁금해졌다. 그래서 검색하게 된 것이 호주국립대학교의 사회과학자 메릴린 에머리가 1973년에 수행한 연구다. 에머리는 케이블TV 도입을 검토하고 있던 호주 정부의 위탁을 받아 케이블TV가 호주사회에 미치게 될 사회적·교육적 영향을 연구했다.

에머리가 연구에 착수하며 알게 된 첫 번째 사실은 그동안 텔레비전이 어린이의 사고와 행동에 미치는 영향에 대해 별로 연구된 바가 없다는 것이었다. 에머리가 그동안 나온 연구 자료를 취합하고 분류하는 작업을 마칠 무렵에는 이 분야의 권위자로 인정받게 되었다.

에머리가 발견한 가장 의외의 사실은 텔레비전을 통해 방송되는 내용물보다 텔레비전이라는 매체 자체가 급속도로 발달하는 아이의 뇌에 훨씬 더 큰 영향을 미친다는 것이었다. 이러한 현상은 화면에 나타나는 내용과 상관없이, 초당 50회씩 회전하는 브라운관이 내보내는 비디오 신호 자체가 시각적 정보를 수신해서 처리하는 뇌기능을 급속히 감퇴시키기 때문에 나타난다.

문제는 텔레비전이 단순히 인지능력을 손상시키는 데서 끝나지 않는다는 것이다. 여기서 에머리는 유전적 요인, 가족관계, 기타 환경적 요인 등이 복잡하게 얽히면서 어떤 아이들은 텔레비전의 유해한 영향에 상대적으로 더 취약하다고 지적한다.

이렇듯 텔레비전은 좌뇌를 거의 마비시킴으로써 시청자, 특히 어린아이에게 정신적으로 해로울 뿐만 아니라 정서와 행동에도 상당한 영향을 미친다고 한다. 여기서부터는 프로그램의 내용도 중요한 요인이 된다. 아이들이 텔레비전을 보는 동안, 좌뇌는 점점 수동적으로 변하면서 우뇌에게 통제권을 내주는데, 사실 우뇌의 주요 임무는 외부환경을 탐색해서 중요한 정보를 좌뇌에 전달하는 것이다. 따라서 좌뇌는 거의 수면 상태에 들어갔는데도 우뇌는 감정의 뇌와 함께 계속 텔레비전 화면이 쏟아내는 이미지들에 노출되어 마치 그 이미지들이 현실인 것처럼 받아들이고 반응한다. 정보를 논리적으로 분석하는 좌뇌의 기능은 마비됐는데 우뇌와 감정의 뇌만 요즘 어린이 프로그램까지 침범한 폭력을 액면 그대로 받아들이고는, 잠자고 있는 좌뇌의 협조 없이는 되지도 않는 운동반응 활성화를 자꾸 시도한다. 그러니까 아이의 뇌신경과 근육과 호르몬은 온갖 반응을 일으키며 운동할 준비를 하지만, 적어도 텔레비전이 켜져 있는 한 아이는 꼼짝도 하지 않기 때문에 운동은 일어나지 않고, 결국 수많은 연상작용을 일으키는 텔레비전의 이미지는 뇌를 자극-운동준비-좌절-자극의 악순환에 빠뜨린다. 한 마디로 저자 겸 사회평론가인 마틴 파울리의 말을 빌리자면, "진짜 위기는 텔레비전을 끈 다음에 발생한다."

파울리는 아이들이 텔레비전 앞에 오래 앉아 있을수록 대뇌의 통제력이 약화된 상태에서 벗어나는 데 더 오래 걸리고 방금 본 프로그램이 행동에 더 많은 영향을 미친다는 논리를 펼친다.

심리학자 도로시와 제롬 싱어 역시 같은 결론을 도출했다. 이들은 1970년대 후반과 1980년대 초반에 걸쳐 몇 가지 광범위한 연구조사를 실시하여 텔레비전 시청이 어린아이의 행동에 미치는 영향을 밝히려고 했다. 그 중 「법정신의학 연보Annals of Forensic Psychiatry」에 실린 한 연구에서 연구진은 200명의 유치원생들을 대상으로 일 년에 걸쳐 2

주일 동안 조사를 세 차례 실시했다. 훈련된 조사원이 2인 1조로 움직이면서 유치원생들이 자유시간에 노는 동안 얼마나 공격적인 행동이나 과도한 운동성을 보이는지 관찰하고 각자 기록했다. 동시에 학부모에게는 아이가 보는 프로그램 제목, 폭력의 강도 등을 기록한 텔레비전 시청일지를 부탁했다.

충분히 예상된 결과겠지만, 연구진은 아이들이 보는 프로그램의 폭력성과 아이들이 놀면서 보이는 공격적 행동 및 과도한 운동성 간에 명백한 상관관계를 발견했다. 이미 싱어가 그전에 수행한 연구에서도 같은 상관관계가 증명된 바 있었다. 그러나 이번 연구에서는 전혀 예상하지 못했던 결과가 한 가지 더 나타났다. 모든 데이터를 분석해본 결과, 피험자의 명백한 공격성은 피험자가 '세서미 스트리트'(오랜 전통을 자랑하는 미국의 대표적 어린이 프로그램. _옮긴이)를 얼마나 많이 봤는지를 통해 가장 정확하게 예측할 수 있었다는 것이다. 텔레비전이 뇌신경에 미치는 악영향이 프로그램 내용보다는 매체 자체에 있다는 메릴린 에머리의 연구결과가 재확인된 셈이다.

텔레비전이 아이들에게 미치는 부정적 영향을 기록하는 것을 목적으로 한 연구는 이제 대부분 실시된 지 수십 년이 지났다. 그동안 아이들을 자극하는 텔레비전의 위력은 커져만 갔다. 지난 40년을 아동심리 연구에 바친 조세프 칠튼 피어스는 텔레비전의 영향력 상승을 이렇게 설명한다. 방송업계가 1950년대에 이미 텔레비전이라는 매체가 아이의 뇌를 잠들게 만든다는 사실을 깨닫고 대응에 나섰다는 것이다. 특히 광고주의 우려를 불식할 필요가 있었을 것이다. 방송업계는 자체 신경학적 연구를 통해 이른바 '경악효과startle effect'를 어린이 프로그램에 도입함으로써 아이의 시선을 무한정 사로잡을 수 있다는 사실을 발견하게 되었다.

경악효과란 뇌를 자극하여 비상상황이 벌어지고 있다는 착각을 유도해서 경계상태에 돌입하게 만드는 것을 뜻한다. 방송업계는 처음에는 갑작스럽게 조명이나 음향에 변화를 주고 카메라 앵글을 급하게 바꾸는 방식으로 경악효과를 냈다. 그러나 시간이 지나면 뇌는 이러한 효과를 습관화하고 다시 무뎌지게 된다. 그래서 방송업계는 약 10년에 한 번 꼴로 경악효과의 강도를 높일 수밖에 없었다. 그 결과 요즘 30분짜리 어린이 프로그램에는 폭력적인 요소가 평균 16번이나 등장한다.

텔레비전 시청과 유년기 뇌신경 손상 간의 명백한 인과관계를 증명하는 것은 오늘날 여전히 지난한 과제로 남아 있다. 현재는 『키클롭스의 후예: 텔레비전 시청이 뇌에 미치는 영향The Children of Cyclops: The Human Brain and the Influences of Television Viewing』의 저자 키스 버젤 박사가 메릴린 에머리를 비롯한 선배 연구자들의 업적을 발전시키기 위해 노력하고 있다. 하지만 그의 노력 역시 과학계의 반발과 무관심, 그리고 이에 따른 데이터 부족 때문에 난항을 겪고 있다. 텔레비전을 장시간 시청하는 것이 아이들의 인식 또는 행동에 영구적인 문제를 일으킬 수 있는지에 대해 버젤은 다음과 같은 결론을 내린다.

ADHD와 같은 아이의 상태가 어디서 비롯됐는지를 이해하기 위해서는, 분명한 상관관계가 있지만 너무나 복잡하게 얽혀 있는 요인들과 씨름해야 한다. 날로 증가하는 가족 분열, 갈수록 심각해지는 육체적, 성적, 정신적 학대, 환경오염에 따른 유독성 물질과 에스트로겐 유사물질이 뇌 발달에 미치는 영향, 어마어마한 당분 섭취량, 그리고 아직도 제대로 연구되지 못한 텔레비전, 컴퓨터, 비디오 게임과 같은 전자기기의 홍수가 미치는 영향 등등 고려해야 하는 요인들이 너무나 많다. 그러나 궁극적으로 이 모든 것 중에서 가장 막강한 영향력을 미치는 요인은 바로 텔레비전이다. 텔레비전이야말로 근본적인 뇌신경 반응에 가장 직접적이고 즉각적인 영향을 미침으로써 발달과정에 영구적일지도 모르는 장애를 초래한다.

캠프 셋째 날 아침, 아이들은 애디론댁 산맥에서의 마지막 날을 위해 더 일찍 일어난다. 오늘은 지정된 프로그램 없이 등산을 하기로 한 날이다. 기필코 산을 오르겠다던 티파니의 열망이 이미 다른 아이들에게도 전염되었다. 데이브는 캠프 직원에게 물어 해발 1,000미터가 넘는 벅산 정상까지 올라 아름다운 청록색의 호수를 내려다볼 수 있는 등산로가 있다는 정보를 입수한다. 등산로는 왕복 9킬로미터가 조금 넘는데, 데이브가 가져온 지형도를 보니 급경사 구역도 일부 포함된 것으로 나온다.

아이들은 아침식사를 마치고 각자 자기가 먹을 음식과 물을 짊어진 채 의욕적으로 출발한다. 티파니와 래리가 나머지 아이들이 좇아가기에는 버거운 속도로 재빨리 앞장선다. 두 녀석은 무작정 앞만 보고 돌진하다가 1킬로미터도 못 가 그만 등산로에서 벗어나고 만다. 대장을 자처한 두 녀석을 허겁지겁 따라가던 나머지 아이들도 아무런 의심 없이 등산로를 벗어나 숲으로 들어간다. 낙오자를 챙기기 위해 행렬 맨 뒤를 지키던 벳시와 데이브는 아이들 몰래 의논을 한 끝에 아이들에게 길을 잘못 들어섰다는 사실을 알리지 않고, 밝은 주황색 등산로 표시가 사라진 것을 아이들이 눈치챌 때까지 내버려두기로 한다.

아이들은 몇 분이 지난 후에야 길을 잃어버렸다는 것을 깨닫는다. 한 아이가 놀란 목소리로 소리친다. "야! 여기 등산로 아니잖아!"

바네사가 야심에 부풀어 저만치 앞서 가고 있는 두 대장에게 소리를 지른다. "티파니! 래리! 이리 돌아와! 우리 길 잃어버렸단 말이야!"

다시 한자리에 모여 인원 체크를 끝내고 데이브가 차분하게 묻는다. "이제 어떡할까?"

티파니가 가장 먼저 대답한다. "왔던 길로 되돌아가요. 다시 등산로 표시 나올 때까지."

데이브가 대답한다. "그래도 되긴 되는데, 문제는 우리가 등산로에서 이미 많이 벗어났을지도 모른다는 거지. 그렇다면 왔던 길을 되짚어 가는 게 생각보다 어려울 걸. 결국 지금처럼 계속 헤매기만 할지도 몰라."

데이브는 아이들 여러 명, 특히 데미안과 래리가 약간 공포를 느끼기 시작한 것을 눈치채고는 재빨리 덧붙인다. "하지만 나침판이랑 제대로 된 지도만 있으면 길 잃어버릴 일은 없어." 그러면서 배낭에서 나침판과 지도를 꺼낸다.

지도를 펼치는 데이브에게 한 아이가 묻는다. "우리 지금 어디쯤 있어요?"

데이브가 대답한다. "정확히는 잘 모르겠는데, 지도에는 등산로가 산 정상까지 서쪽으로 뻗어 있거든. 그리고 나침판을 보면 우리가 계속 북쪽으로 가고 있었잖아. 그러니까 다시 등산로와 교차하려면 어느 방향으로 가야할까?"

또 티파니가 대답한다. "남쪽?"

데이브가 고개를 끄덕이며 말을 잇는다. "맞아. 그러니까 계속 나침판을 확인하면서 남쪽으로 가다보면, 조만간 다시 등산로가 나타날 거야. 주황색 표시가 다시 나타나는지 다들 잘 살피면서 가자."

아이들은 아까보다는 조금 느린 속도로 이번엔 데이브를 앞장세워 다시 출발한다. 티파니는 데이브 옆에 바짝 붙어 수시로 나침판을 들여다본다. 티파니 못지않은 의욕을 보이던 래리는 이제 행렬 맨 끝에 있는 벳시 옆에 붙어 쉬지 않고 구시렁댄다. "다리 아파 죽겠네. 돌아가고 싶다." 역시 벳시 옆에 붙은 데미안은 아무 말 없이 걷기만 한다.

티파니가 제일 먼저 등산로 표시를 발견한다. 아이들은 너나할 것 없이 안도의 한숨을 내쉰다. 하지만 등산로가 좁은 계곡 건너편에 있다는 것을 깨닫고는 또 술렁이기 시작한다. 계곡은 얼음으로 뒤덮인 거대한 바위 때문에 건너기가 만만치 않아 보인다.

데이브가 아이들에게 묻는다. "애들아, 어떻게 할까? 여기서 건널래, 아니면 경사도 덜하고 바위도 적은 곳이 나올 때까지 계곡 따라 조금 더 내려가 볼래?"

또 티파니가 나선다. "그냥 여기서 건너자. 자꾸 왔던 길 되돌아가기 싫어. 난 산꼭대기에 가고 싶다고!"

이번에도 티파니의 열정이 아이들을 전염시킨다. 아무도 티파니의 제안에 반대하지 않는다. 모든 아이들이 어렵지 않게 계곡까지 내려가 물을 건넌다. 하지만 등산로가 있는 쪽으로 다시 기어오를 차례가 되자 상황은 전혀 달라진다. 바위는 미끄러운 데가 많고 손으로 잡을 만한 데는 별로 없다. 평소 자신감도 있고 몸도 민첩한 아이들은 데이브와 벳시의 도움을 두어 번 받아가며 그럭저럭 잘 올라가지만, 어떤 아이들은 아예 시도조차 않겠다고 버틴다. 한바탕 소동 끝에 결국 데미안과 래리를 제외한 모든 아이들이 계곡에서 벗어난다.

다시 하이로프를 탈 때와 똑같은 상황이 재현된다.

티파니가 응원을 시작한다. "데미안! 래리! 힘내! 너흰 할 수 있어!"

하지만 데미안은 이미 정신이 반쯤 나간 상태다. "나 못해! 나 지금 숨도 못 쉬겠단 말이야!"

바네사가 대꾸한다. "야, 숨도 못 쉬겠다면서 어쩜 소리는 그렇게 크게 지르니?"

아무리 어르고 달래도 공포에 질린 두 녀석은 꿈쩍도 하지 않는다. 결국 데이브는 자기가 래리와 데미안을 계속 달래서 어떻게든 데리고 가겠다며 벳시에게 다른 아이들을 이끌고 먼저 가라고 한다.

데이브는 부루퉁한 얼굴로 바위에 나란히 앉은 두 녀석에게 말한다. "너희들 잘 들어. 지금 겁이 많이 났지? 괜찮아. 그래도 너흰 할 수 있어. 다른 애들도 다 떨어지지 않고 위까지 올라갔잖아. 어차피 너희도 계곡에서 벗어나려면 올라갈 수밖에 없어."

두 녀석은 데이브의 정확한 상황 판단에 다시 고개를 든다.

데이브가 말을 이어간다. "자, 한번 해보자. 내가 한 사람씩 도와줄게."

데이브는 상대적으로 겁을 덜 먹은 듯한 래리에게 먼저 손을 내민다. 10분 뒤, 래리는 의기충천한 표정으로 가쁜 숨을 몰아쉬며 계곡을 내려다보고 서 있고, 데이브는 데미안을 데리러 다시 계곡으로 내려간다.

"자, 데미안, 이제 네 차례야."

데미안은 이제 거짓말까지 둘러댄다. "난 못해요, 데이브. 우리 엄마가 나 천식 있다고 말했을 텐데, 못 들었어요? 난 그냥 여기서 죽을래요."

데이브가 대꾸한다. "너 천식 같은 거 없고, 이번 여행에서 아무도 안 죽어. 넌 지금 너무 무서워서 이러는 거야. 어제 로프 처음 탈 때처럼."

데이브가 데미안을 일으켜 세운다. "저기 저 위에 래리 보이지? 너도 금방 저 위에 올라갈 수 있어. 자, 날 따라와. 도움이 필요할 때마다 내가 붙잡아줄게."

데미안은 올라가는 동안에도 몇 번씩 용기를 잃지만, 그때마다 데이브는 아이가 공포를 극복할 수 있도록 도와준다. 래리보다 시간이 두 배 더 걸리기는 하지만, 마침내 데미안도 계곡에서 빠져나와 래리만큼 환한 승리의 미소를 짓는다.

이후 세 사람은 별 탈 없이 잘 걸어가다가 정상에 다가갈수록 가팔라지는 등산로 한가운데 다시 멈춰 선다. 유난히 가파른 길목에서 두 녀석이 또 주저앉은 것이다. 래리와 데미안은 합창을 하듯 또 징징대기 시작한다. "나 너무 힘들어요. 이제 돌아가면 안 돼요?"

데이브가 다시 녀석들을 달래본다. "야, 이제 와서 포기하면 어떡해? 그러기엔 너무 많이 왔잖아." 그래도 꿈쩍 않자 이번에는 전략을 바꿔본다. "정상에서 내려다보이는 풍경이 얼마나 아름다울지 생각해봤어? 오늘은 날씨가 너무 맑아서 아마 버몬트도 다 보이고 저 멀리 뉴햄프셔까지 보일지 몰라."

"그러거나 말거나." 래리가 아예 신음소리를 내며 길바닥에 주저앉아 양손으로 머리를 감싸고 괴로워한다. "나 집에 갈래요."

데미안은 일부러 물병을 수풀 속으로 던져버리지만 데이브는 녀석이 하는 짓을 이미 봤다.

녀석은 진지한 표정으로 데이브를 똑바로 쳐다보며 말한다. "나 돌아가야 되겠어요. 데이브. 물통을 잃어버렸어요. 배낭에서 빠졌나 봐요."

등산을 마쳐야 할 시간이 계속 다가오고 있다. 데이브의 인내심 역시 한계에 도달하고 있다. "너 계속 장난칠래? 방금 물통 버리는 거 다 봤어." 데이브는 숨을 크게 들이쉬고는 잠시 생각을 정리한다. 그러고는 다시 말을 잇는다. "잘 들어. 난 정상까지 올라가고 싶어. 너희들이 나랑 같이 가면 좋겠다. 저 꼭대기에 도착하면 기분이 얼마나 좋을지 생각해 봐."

래리가 또 징징거린다. "난 가기 싫어요. 너무 힘들어요."

데미안 역시 합세한다. "나도요."

데이브가 대꾸한다. "알았어. 그럼 그렇게 해. 선택은 너희들이 하는 거니까. 하지만 이건 반드시 내 말 들어야 해. 나 혼자 올라갔다가 다른 사람들 만나서 다같이 너희들 데리러 다시 내려올 테니까, 그때까지 너흰 이 자리에 꼼짝 말고 있어야 된다. 해 떨어진 다음에 산속에서 길 잃으면 큰일 나는 거 알지?"

데이브는 래리와 데미안이 마음을 바꿀 시간을 주기 위해 잠시 뜸을 들인다. 하지만 둘 다 계속 입을 내민 채 아무 말이 없자 다시 묻는다.

"이 자리에서 꼼짝 않겠다고 약속하는 거다?"

"알았어요."

데이브는 뒤도 안 돌아보고 서둘러 떠난다. 그리고 곧 정상에 도달해 4월의 따스한 햇볕을 만끽하며 쉬고 있는 나머지 팀원들과 합류한다. 모두들 숨이 막히도록 아름다운 풍광에 넋을 잃었고, 티파니의 표정은 그야말로 환희에 차 있다. 데이브는 래리와 데미안이 계곡에서는 벗어났지만 조금 더 걷다가 더 이상 가지 않기로 마음먹었다고 팀원들에게 보고한다.

"내려가는 길에 걔들 만나면 어제랑 똑같은 규칙 지키는 거 잊지 마. 끝까지 올라오지 않았다고 걔들 무시하거나 놀리지 않기다."

아이들은 데이브가 가져온 도시락을 다 먹고 사방으로 펼쳐진 경치를 조금 더 감상할 때까지 기다려준다. 데이브는 두고 온 두 녀석 걱정에 서둘러 사람들을 모아 하산을 시작한다. 아이들은 가벼운 몸으로 방방 뛰며 산을 내려간다. 역시 티파니가 맨 앞에서 친구들을 이끈다.

아이들이 멀어지기 전에 벳시가 큰소리로 말한다. "얘들아, 올라오면서 길 잃어버린 거 잊지 않았지? 산속은 해가 더 빨리 지니까 다시는 등산로에서 벗어나면 안 된다."

데이브는 래리와 데미안이 자기와 헤어진 자리에 그대로 앉아 있는 모습을 보고서야 마음을 놓는다. 녀석들은 길가에 떨어진 통나무를 등산로 한복판에 끌어다 놓고 나란히 걸터앉아 이따금씩 웃음을 터뜨리며 사이좋게 이야기꽃을 피우고 있다. 데이브는 두 아이의 달라진 표정에 깜짝 놀란다. 특히 데미안의 얼굴에서는 평온함까지 묻어난다.

다른 아이들은 래리와 데미안을 놀리지 말라는 데이브의 충고를 따른다. 친구들이 잠시 숨을 고르는 동안 두 녀석은 통나무를 다시 등산로 옆으로 끌어낸다. 그렇게 다시 뭉친 팀은 함께 산을 내려와 해가 뉘엿뉘엿 질 무렵 캠프에 도착한다.

아이들이 실체가 있는 대상이든 상상 속의 대상이든 공포의 대상에 맞서는 기회를 갖는 것은 이루 말할 수 없이 소중한 경험이다. 이는 모든 아이들이 마찬가지겠지만, 데미안과 카알처럼 쉽게 상처받는 아이들, 즉 다른 아이들보다 더 불확실성을 많이 안고 있어서 더 타인과 거리를 두는 아이들에게는 특히 더 해당된다 하겠다. 이런 아이들이 자신한테 있는지도 몰랐던 힘과 절제력을 자기 안에서 발견하고 공포가 자신을 집어삼키지 않는다는 사실을 깨달을 수 있는 이보다 좋은 방법이 또 있을까?

잘 짜여진 구조와 최고의 안전장치를 갖춘 로프코스도 모험을 꺼리는 아이들에게는 훌륭한 모델이겠지만, 나는 아이들이 벳시와 데이브와 함께 벅산을 오르면서 겪은 즉흥적 모험이 더 좋았다고 생각한다. 그날 아이들이 의지할 수 있는 장비는 지도와 나침판, 그리고 물통밖에 없었다.

땅과 나무와 하늘, 그리고 개인과 집단의 기개가 열린 구조를 이루면서 아이들의 개별맞춤형 성장경험을 가능하게 해주었다. 래리와 데미안도 정상에 오르지는 못했지만, 그렇다고 실패한 것은 아니다. 더 이상 가지 않겠다고 의식적으로 결정한 것도 아주 중요한 경험이었고, 다른 사람들이 내려오길 기다리며 둘이서 보낸 시간 역시 가치 있는 시간이었다.

나는 아이들이 야생에서든 일상생활에서든 모험을 기반으로 도전에 맞섬으로써 고통 받은 마음에 직접적인 치료효과를 보았다는 연구를 찾진 못했다. 하지만 내가 경험한 바로는 분명 치료효과가 있다. 카알, 데미안, 래리 모두 각자의 고난을 극복하고 나자 몰라보게 평온해졌다. 분명 아이의 깊은 내면에 어떤 지각변동이 일어나고 있었던 것이다. 유년기에 겪은 충격이나 혼란 때문에 생긴 부족함이 채워지고 있었다. 평생 제대로 된 보살핌도 유대감도 느껴보지 못해 형성되다만 연결고리들이 마침내 완성되어가고 있었다. 그래서 나는 세 아이 모두 여행을 떠나기 전보다 더 완전해져서 돌아왔다고 믿는다.

로프코스의 매력은 개인의 도전과 집단의 단결을 조화시킨 데 있다. 모든 참가자는 자기 체험을 자기가 책임진다. 그리고 카알처럼 "그만!"이라고 말할 자유가 주어지면, 백이면 백 다 자신의 한계에 부딪혀 자신의 공포를 정면으로 돌파하는 쪽을 선택한다. 이와 동시에 여러 가지 미션을 단체로 수행하는 게임은 아이들에게 해결책을 함께 고민할 것을 요구한다. 그럼으로써 집단은 평소 겉돌기만 하던 개인까지 끌어들일 방법을 찾을 수밖에 없고, '왕따'들은 집단으로의 초대를 받아들일 의지를 보여야 한다.

로프코스의 가장 큰 장점은 뭐니 뭐니 해도 몸을 많이 움직이게 만든다는 것이 아닐까 싶다. 배움이 몸으로 전해진다는 것이다. 정통 교육모델의 가장 심각한 제약 중 하나는 아이의 머리만을 교육대상으로 삼는 데 있다. 학교는 구색만 겨우 갖춘 체육시간을 제외하고는 매시간 아이의 수학능력에만 초점을 맞춘다. 그러나 데미안, 카알, 윌리엄, 무마사토를 비롯한 수백만 명의 리탈린파 아이들은 지극히 육체적인 아이들이다. 에너지가 넘쳐흐른다. 그래서 더더욱 몸을 많이 움직이고 이것저것 탐색하고 만져보고 주물러봐야 한다.

다행히 전국에 점점 더 많은 공공학교들이 자체 로프코스를 설치해서 운영하기 시작했다. 아이들이 스스로에게 도전하면서 얻는 정서적 학습효과가 어떤 방식으로든 교실에서의 학습과 품행 개선으로 이어진다는 사실에 눈을 뜨기 시작한 것이다.

열 번째
이야기
유대감
회복하기

우리는 그 어떤 경우에도 약한 유대감이 유전 때문이라는
생각을 하지 않았다. 거의 대부분의 경우 아이는
가정불화를 겪고 있었고, 아버지의 부재가 다반사였다.

한편 학교에 적응해가던 윌리엄은 미술실에 둥지를 튼다. 윌리엄은 우리 학교에서의 첫 번째 쾌거를 지난 가을 이곳에서 맛보았다. 당시 아이는 미술실을 기웃거리다 교사와 학생 여럿이 모여 분주하게 종이학을 접는 광경을 보게 되었다. 종이학은 그래프튼 평화의 탑 봉헌식에 쓰일 장식물이었는데, 7년에 걸쳐 세워진 이 평화의 탑에는 프리스쿨 학생들의 손길도 많이 깃들어 있다. 순전히 자원봉사자들의 정성으로 평화의 탑이 지어지기까지, 우리 학교 아이들이 얼마나 많은 돌을 옮기고 구부러진 못을 뽑고 콘크리트를 부었는지 모른다. 일본의 한 불교 종파가 세계평화를 기원하며 비슷한 탑을 세계 곳곳에 세우고 있는데, 그 종파 소속으로 현재 그래프튼에 살고 있는 준 야스다라는 작은 체구의 비구니가 이 지역 아이들에게 평화의 탑 봉헌식에 쓰일 종이학 천 마리를 접어달라고 했다. 준 야스다의 말에 의하면, 천 마리의 종이학을 만드는 것은 히로시마 원폭 이후 방사능 피폭으로 목숨을 잃은 사카다라는 일본 소녀의 넋을 기리는 의식이라고 한다.

가로 세로 10센티미터의 작은 종이를 접어 학을 만드는 것은 결코 쉬운 작업이 아니다. 순서를 정확히 지켜 여러 번 종이를 접어야만 학 모양이 나온다. 만약 누군가 나에게 윌리엄이 종이학을 접을 만큼의 집중력을 지녔다고 말했다면, 나는 그 사람에게 미쳤냐고 물었을 것이다. 하지만 윌리엄은 단박에 내 생각이 틀렸음을 보여주었다. 아이는 종이학 접는 방법을 금방 터득하더니 한 시간 안에 제대로 모양을 갖춘 종이학 여섯 마리를 만들어냈다. 우리 학교 미술교사 콜린은 윌리엄의 손재주를 극찬해주었다.

그다음 윌리엄이 미술실에서 발견한 것은 도예에 쓰이는 물레였다. 요즘에는 내 아내 벳시가 일주일에 한 번씩 학교에 와서 도예강습을 하고 있는데, 윌리엄은 그때마다 빠지지 않고 미술실을 찾는다. 질흙은 윌리엄 같은 아이에게 더할 나위 없이 좋은 매체다. 쉽게 흐트러지고 끈적끈적하고 다루는 사람에게 한없이 관대하기 때문이다. 리듬을 타고 돌아가는 물레가 풍기는 마법 같은 분위기까지 더해지면서, 윌리엄은 도예의 세계에 푹 빠져 몇 시간씩 앉아 있는다. 벳시는 윌리엄이 물어볼 때만 기술을 가르쳐주거나 조언을 해준다. 그런데 아이는 별로 요구하는 게 없다. 그저 물레를 끼고 앉아 부드럽고 촉촉한 질흙을 뱅글뱅글 돌리며 마음껏 주무르고 질흙 모양이 바뀌는 것을 쳐다보는 것만으로도 행복해 보인다. 물레를 너무 세게 돌리거나 질흙을 너무 얇게 빚어서 만들던 작품이 폭삭 주저앉아도 전혀 개의치 않는다. 아직까지 번번한 작품 하나 완성하지 못했지만, 아이는 매주 미술실을 찾아와 질흙 한 덩어리를 신나게 주무르다 간다.

오늘은 윌리엄 아빠가 아이를 데리러 세 시에 학교로 온다. 윌리엄 아빠는 최근 하던 일을 그만두고 다른 직장을 구하는 중이라 시간이 많은 것 같다. 요즘 학교에도 꽤 자주 나타난다. 오늘도 미술실에서 분주한 오후를 보낸 윌리엄은 벳시를 도와 미술실을 정리하느라 아직 아빠가 온지 모른다. 윌리엄은 도예강습이 있는 날 옷이 더러워져서 집에 가면 엄마가 신경질을 부린다는 말을 이미 한 적이 있는데, 오늘도 역시 청바지 밑단과 신발에 질흙이 묻었다. 이 모습을 본 윌리엄 아빠는 짜증난 기색을 숨길 생각도 하지 않고 다짜고짜 무서운 목소리로 아들을 혼내기 시작한다. "이놈의 자식, 네 엄마가 옷 더럽히지 말라고 말 했어 안 했어? 엊그제 사준 새 신발 꼴 좀 봐라."

그러더니 아들의 팔을 홱 잡아끌며 소리를 지른다. "어서 코트 가져와! 집에 가자고!"

벳시가 하던 일을 바로 내려놓고 개입한다. "안녕하세요. 전 벳시예요. 처음 뵙겠습니다." 벳시는 미소를 지으며 오른손을 내민다. 아버지 윌리엄은 벳시와 악수를 하기 위해 어쩔 수 없이 아들의 팔을 놓는다. 벳시가 말을 잇는다. "윌리엄 옷 더러워지지 않게 하려고 할 수 있는 건 다 했어요. 그런데 도예가 워낙 진흙탕에서 노는 거나 마찬가지라서 작업하면서 흙이 아예 안 묻는 건 불가능하거든요."

아버지 윌리엄이 애써 짜증을 참으며 대답한다. "네, 무슨 말씀인지 이해합니다. 하지만 선생님도 이해 좀 해주셨으면 합니다. 아들놈 운동화 사주느라고 60달러나 썼는데, 바로 또 새 신발로 바꿔줄 만큼 우리 형편이 좋지 못합니다."

벳시는 잠깐 생각을 하다가 이렇게 제안한다. "우리 물품 창고에 방수 부츠가 있는 것 같은데, 작업할 때 윌리엄이 그걸 신게 하면 어떨까요?"

화가 조금 누그러진 아버지 윌리엄이 대꾸한다. "그렇게 합시다. 그럼 전 애 엄마한테 버려도 되는 낡은 바지 한 벌 챙겨 보내라고 하겠습니다."

벳시가 안심한 기색으로 맞장구친다. "그거 참 좋은 생각이네요. 윌리엄이 도예에 소질 있는 거 아세요? 미술실에서 보내는 시간이 아이한테 아주 중요한 것 같아요. 계속 그럴 수 있게 도와주고 싶어요."

자기 인생에 중대한 영향을 미치는 두 어른의 대화를 한마디도 놓치지 않고 듣고 있던 아들 윌리엄도 안심하는 눈치다.

이 대목에서 나는 영국에서 훈련받은 젊은 교사 실비아 애쉬턴 워너가 떠오른다. 뉴질랜드 마오리족 마을학교로 처음 부임한 애쉬턴 워너는 까탈스럽고 반항기 넘치는 마오리족 아이들과 첫 대면을 했다. 아이들은 교실 수업에 순응할 생각은 눈곱만큼도 없어 보였고, 교실에 있는 자재를 망가뜨리고 서로를 두들겨 패며 하루를 허비했다.

애쉬턴 워너는 저서 『선생님Teacher』에서 교실 한 개짜리 마오리족 마을학교에서 일어났던 기적을 상세히 묘사한다. 기적은 교과서, 문제집 등 뉴질랜드 정부가 정한 규격 교재를 다 쓰레기통에 버리는 순간 시작되었다. 애쉬턴 워너가 정통 교재를 치워버리고 그 자리에 이젤과 물감, 찰흙, 악기 등을 배치했더니, 아이들은 바로 싸움을 멈췄다. 그리고 교실은 여전히 시끌벅적하고 소란스러웠지만 그래도 평화로운 분위기가 정착되기 시작했다.

뿐만 아니라 아이들은 교재 없이도 글을 깨쳤다. 초급 읽기 교과서나 글씨쓰기 연습장 따위가 아니라 자신들이 글을 쓰고 그림을 그려서 만든 책으로 말이다. 애쉬턴 워너는 아이들이 스스로 생각해낸 의미 있고 생동감 넘치는 단어들로 읽기와 쓰기를 가르치면 아이들은 한 단어도 잊어버리지 않는다는 사실을 발견했다. 그리고 애쉬턴 워너가 간파한 가장 빛나는 진리는 모든 아이에게 창조적 분출구와 파괴적 분출구가 있다는 것이다. 창조적 분출구가 충분히 열려 있지 않으면, 아이의 에너지는 파괴적 분출구로 나오게 된다. 어느 상황에서든 이쪽 아니면 저쪽이라는 것이다.

불행히도 미국에서는 아이들이 창조성을 표출할 수 있는 시간이 계속 정규 교과과정에서 밀려나고 있다. 대부분 학교들이 갈수록 좌뇌 위주의 학업에만 집착하면서 미술, 음악, 무용, 연극처럼 우뇌를 움직이는 활동을 방과 후 특별활동으로 돌려버리고 있다. 그나마 특별활동이라도 없애지 않은 걸 다행으로 여겨야 할 지경이다. 그리고 이런 활동을 가장 절실히 필요로 하는 아이들이 가장 이런 활동을 접할 기회가 없는 경우가 다반사다.

윌리엄 아빠는 벳시와 만난 다음 날 아침 아들을 학교에 데려다 주면서 학생들을 위해 농구교실을 해보겠다고 자원한다. 어제 미술실에서 벳시와 벌인 대결은 뒤끝 없이 넘어간 모양이다. 아직 새 직장을 구하지 못한 그는 요즘 시간이 남아돈다고 했다. 들어보니 그는 고등학교 농구부 시절 마이클 조던을 상대했었고, 그 후 대학에서도 농구선수로 이름을 날렸단다.

농구교실을 열기로 한 날, 아들 윌리엄은 아침부터 조바심을 내며 어쩔 줄을 모른다. 나는 녀석이 나한테 "우리 아빠 언제 와요? 우리 아빠 언제 와요?"라고 몇 번이나 물어봤는지 세다가 포기한다.

드디어 아버지 윌리엄이 나타나자, 우리는 바로 학교 건물이 있는 블록 모퉁이를 돌아 주택단지로 간다. 관리사무소에서 친절하게도 주중 오후에는 단지 내 체육관을 우리에게 개방해주고 있다.

이제 윌리엄 코치님이 된 윌리엄 아빠가 들어서자, 20세기 초에 지어진 낡고 작은 체육관이 더 좁아 보인다. 코치 윌리엄은 아이들에게 한 시간

가량 드리블, 패스, 슛 연습을 시키며 자세를 교정해준 다음 대충 두 팀으로 나눠 연습경기도 시킨다. 아들 윌리엄은 아빠한테 특별대우를 받고 싶은 마음을 용케 잘 참는다. 안 그래도 아버지 윌리엄은 천차만별인 아이들의 실력에 맞춰 코치를 하느라 정신이 없다.

경기가 끝나자 코치 윌리엄은 지쳤을 텐데도 여전히 흥분이 가시지 않은 아이들을 코트 한복판에 둘러앉게 한 뒤 수업을 정리하고 질문을 받는다. 아이들은 마이클 조던과 대결했던 얘기를 해달라고 아우성친다. 코치 윌리엄은 그리움에 젖은 표정으로 전국고교농구대회에서 자기 팀과 마이클 조던 팀이 맞붙었던 이야기를 들려준다. 당시 조던과 윌리엄은 각각 자기 팀의 주장이었는데, 윌리엄은 훗날 농구 황제가 된 조던을 누르고 자기 팀을 극적인 승리로 이끌었단다. 하지만 대학농구선수로 일약 스타덤에 오르고 프로 진출 후 온갖 신기록을 세운 사람은 마이클 조던이었다고 윌리엄은 덧붙이며 이야기를 마무리한다.

아이들은 눈치채지 못하지만, 코치 윌리엄은 전형적인 청소년 농구교실의 일부인 동기부여 연설로 자연스럽게 들어간 것이다. 코치 윌리엄의 표정에서 이제 그리움이 아닌 후회가 묻어난다. "우리 모두 인생을 살아가면서 많은 실수를 하지. 아저씨 역시 그동안 실수를 많이 했는데, 마이클 조던은 현명해서 그런 실수를 피했던 거야. 그래서 오늘날 마이클 조던은 그 위치에 오른 거고, 난 이러고 있지."

코치 윌리엄은 농구교실 참가자 평균 나이가 여덟 살 내지 아홉 살밖에 되지 않는 점을 감안해 자신이 어떤 실수를 했는지는 구체적으로 밝히지 않는다. 아이들도 구체적인 건 묻지 않는다. 그는 인생에서 가장 중요한 것은 길을 잘못 들어섰을 때 자신의 실수를 인정하고 다시 제대로 된 길을 찾기 위해 최선을 다하는 것이라는 말로 즉흥 연설을 끝낸다.

"그 이상은 아무도 우리에게 요구할 수 없어. 얘들아, 너희들 오늘 진짜 멋있었고, 아저씨 불러줘서 고맙다."

한 눈에 보기에도 코치의 진지함에 매료된 아이들이 박수로 화답하며 저마다 "고맙습니다!"라고 외친다. 하지만 나의 시선을 제일 많이 사로잡은 아이는 연설이 끝날 때까지 단 한 순간도 자기 아빠한테서 눈을 떼지 않았던 윌리엄이다. 아빠 옆에 바싹 붙어 앉아 애정과 뿌듯함과 존경심이 가득한 눈빛으로 아빠를 우러러보던 녀석의 표정을 보니 아빠의 한 마디 한 마디를 가슴에 새긴 게 분명하다. 코치 윌리엄은 오늘 농구교실에 참가한 모든 아이들에게 감명을 주었지만, 누구보다 깊은 감동을 받은 아이는 단연 그의 아들이었다. 아들 윌리엄은 오늘 자아상과 아버지와의 유대감 둘 다 성장시킬 너무나 소중하고 너무나 절실한 힘을 얻었다.

윌리엄은 많은 심리학자들이 말하는 "유대감이 약한 아이"의 전형이다. 이런 아이들은 타인과 자연스러운 애착관계나 연관성을 느끼지 못한다. 자신의 행동이 어떤 결과를 초래하는지 전혀 생각하지 않는다. 그리고 자기가 세상의 중심인 줄 아는 유아기적 인식을 버리지 못한다. 적개심과 공격성을 드러내는 경우가 많고, 공감능력이 떨어진다.

지난 세월 우리 학교를 거쳐 간 리탈린파의 절대다수가 윌리엄과 비슷한 타인과의 단절 상태를 보였다. 하지만 우리는 그 어떤 경우에도 약한 유대감이 유전 때문이라는 생각을 하지 않았다. 거의 대부분의 경우 아이는 가정불화를 겪고 있었고, 아버지의 부재가 다반사였다. 윌리엄의 경우에는 엄마아빠가 아직 헤어진 건 아니지만, 아빠가 장기간 집을 비우는 일이 많아 육아의 부담은 대부분 엄마가 지다보니 부자간의 유대관계가 약할 수밖에 없다.

건강한 유대관계는 아기가 태어난 직후부터 시작된다. 교육학자 조세프 칠튼 피어스의 주장에 따르면, 이 시기 유대감 형성을 방해하는 주요 요소 두 가지는 출산에 대한 현대의학의 개입과 모유수유를 등한시하는 관습이다. 병원에서 이루어지는 소위 정상적인 분만과정을 보면, 의학기술의 개입과 분만실의 각종 규정과 절차들은 아기가 태어남과 동시에 엄마(그리고 아빠)와 깊은 유대감을 형성하는 것을 가로막는다. 한마디로 태초부터 모든 포유류가 따르는 자연의 섭리를 거스르는 것이다.

엄마와 아기 사이의 유대감은 엄마가 갓 태어난 아기에게 젖을 물리면서 본격적으로 형성되기 시작한다. 엄마와 아기가 서로 살갗을 맞대고 눈을 맞춤으로써 아기 안에는 일련의 심오한 신경적, 심리적 작용이 촉발된다. 이러한 작용 중에는 생후 24시간 이내에 일어나지 않으면 다시는 기회가 돌아오지 않는 것도 있다. 그런데 대부분 병원 산부인과 병동의 운영 방침상 신생아는 산모의 자궁에서 나오자마자 수술용 장갑을 낀 산과의사의 손에서 바로 간호사의 손으로 옮겨져 씻겨지고 체중이 측정된다. 신생아 백만 명 중 한 명꼴로 걸릴까 말까한 질병을 예방한다는 이유로 이런 절차를 당해야 하는 것이다.

문제는 여기서 끝나지 않는다고 피어스는 말한다. 20세기에 들어서 의료기관들이 하도 모유수유를 하지 말라고 권장하는 바람에 1950년대에 이르러 미국 산모의 96퍼센트가 모유수유를 하지 않게 되었다. 이 수치는 자연분만을 주창하는 소비자 운동의 압력 덕분에 지난 40년 사이에 다소 떨어지긴 했지만, 여전히 우려스러울 정도로 높은 수준에 머물고 있다.

윌리엄도 뉴욕시의 큰 병원에서 태어났는데, 이런 병원들은 저소득층,

특히 가난한 소수인종에 대한 수준 이하의 보건 서비스로 악명 높은 곳이 많다. 비싼 의료보험에 가입한 중산층 산모들은 안락한 단독 분만실과 모자동실의 혜택을 누리는 반면, 가난한 산모들은 지나치게 밝은 조명 아래 수술대 같은 침대가 늘어선 차갑고 비정한 분만실 말고는 선택의 여지가 없다. 가난한 산모에게 태어난 아기는 생후 48시간 내지 72시간을 혼잡한 신생아실에서 보낸다. 그런 곳에서 아기를 계속 안아주거나 만져주지 않는 것은 말할 것도 없다. 그리고 아무도 초보엄마에게 모유수유가 유아 발달에 좋다는 사실을 알려주지 않는다. 그래서 윌리엄과 윌리엄 형 둘 다 분유를 먹고 자랐다고 한다.

다행히 초기에 어긋난 유대관계는 회복이 가능하다. 이를 위해 우리는 타인과의 연관성을 프리스쿨의 주요 목표로 꼽는다. 학교가 공동체인 이유도, 우리가 관계를 그토록 중요시하는 이유도, 유대감 회복과 깊은 연관이 있다. 또한 우리 학교가 경쟁이 아닌 협동을 배움의 원칙으로 삼는 이유도, 학부모에게 학교의 일상에 참여할 것을 권하는 이유도, 역시 유대감을 위해서다. 아빠가 학교에 와서 친구들과 함께 보낸 시간이 어린 윌리엄에게 얼마나 소중했는지는 아무리 강조해도 지나치지 않다. 가정과 학교가 서로 연결되어 있음을 몸소 느낄 기회가 많아질수록 윌리엄의 사회화는 가속될 것이고, 사회화가 가속될수록 아이는 들뜬 마음을 가라앉히고 집중력을 키우고 인지적 측면에서도 진전을 보일 것이다.

일일식당이 바로 내일 밤으로 다가온다. 어제 브라이언은 등교를 하지 않고 엄마 애인 짐과 함께 사람들이 기증하기로 약속했던 음식을 수거하러 다녔다. 전직 요리사였고 이번 일일식당에서 짐과 함께 주방을 맡기로 한 우리 학교 교사 제프의 감독 아래, 나머지 반 아이들도 이런저런 준비로 바쁜 하루를 보낸다. 아무래도 내일 일일식당은 우리 학교 역사상 제일 요란한 일일식당이 될 것 같다. 토요일인 내일은 자원봉사자들이 와서 우리 학생들과 함께 위층 큰방 전체를 제대로 된 식당으로 바꿔놓을 예정이다. 나는 인근 교회에서 식탁과 의자를 공수했고, 제프는 옛 연줄을 동원해 식탁보와 웨이터 유니폼을 공짜로 빌려왔다. 식탁에는 촛불을 켜놓고 배경음악으로 샹송을 틀 예정이다. 반 여학생 세 명이 불어와 영어로 된 우아한 메뉴를 디자인했고, 내일 저녁에는 반 전원이 새하얀 유니폼을 차려입고 웨이터로 멋지게 변신할 것이다.

이미 동네방네 일일식당 홍보를 다 해놓은 렉스와 반 아이들은 사람들이 많이 오길 바라고 있다. 아니, 사람들이 많이 와야만 한다고 걱정하고 있다. 아직까지 여행경비 목표액에서 천 달러가 조금 넘게 모자라는데, 다음 주 화요일이면 콜로라도행 기차에 타야 하기 때문이다.

대망의 토요일이 밝아오고, 학교는 대낮부터 이국적인 음식 냄새가 진동한다. 브라이언은 주방장 보조를 시켜달라고 했고, 반 친구들 모두 동의해주었다. 발목까지 내려오는 하얀 앞치마에 높은 요리사 모자까지 쓴 브라이언의 모습이 제법 프로 같다. 녀석의 속도감 넘치는 에너지 또한 정신없이 돌아가는 레스토랑 주방 분위기와 잘 어울린다.

브라이언이 주방에서 최소 백 인분의 수프와 샐러드에 들어갈 야채를 씻고 다듬는 동안, 나머지 반 아이들은 여섯 명의 자원봉사자와 함께 큰 방에 마법을 걸고 있다. 실내 정글짐과 모퉁이마다 쌓아둔 블록을 다 치우고, 장난감도 전부 싸서 유치부실로 옮겼다. 낸시가 가져온 각종 납염 무늬 천이 벽을 장식하고, 천정의 형광등 대신 바닥에 세운 키 큰 스탠드 세 개가 방을 보다 부드럽게 밝혀준다.

아이들은 몇 차례 시행착오 끝에 손님 백 명이 앉고도 웨이터들이 왔다 갔다 할 수 있는 구도로 식탁과 의자를 배열한다. 아이들은 첫 손님이 들어선 6시 조금 전까지 모든 준비를 마친다. 식탁보로 덮인 테이블마다 가운데는 아담한 꽃병이, 한쪽 끝에는 호리호리한 초가 놓여 있고, 하얀 냅킨과 각종 식기가 제대로 차려져 있다. 몇 년 전 무마사토가 어미닭 병아리 품듯 보살펴주었고 지금도 우리 학교를 다니고 있는 미셸의 엄마가 가져온 음악테이프 덕분에 불멸의 샹송가수 에디트 피아프가 부활하여 애수어린 목소리로 분위기를 한껏 돋운다. 손님들이 다 도착하면 금세 왁자지껄해지면서 노랫소리는 묻혀버리겠지만, 적어도 초반에는 끝내주는 분위기를 연출한다. 손님들이 파리의 한 고급식당에 들어섰다는 착각을 하게 만들기 충분하니까 말이다.

큰방은 어느새 손님들로 들어차고, 아이들은 주문을 받고 음식을 나르느라 정신이 하나도 없다. 그나마 짐과 제프의 노련함 덕분에 아이들은 당황하지 않고 요리는 주방에서 큰방으로 끊이지 않고 나간다. 한편 큰방에는 브라이언의 대가족이 도착한다. 브라이언의 엄마아빠는 물론, 할머니, 할아버지, 삼촌, 고모, 사촌까지 총출동해 10인용 식탁을 꽉 채운다. 6시 45분이 되자 거의 모든 자리가 차고, 아이들은 손님들이 계속 이런 기세로 몰려오면 음식이 모자랄지도 모른다는 걱정을 하기 시작한다.

다행히 음식은 동나지 않고, 7시 반쯤 되자 대부분의 손님들이 식사를 마치고 후식을 달라며 아우성치기 시작한다. 우리 학교만의 악명 높은 케이크 경매를 개시할 때가 된 것이다. 일일식당 2부를 장식할 케이크 경매를 위해 7, 8학년 반 아이들은 학부모와 우리 학교 후원자들을 졸라 케이크와 파이를 스무 가지 넘게 받아 놓았다. 나는 확성기가 필요 없는 목소리 덕에 으레 경매인 노릇을 도맡는다. 오늘도 어김없이 경매인으로 나선

내 임무는 모든 손님들의 주머니를 탈탈 털어드리는 것.

하지만 경매에 앞서 나는 오늘 행사를 가능하게 해주신 업체와 후원자들을 일일이 열거하며 감사인사를 한다. 두 주방장과 어린 보조의 노고를 치하하는 것은 맨 마지막으로 남겨둔다. 계속 주방에서 일을 하고 있던 세 사람이 나한테 불려나와 손님들에게 인사를 하자, 손님들은 기립박수로 화답한다. 마땅히 그래야 할 것이다. 방금 마친 식사를 시내 프랑스 요리 전문점에서 했더라면 얼마나 지갑이 얇아졌을지 다들 알 테니까. 짐과 제프 사이에 선 브라이언은 입이 완전히 귀에 걸렸다. 총출동한 식구들의 표정도 브라이언과 똑같다.

케이크 경매는 난리법석이 따로 없다. 사람들은 제일 탐스러운 케이크를 차지하기 위해 치열한 경쟁을 벌이고, 때로는 동시에 열 명 넘게 계속 응찰하기도 한다. 아이들은 각자 자기 엄마아빠 옆에 붙어서 낙찰될 때까지 계속 손을 들라고 졸라댄다. 이번 경매에선 한때 전문 파티셰였던 한 젊은 엄마가 만든 초콜릿 무스케이크가 무려 50달러 넘게 호가한다. 미셸 엄마가 구운 프랑스풍 치즈케이크도 거의 40달러에 낙찰된다.

마지막 디저트까지 다 경매하고 낙찰가를 합산해보니 400달러가 조금 넘는다. 반 총무가 일일식당 매출액과 오늘 현장 판매한 경품추첨권 매출액까지 합산한 결과, 오늘 하루 장사로만 1,300달러를 벌었다는 계산이 나온다.

오늘 행사의 3부는 아이들이 기증받은 삼십여 점의 경품에 대한 추첨식이다. 추첨식을 치르니 30분이 더 지나고, 주방을 정리하고 큰방을 원상태로 복구하는 데 또 두 시간이 걸린다. 교회에서 빌린 식탁과 의자를 내일 아침 돌려주기 위해 승합차에 싣는 마지막 작업이 끝나자, 밤11시가 다 된다. 사전에 말도 없이 아예 나타나지 않은 타이런을 제외한 7, 8학년생들은 열두 시간 노동으로 지친 몸을 이끌고 각자 집으로 향한다. 하지만 대망의 수학여행에 필요한 목표액을 초과달성했다는 안도감과 만족감에 녀석들은 피로도 잊을 만큼 기분이 좋을 게다.

월요일 아침, 아이들은 타이런에게 지난 주 토요일에 왜 안 나타났냐고 묻는다. 타이런은 대답 대신 콜로라도에 가지 않기로 했다고 친구들에게 통보한다. 올 봄에 참여하기로 한 농구리그 경기가 여행기간과 겹쳐 여행을 가면 두어 번의 경기를 못 뛰게 된단다. 아이들은 아무 말도 하지 않지만, 타이런이 여행에서 빠지려는 진짜 이유를 짐작하고 있다. 타이런이 집을 그렇게 오래 떠나 있는 게 무서워서 그런다는 걸 알면서도, 녀석이 둘러댄 다른 이유를 액면 그대로 믿어준다. 어찌 보면 남은 사춘기 동안 녀석을 지탱해줄 수 있는 것은 자존심뿐일 테니까.

한편 브라이언은 다른 성질의 문제와 씨름하고 있다. 아무리 자타가 공인하는 일일식당 대성공의 일등공신인 브라이언이지만, 여자아이들이 문집 광고와 경품추첨권을 파느라 뛰어다니는 동안 브라이언과 타이런이 농땡이 친 것 때문에 아직도 화가 안 풀렸단다. 여자아이들은 개인 목표액을 달성하지 못한 학생은 여행에서 빠지기로 합의한 원칙을 양보하지 않겠다고 말한다. 렉스는 마땅히 여자아이들 편을 들어준다.

그렇게 브라이언은 심각한 난관에 부딪힌다. 아무리 애교를 떨며 애걸복걸을 해도 안 먹히고, 어차피 목표액을 초과달성하지 않았느냐는 논리도 안 통한다. 이제 자기 몫에서 모자란 110달러를 벌어올 시간이 이틀밖에 남지 않았다. 엎친 데 덮친 격으로, 경품추첨 행사는 이미 끝났기 때문에 돈을 모을 수 있는 유일한 방법은 아이들이 콜로라도에서 돌아와 발간할 계획인 문집에 실릴 광고를 판매하는 것뿐이다.

브라이언이 곤경에 처했다는 소식이 나한테까지 들린다. 녀석이 얼마나 이번 여행을 학수고대했는지, 또 띄엄띄엄 해서 그렇지 얼마나 열심히 모금운동에 참여했는지 알고 있는 나는 녀석을 구해주기로 한다. 렉스가 다른 아이들과 기차에서 먹을 음식과 생필품을 사러 간 동안, 나는 브라이언에게 다른 친구들이 미처 들르지 못한 상점과 기업들을 둘러볼 수 있도록 시내에 데려다주겠다고 제안한다. 역시 현명한 브라이언은 고마워하면서 내 제안을 받아들인다.

브라이언은 다시 특유의 매력을 발산할 수 있는 상황을 맞아 신이 난다. 녀석은 예의 영업력을 총동원해 두 시간만에 광고를 네 개나 팔아 120달러를 거머쥐고 학교로 향한다. 우리 둘은 장을 보러 나간 사람들보다 먼저 학교에 도착한다.

브라이언이 수학여행을 위해 자기가 맡은 임무를 완수할 수 있도록 도운 것은 교육학자 알피 콘의 주장을 완벽하게 재연한 사례라고 하겠다. 알피 콘이 저서 『보상으로 벌을 받다Punished by Rewards』를 통해 제시한 주장에 따르면, 아이들은 동기가 자기 내면에서 비롯될 때 훨씬 더 많이 배우고 더 큰 성과를 보인다. 최근 일제고사 도입 시도를 신랄하게 비판하는 데 앞장서고 있는 콘은 저서에서 B. F. 스키너의 이론을 재조명하는 것으로 서두를 뗀다. 스키너는 행동수정이론을 창시한 심리학자다. 오늘날 절대다수의 학교가 채택한 당근과 채찍 식의 교육접근법의 심리학적 근간이 바로 이 행동수정이론이다. 행동수정은 어떤 행동에 대한 즉각적 보상 또는 '강화'가 그 행동이 반복될 가능성을 높여준다는 단순한 법칙에 기반을 둔다.

스키너는 1930년대에 오로지 쥐와 비둘기를 대상으로 실시한 실험을 토대로 행동주의라는 이론을 개발했다. 스키너가 아무리 미로를 복잡하게 만들고 장애물을 많이 설치해도 맨 끝에 치즈 조각만 있으면 실험쥐들은 백발백중 치즈로 가는 길을 찾아냈다고 한다. 하지만 스키너보다 훨씬 나중에 활동한 사회심리학자들이 인간을 대상으로 실시한 여러 실험에서는 스키너의 실험과 정반대의 결과가 나왔다고 콘은 지적한다. 다시 말해 사람들은 어떤 행동을 했을 때 보상을 받으면 받을수록 그 보상을 받기 위해 하던 행동에 점점 흥미를 잃는다는 것이다. 예를 들어 과제를 잘해온 보상으로 A학점을 받은 학생들은 아예 학점을 받지 않은 학생들에 비해 배우려는 동기가 떨어진다는 연구도 있다.

학교에서 당근과 채찍의 방법으로 얻을 수 있는 것은 일시적 순종뿐이라고 콘은 말한다. 그런 방법은 학생이 학업의 가치를 스스로 인식하지 못하게 한다. 실제로 아주 낮은 수위의 보상인 칭찬마저도 배움에 상당한 방해가 될 수 있다. 배우는 사람을 의존적으로 만들기 때문이다. 칭찬해주는 사람이 없으면 배우는 사람이 갑자기 배우려는 동기를 못 느낀다는 것이다. 따라서 콘은 진정한 동기는 스스로 부여하는 동기밖에 없다는 결론을 내린다. 나 역시 전적으로 동의한다.

콘의 문제제기에 나도 한 마디 첨언하자면, 그의 주장이 모든 유형의 아이들뿐만 아니라 어른들에게도 적용되지만, 특히 리탈린파 아이들에게는 절대적으로 적용되어야 한다는 점이다. 리탈린파 아이들이 필요한 것은 실체가 있고 당장 느낄 수 있는 동기다. 일반학교에서는 학습목표를 달성하기 위해 당장은 아이들을 협박하고 보상은 미래로 미루는 모델을 밀어붙이는데, 그런 방법은 리탈린파 아이들에게 먹히지 않는다. 이런 아이들은 자신이 성인이 되어 만족스러운 인생을 사는 데 필요한 기술과 지식을 왜 배워야 하는지, 또한 자신의 역기능적인 행동패턴과 통제불가능한 충동을 왜 다스려야 하는지, 그 이유를 자기 내면에서 찾을 수 있는 여유가 허락되어야 한다.

브라이언이 반 친구들과 준비한 수학여행은 프리스쿨에서 중요한 배움이 이루어질 수 있는 구조를 어떻게 세우는지 잘 보여준다. 수학여행은 처음부터 끝까지 아이들이 자력으로 수행하는 프로젝트다. 프로젝트에 필요한 계획을 세우고 자금을 조달하기 위해 아이들은 자신이 가진 끼와 능력을 총동원해야 한다. 예를 들어 여행일정을 짜는 일도 학생들의 책임인데, 여행일정을 제대로 짜려면 관련 자료를 꼼꼼히 읽고 공부해야 한다. 모금운동의 중요한 축인 문집을 발행하려면 뛰어난 작문 실력뿐만 아니라 꼼꼼한 편집과 교정 실력도 요구된다. 타입세팅, 그래픽, 레이아웃 역시 보통 수준의 컴퓨터 실력으로는 어림도 없다. 또한 여행예산을 짜고 조달한 자금을 장부에 기록하는 일도 수학적 머리가 있어야 한다. 무엇보다도 브라이언의 경우에서 보았듯이, 자기가 맡은 일을 끝까지 책임지는 데 필요한 자제력을 배우고 연마할 동기 역시 수학여행을 준비하는 과정에서 얻을 수 있다.

한편 윌리엄은 요즘 점점 더 신경이 날카로워지고 있다. 학교에서 여러 번 다른 아이들과 싸웠고, 자기한테 가해진 한계에 또 반발하기 시작했다. 우리는 데미안과 마찬가지로 윌리엄의 퇴보 역시 엄마가 동생을 임신한 것과 연관이 있다고 생각해왔다. 그런데 오늘 아침 윌리엄이 나한테 조용히 해준 이야기에 따르면, 며칠 전 엄마아빠가 심하게 싸웠다는 것이다. 윌리엄은 아빠가 아예 짐을 싸서 집을 나갔다고 말한다. 흥미롭게도 바로 어제 윌리엄 엄마 아이린은 남편이 장거리 화물차 운전기사로 취직했는데, 운전면허를 새 직업에 맞게 갱신하려면 다음 달 내내 노스캐롤라이나에서 연수를 받아야 한다고 우리에게 말했다. 그런데 지난주 아버지 윌리엄이 아들을 데리러 학교에 왔을 때 나한테 했던 얘기는 또 달랐다. 그는 단거리 화물차 기사로 취직해서 이제 매일 다섯 시면 퇴근해 두 아들과 더 많은 시간을 보낼 수 있게 되었다고 말했다.

내 직감으로는 아들 윌리엄의 말이 제일 정확한 것 같다. 이유야 어찌됐든 윌리엄의 아빠가 당분간 집에 없는 것만은 사실이다. 게다가 그는 하필이면 식구들이 가장 힘든 시점에 없어졌다. 만삭인 아이린은 점점 더 심한 요통 때문에 괴로워하고 있고, 한동안 부부 둘 다 실업자였던 것도 모자라 얼마 전 이사한 아파트에 다달이 내는 높은 월세 때문에 윌리엄네는 심각한 재정난에 빠져 있다. 게다가 아이린이 얼마 전 낸시에게 털어놓은 말에 따르면, 아이린은 임신기간이 너무 지겨워졌고 이번에도 아들이라는 말을 들은 후로는 절망에 빠졌단다.

아이린의 말을 옮기자면, "딸이길 너무나 간절히 원했거든요. 아들 키우는 건 이제 넌덜머리가 난다니까요."라고 했단다.

불행히도 윌리엄은 전체회의 참여 태도마저 퇴보했다. 꼬박꼬박 회의에 들어오긴 하지만, 바로 안 들어오느니만 못한 행동을 해서 모든 이의 인내심을 시험한다. 요즘 녀석의 처지를 감안해 우리 모두 관대하려고 애쓰는 중이다. 하지만 우리가 인내심을 연습하는 동안 윌리엄은 작년 유치원에 다니며 연마한 방해공작 기술을 복습하고 있다. 결국 오늘 전체회의에서 또 도를 넘어버려 의장의 명령으로 주방에 있는 접이식 의자로 추방된다.

회의를 방해한 죄를 지었으니 당연히 또 수영할 권리를 박탈당한다. 수영장 가는 날이 돌아오자, 윌리엄은 이번에도 물속에 못 들어가는 자신의 신세를 순순히 받아들인다. 나는 윌리엄에게 책이든 게임이든 그림도구든 수영장에서 시간 때울 만한 일을 가져가라고 제안한다. 하지만 녀석은 내 말을 못 들은 척하더니 시무룩한 표정으로 차 있는 데까지 터벅터벅 걸어간다. 물론 빈손으로.

수영장에 도착한 윌리엄은 부정적 관심이라도 끌어보려는 시도는 하지 않는다. 벤치에 앉아 나랑 기분 좋게 대화를 나누다가 일어나더니 물가를 서성이기 시작한다. 오늘은 다른 아이들의 관심을 끄는 데 성공한다. 물이 얕은 곳에 있는 반 친구들을 꾀이 자기한테 물을 튀기게 해놓고 아이들이 튀긴 물을 요리조리 피하며 논다. 오늘은 옷 적시기가 싫은가보다.

윌리엄과 노는 게 곧 시들해진 아이들이 다시 헤엄쳐 가버리자, 윌리엄은 무료한 얼굴로 슬그머니 내 옆으로 돌아와 앉는다. 나는 윌리엄과 지금 자신이 처한 상황에 대해 대화를 나눠보기로 한다.

우선 질문을 던져본다. "너 수영 못하는 거 싫지?"

"네."

"그런데 왜 전체회의 때 자꾸 말썽을 피워?"

"전체회의가 바보 같으니까요. 하나도 재미없어요."

"그렇게 생각하는 애들 꽤 많다는 거 몰랐지? 나도 가끔 전체회의가 지루하단 생각이 들어. 하지만 전체회의가 없으면 학교가 엉망이 돼버린단다."

나는 예전에 니키라는 여섯 살배기 학생이 전체회의 의무출석 학칙을 표결에 부쳐 없애버리는 바람에 모든 사람이 골머리를 앓았던 이야기를 윌리엄에게 들려준다.

그러면서 이렇게 말을 이어간다. "그러니까 어떻게든 사람들이 전체회의를 우습게 보지 않게끔 해야 된다는 거지. 너 수영 못하는 게 그렇게 싫으면, 전체회의에서 의장한테 쫓겨났을 때 뒤따르는 결과를 바꿔볼까? 넌 생각나는 결과 있어?"

녀석은 거의 반사적으로 대답한다. "벌 세우면 되잖아요."

내가 무슨 뜻이냐고 묻자, 윌리엄은 집에서 자기가 "나쁜 짓"을 할 때마다 엄마아빠가 하는 거란다.

나는 윌리엄이 한 치의 망설임도 없이 "벌 세우면 되잖아요."라고 대꾸한 것에 놀란다. 아이에게 벌을 받는 건 이미 너무나 익숙한 일상이 되어버린 듯하다. 나는 전체회의를 방해하는 데 따른 결과로 수영을 못하는 것 말고 달리 생각나는 게 있냐는 질문을 반복한다. 녀석은 머리를 쥐어짜는 듯이 얼굴까지 찡그리며 잠시 생각에 잠기더니 결국 고개를 저으며 "없어요."라고 못을 박듯이 말한다.

나는 그런 윌리엄에게 말한다. "그럼 조금 더 생각해보렴. 그래서 생각나는 거 있으면 선생님한테 말해줘. 그럼 다음 전체회의 때 다시 발의해볼게."

윌리엄은 요즘도 가끔씩 전체회의를 방해하긴 한다. 그래도 지난 9월에 비하면 장족의 발전을 했다. 나는 특히 우리가 설정한 한계에 대한 아이의 반응이 나아지고 있다는 점에 만족한다. 윌리엄이 자기 멋대로 굴지 못하게 처음으로 제재를 받았을 때, 녀석은 무시무시한 분노를 폭발시켜 한계를 뛰어넘으려고 몸부림쳤다. 두 번째 제재를 받았을 때는 막무가내로 한계를 시험했다. 어떻게든 나의 반응을 유도해내려고 신발을 신은 채 물속으로 들어가는 짓까지 했다. 어쩌면 그 순간 녀석은 자기 분노를 내가 대신 느끼게 만들려고 그랬는지도 모른다. 내가 그 자리에서 화를 냈다면, 윌리엄도 자신의 상처받은 감정을 마음껏 드러낼 핑계가 생겼을 것이다. 이러한 감정적 혼돈은 부모자식 간에 흔히 일어나는 현상이다. 하지만 나는 윌리엄의 아빠가 아니기 때문에 녀석의 의도를 간파할 만한 인내심과 통찰력을 발휘할 수 있었다. 만약 내가 윌리엄한테 정말 약이 올라 성질을 부리거나 윌리엄의 행동에 개입해서 녀석의 성질을 건드렸다면, 난 녀석의 의도에 말려들었을 것이다. 그러나 윌리엄은 신발을 신은 채로 물속에 들어가면서까지 나를 시험했는데도 내가 아무런 반응을 보이지 않자, 한계를 시험하는 것을 포기하고 다른 데로 관심을 돌렸다.

세 번째로 한계를 넘으려다 제재를 당했을 때, 윌리엄은 이제 자기 행동에 따른 결과를 받아들이기 시작했다. 아이는 꼬리를 다리 사이로 내린 기죽은 강아지 모습이 아니라, 받아들일 건 받아들이겠다는 태연함을 보였다. 그 시점에선 윌리엄이 주어진 한계 내에서라도 재미있게 노는 것까지 막을 이유는 없었다. 어차피 취지는 아이를 벌하는 게 아니라 아이가 새로운 행동방식을 배우게끔 돕는 것이기 때문이다. 나는 윌리엄이 한계를 무시하고 뛰어넘으려는 행동을 그만두었음을 알아차리자마자 윌리엄이 자신의 변화과정에 동참할 수 있도록 다른 결과를 제시해보라고 했던 것이다. 아쉽게도 윌리엄은 별다른 대안을 찾지 못했지만, 이렇게 아이에게 자기 행동에 따른 결과를 스스로 정하게 하는 것은 아이로 하여금 자신의 잘못된 행동에 대해 책임의식을 갖게 하는 매우 효과적인 방법이며, 많은 경우 아이의 변화과정을 가속화한다. 그러나 윌리엄의 경우에는 이미 벌 받는 데 너무 이골이 나서, 표면에 깊은 골이 파여 축음기 바늘이 자꾸 걸려 돌아가지 않는 음반처럼 되어버렸다. 바늘이 골에서 빠져나오게 하려면 음반을 톡톡 쳐주면 된다. 하지만 너무 세게 치면 다른 곳까지 바늘에 긁혀 상처가 날 수 있음을 잊어선 안 된다.

윌리엄 같은 아이들도 자신의 생각과 태도와 행동의 기본 패턴을 바꿀 능력을 분명 지니고 있다. 단지 시간이 조금 걸릴 뿐이다. 오랜 습관은 바꾸기 힘드니까. 하지만 윌리엄은 이제 겨우 여섯 살이다. 기본적인 성격이나 인성을 변화시키기에 충분한 나이다. 그런데 바로 이 나이에 이 나라의 교육제도는 아이에게 압력을 가하기 시작한다. 그리고 아이의 행동이나 인지능력에 대해 병리학적 판정을 내려 아이를 분류한다. 일단 그렇게 분류된 아이는 그 분류에서 벗어날 가능성이 거의 없다. 게다가 아이에게 약물까지 투여한다면 아이는 자신의 인성을 진정으로 고칠 기회를 처음부터 박탈당한다. 과연 애초에 아이의 인성을 고칠 필요가 있었는지부터가 의문이지만 말이다. 아무튼 나까지 고장 난 음반처럼 자꾸 같은 말을 되풀이하고 있지만, 리탈린을 비롯한 신경정신과 처방약은 아이들이 보여주는 '증세'를 덮어버리기만 한다. 약물은 아이가 다른 사람을 성가시게 하지 않도록 기능적으로 개선해줄 뿐, 아이가 겪는 고통에 대해 원인을 찾아내거나 진정한 치유를 시작하는 데는 아무런 도움이 되지 않는다.

열한 번째
이야기
변화의
계기는
다양하다

에너지가 넘치는 아이에게는 자기를 닮은 활력 넘치는
학습 환경이 필요하다. 자기에게 남다른 의미가 내재된 과제와,
그 과제를 강요하기보다는 과제를 수행할 수 있도록
귀감이 되는 어른이 필요한 것이다.

브라이언이 반 친구들과 함께 콜로라도로 출발한 지 벌써 2주나 지났다는 게 믿어지지 않는다. 녀석들은 잊지 못할 모험을 하고 기세등등해져서 돌아온다. 기막힌 운명의 장난이었을까? 아이들이 전국대안공동체학교연합 회의에 참석하기 전에 1박2일을 보낼 계획으로 덴버 외곽의 제퍼슨 카운티 오픈스쿨에 도착한 시각은 컬럼바인 고등학교 총기난사 사건(1999년 4월 미국 콜로라도의 컬럼바인 고등학교에서 집단 따돌림에 증오를 품게 된 열일곱 살, 열여덟 살 남학생 두 명이 총기를 난사하여 학생 12명과 교사 1명을 죽이고 21명을 다치게 한 뒤 자살한 참사. —옮긴이)이 터지기 한 시간 전이었다고 한다. 컬럼바인 고등학교는 오픈스쿨 옆을 지나는 고속도로로 6.5킬로미터만 더 내려가면 있다. 우리 아이들은 참사 현장 허공을 맴돌던 경찰과 방송국 헬기 소리를 들으며 오픈스쿨에서 숙소로 내준 체육관에 있는 낡은 텔레비전으로 비극의 전개를 지켜보았다고 한다.

어딜 가나 쉽게 친구를 사귀는 브라이언은 그날도 오픈스쿨에 있으면서 여러 친구들을 사귀게 됐는데, 그 친구들도 컬럼바인에 아는 사람이 있다고 했다. 오후 3시쯤부터는 무거운 침묵이 모든 사람들을 짓누르기 시작했다. 그리고 보안당국에서는 제퍼슨 카운티 오픈스쿨에도 누군가 폭탄을 설치했을 가능성이 있다고 보고, 폭탄 탐지견을 동원한 건물수색을 벌일 수 있도록 프리스쿨 아이들에게 다음날 새벽 6시에 짐을 챙겨서 떠나달라고 요청했다.

오픈스쿨 교사 한 명이 친절하게도 렉스와 아이들을 산속에 있는 회의장까지 태워다주었다. 회의장에 도착하자마자 눈이 쏟아지기 시작했고, 사흘이나 휘날리던 눈보라가 그치자, 사람들은 산장 사이를 오가기 위해 눈 속에 굴을 파야 했다. 회의에 참석한 청소년들은 75명 정도였는데, 눈이 내리지 않는 지역에서 온 아이들도 꽤 많았던 터라 다들 황홀경에 빠졌다고 한다.

아이들은 돌아오는 길에 계획했던 내로 시카고에 들러 사흘 동안 관광을 했다. 역시 콜로라도 회의에 대표단을 보냈던 시카고 도심 빈민가의 푸에르토리코 대안학교 페드로 알비주 캄포스 스쿨에서 우리 학교 아이들을 맞아주었다. 이때도 역시 넉살 좋은 브라이언이 서로 달라도 너무 다른 문화권의 아이들 사이의 서먹함을 없애는 역할을 했다.

월요일이 되어 다시 학교로 돌아온 브라이언은 의기소침해진 타이런의 기분을 풀어주려고 애쓴다. 수학여행을 떠나기 전, 나는 타이런이 마음을 돌리기 위해 다른 친구들이 여행에서 돌아와 온갖 모험담을 늘어놓으면 얼마나 소외감을 느낄지 생각해보라고 했었다. 녀석을 설득하는 데는 실패했지만, 내 예상은 적중했다. 타이런은 평소의 재기발랄한 열네 살 소년의 모습은 간데없이 이상할 정도로 과묵해졌다. 반면 브라이언은 여행 전보다 훨씬 반 친구들과 가까워져서 돌아왔다. 그런 브라이언이 오후가 되자 반 친구들과 시간을 보내지 않고 타이런을 농구코트로 끌고 나간다. 그리고 이번 주말은 자기 집에서 자자고 한다. 금요일이 될 때까지도 타이런의 얼굴에서 예전에는 거의 본 적 없던 침울한 표정이 완전히 가시지 않지만, 녀석은 그런대로 옛 모습을 되찾아가고 있다.

7, 8학년생들이 여행을 떠난 동안, 데미안은 소원을 이뤘다. 5월 초에 엄마가 예쁜 여동생을 낳은 것이다. 폴라는 데미안이 집에서 다시 착한 아들이 되었다고 전해준다. 녀석은 엄마를 도와 집안일도 잘하고 아기한테도 상냥하고 의젓한 오빠 노릇을 한단다.

학교에서도 데미안의 상태가 많이 호전되었다. 반발심도 상당히 누그러졌고, 유치부 꼬맹이들과 보내는 시간도 많이 줄었다. 요즘은 우리 학교에서 해마다 졸업식을 앞두고 치르는 장기자랑에서 선보일 연극을 준비하느라 여념이 없다. 앤드류와 함께 쓰던 대본도 거의 완성단계에 이르렀고, 최근에는 대형 종이박스로 거창한 무대장치도 만들기 시작했다.

낸시와 나는 오는 9월 신학기에도 데미안을 프리스쿨에 보낼 생각인지 폴라에게 물을 때가 되었다고 판단한다. 지금까지는 폴라도 긍정적인 태도를 보여왔다. 하지만 올해 데미안이 일반학교에서 말하는 수업다운 수업을 거의 받지 못한 것 또한 사실이다.

그래도 폴라의 답은 명쾌하다. "다른 데 보낼 생각은 꿈에도 하지 않고 있어요. 이제 겨우 7개월이 지났는데 애가 얼마나 달라졌는지 지금도 믿어지지 않을 정도예요."

그러고는 이렇게 덧붙인다. "좀더 일찍 프리스쿨을 발견하지 못한 게 아쉬울 따름이죠."

어느 날 아침, 윌리엄이 번들거리는 새 천식 흡입기를 들고 학교에 나타난다. 낸시는 흡입기를 보자마자 윌리엄 엄마 아이린에게 전화를 건다. 아이린은 주말에 아이가 잠결에 자꾸 씨근거려서 응급실에 데려갔다고 말한다. 윌리엄을 진찰한 의사가 아이에게 천식이 있다며 흡입기를 처방했단다.

냰시는 흡입기처럼 극단적인 치료법은 절대적으로 필요한 상황이 아니면 쓰고 싶지 않다고 설명한 뒤, 윌리엄의 흡입기를 우리가 보관하는 대신 앞으로 며칠 동안 더 유심히 아이를 살피겠다고 제안한다. 낸시는 아이들이 우리 학교에서 몸을 많이 움직이고 정서적 자유를 충분히 누리기 때문에 천식 증상을 보이는 경우가 극히 드물다는 말로 아이린을 안심 시킨다. 그리고 윌리엄이 곧 태어날 동생에 대한 불안감과 아빠에 대한 그리움이 겹쳐 일시적으로 몸이 안 좋아진 것이지, 정말 천식이 생긴 건 아닐 거라고 말한다.

낸시는 학기 초부터 꾸준히 아이린과 우호적인 관계를 쌓아온 덕분에 아이린을 설득하는 데 성공한다. 아이린은 낸시의 판단에 맡기겠다고 한다. 그리고 낸시의 판단이 옳았던 것으로 나중에 밝혀진다.

한편 브라이언도 학교로 돌아와 타이런과 다시 가깝게 지내면서 다시 퇴보하기 시작한다. 2년 전 우리 학교에 처음 왔을 때 보였던 파괴적인 행동이 되살아난 것이다. 문집 편집회의 때 늘 장난만 치고, 렉스와 여학생들이 끊임없이 잔소리를 해야만 겨우 일을 하는 둥 마는 둥 한다.

나에게 조언을 구하러 온 렉스에게 나는 브라이언의 회의 참석 시간을 최소화하는 대신 녀석이 맡을 임무를 정해서 끝까지 책임지게 만들라고 제안한다.

나는 렉스에게 말한다. "아마 내년에 우리 학교를 졸업하고 일반학교를 다닐 생각에 머리가 복잡할 겁니다. 사실 우리가 그 녀석한테 공부를 열심히 시킨 건 아니잖아요."

그리고 계속 내 생각을 렉스에게 얘기한다. "게다가 컬럼바인 참사를 그렇게 가까운 데서 지켜본 것 때문에 아직 마음이 뒤숭숭할지도 모르죠. 내 생각엔 브라이언이 그때 꽤 큰 충격을 받은 것 같습니다. 내가 선생님 반에 들러서 아이들과 그날 겪은 일에 대해 토론을 해보는 건 어떨까요?"

렉스와 나는 논의 끝에 내일 아침에는 가장 먼저 아이들과 이야기를 나누기로 약속을 잡는다. 나는 대화를 마치면서 렉스에게 브라이언이 기말 프로젝트를 정할 수 있도록 도와주라고 제안한다. 되도록 몸을 많이 움직이는 프로젝트를 찾으면 녀석이 불안감을 해소하는데 도움이 될 거라는 조언도 함께 해준다.

"브라이언이 무언가 해냈다는 긍정적인 느낌을 갖고 이곳을 떠나는 게 아주 중요해요. 고등학교로 진학하는 과도기가 순탄치만은 않을 게 분명하니까요."

렉스는 내 말을 듣더니 이렇게 얘기한다. "생각해보니까 브라이언이 시카고에서 푸에르토리코 아이들이랑 드럼 치는 걸 정말 좋아했던 기억이 나는데요. 내 친구 중에 드럼 만드는 장인이 있어요. 아이들을 아주 좋아하는 친군데, 내가 부탁하면 브라이언이 드럼 만드는 걸 도와주겠다고 할 겁니다."

나는 렉스의 말에 맞장구친다. "완벽한 아이디어네요."

다음날, 나는 7, 8학년 반 조회가 끝나자마자 교실로 찾아가 아이들에게 컬럼바인 참사에 대한 자기 느낌이나 생각을 얘기해보자고 한다. 이 사안은 지금 전국 모든 교사와 학생, 학부모의 마음을 어지럽히고 있을 것이다.

브라이언이 제일 먼저 입을 연다. 브라이언은 제퍼슨 카운티 오픈스쿨에서 사귄 친구들이 컬럼바인에 다니는 친구들을 염려하던 모습을 떠올리며 안타까운 표정을 짓는다. 다른 아이들도 앞날이 창창한 청소년이 똑같은 청소년을 잔혹하게 살해한 사실에 아직도 충격이 가시지 않는다고 이구동성으로 말한다.

나는 아이들에게 이 비극의 원인이 무엇이라고 생각하는지 묻는다. 답은 끊이지 않고 쏟아진다. 미성년자도 총기를 쉽게 구할 수 있는 관리 허술, 집단 놀림과 괴롭힘과 따돌림, 끼리끼리 뭉쳐 남들을 배제하는 태도, 자식에게 무관심한 부모 등등. 그러더니 몇몇 아이들이 두 가해 학생의 처지에 대해서도 이야기한다. 아무도 자기감정을 솔직하게 표현하지 않고 문제를 대화로 풀지 못하는 학교 분위기가 두 학생을 옥죄었을 거라고 지적한다. 한마디로 속으로 삭이기만 하던 두 학생의 분노가 급기야 폭발해버렸다는 것이다.

나는 아이들의 해석에 별로 덧붙일 말을 찾지 못한다. 반면 렉스는 아이들이 자기 생각을 다 털어놓을 때까지 기다렸다가 언론에 별로 공개되지 않은 한 가지 사실을 덧붙인다. 바로 가해학생 둘 다 정신과 약물을 복용하고 있었다는 사실이다.

아이린의 출산예정일이 다가오자, 윌리엄의 행동은 데미안이 동생의 출생을 앞두고 그랬듯이 퇴보를 거듭한다. 윌리엄의 전체회의 방해 작전에 대한 제재로 고작 생각해낸 것은 집에 돌려보내기였는데, 요즘 녀석은 아예 집에 빨리 들어가고 싶어 안달이 난 것처럼 우리의 인내심을 시험하고 있다. 경쟁자의 출현이 임박한 가운데 밤이고 낮이고 엄마 옆에 붙어 있고 싶은 녀석의 심정을 이해 못하는 바는 아니다. 하지만 나는 윌리엄에게 집에 돌려보내기는 적절하지 않기 때문에 또 전체회의를 방해하면 예전처럼 그냥 수영을 못하는 결과를 받아들여야 한다고 못박아 둔다.

한편 아들과 엄마는 아빠와 남편에 대해 자꾸 상반된 이야기를 하고 있다. 윌리엄은 아빠가 다시는 돌아오지 않을 거라고 말하는 반면, 아이린은 남편이 연수를 마치고 운전면허 등급을 올리는 대로 돌아올 거라는 설명을 고수하고 있다.

그러던 중 아기가 태어난 지 사흘째 되는 날, 윌리엄 아빠는 노스캐롤라이나에서 올라와 가족과 주말을 보내더니 다시 돌아오지 않을 거란 말을 남기고 또 떠나버린다.

아빠가 떠난 다음 주 월요일, 학교에 폴라로이드 사진을 가지고 온 윌리엄은 남동생 자랑을 한참 한다. 아기는 놀라울 정도로 제 형을 쏙 빼닮았다. 그리고 윌리엄도 놀라울 정도로 달라진 모습이다. 예전보다 훨씬 변덕이 줄었고, 긴장하거나 화난 표정도 없어졌다. 하지만 남동생이 생겼다는 기쁨을 마냥 누리기엔 아빠가 떠났다는 슬픔이 아이를 너무나 무겁게 짓누른다. 윌리엄은 아빠가 보고 싶다는 말을 하던 중 사람들이 보거나 말거나 엉엉 울고 만다. 학생 교사할 것 없이 다들 아이를 위로해주려 애쓴다.

그 후로 윌리엄은 별다른 말썽 없이 학기를 마친다. 전체회의에서는 남들이 참아줄 수 있는 만큼만 까불고, 벳시의 도예강습은 절대 빠지지 않는다. 그리고 6월 정도부터는 낸시가 다른 1학년생들과 하는 프로젝트에도 점점 더 오랫동안 참여한다. 푹한 날씨 덕에 아이들 사이에서 야구 열풍이 분다. 비가 오지 않는 날이면 어김없이 야구에 몰두하는 녀석들 틈에 윌리엄도 낀다. 윌리엄은 다른 아이들보다 어린데도 뛰어난 운동신경을 자랑한다. 하지만 그보다 더 인상적인 것은 게임을 계속할 만큼 아이가 협동심을 발휘하고 있다는 사실이다. 지난 가을만 해도 윌리엄이 아이들과 야구를 한다는 건 거의 불가능했다. 당시 녀석은 팀플레이를 하기엔 너무 다혈질인 데다 자기중심적이었으니까.

아무튼 녀석의 학교생활은 대체로 순탄하다고 할 수 있겠다. 단 한 가지, 아직도 글을 못 읽는다는 사실만 빼면 말이다. 게다가 녀석은 배우겠다는 의지도 관심도 없어 보인다. 아주 가끔씩 낸시나 내가 동화책을 읽어주는 것을 앉아서 듣긴 하지만, 그 이상은 아무런 진전이 없다. 우리 두 사람은 아이가 일단 글을 깨치는 데 시간과 노력을 기울일 준비가 됐다고 스스로 느끼고 나면 그리 어렵지 않게 배울 수 있으리라 믿기 때문에 별로 걱정하진 않는다. 하지만 이미 아이 엄마는 우려가 공포로 진행된 모양이다. 낸시와 내가 아무리 안심을 시키려 해도 이제 더 이상 우리 얘기가 먹히지 않는다. 아이린에게 이제 곧 2학년으로 올라갈 아들이 글을 못 읽는다는 건 전국 수학능력 평균치에서 점점 뒤떨어지고 있다는 뜻으로밖에는 해석이 되지 않는다.

아이린의 두려움을 이해 못하는 것은 아니다. 공교육의 정책기조는 갈수록 더 어린 나이에 읽기, 쓰기, 산수 등의 기본실력을 통달해야 된다고 주문한다. 게다가 교육을 빈곤탈출의 수단으로 생각하는 대부분의 소외계층에게는 학업성과를 최대한 빨리 내야 한다는 강박관념이 더 심한 편이다. 이 나라의 젊은 흑인남성 대다수가 당하는 경제적 불이익에 비춰볼 때, 나 역시 아이린의 논리를 반박하기 힘들다.

윌리엄과 달리 마크는 글을 깨치는 중이다. 본인의 선택에 따라 낸시와

일대일로 매일 30분에서 45분쯤 읽기 공부에 매진하고 있다. 꾸준히 실력이 늘고 있는 데다, 자기 나이치고는 읽기 실력이 모자란다는 편견 자체로부터 자유로워 보인다. 애가 열 살이나 됐는데도 읽는 수준이 그것밖에 안 되냐며 호들갑을 떨거나 아이를 다그치는 사람이 아무도 없다는 것은 그런 사람이 하나라도 있는 것과 천지 차이다.

무엇보다 중요한 것은 마크가 자신과 자신을 둘러싼 환경에 대해 만족하고 있다는 사실이다. 마크는 이제 학교에서 남자아이 여러 명과 친하게 지내고 있다. 또한 전체회의 의장으로 곧잘 선출되는데, 실제로 학교에서 인기가 있긴 하지만 마크가 선출되는 이유는 인기 때문이 아니라 늘 유머러스하면서도 능란하게 회의를 주재할 줄 알고 학교를 사랑하는 마음이 다른 아이들에게도 보이기 때문이다.

마크가 얼마나 학교에 대한 애정이 깊은지는 여러 가지 예에서 나타난다. 바로 지난주에도 누군가 피아노 의자에 너무 세게 앉아 의자다리 하나가 부러졌는데, 마크는 피아노를 치지도 않으면서 내가 의자 고치는 걸 돕겠다고 오후에 학교에 남았다. 그리고 학교에서 기획하는 여러 답사나 특별활동을 준비하기 위해 전화문의를 하고 신청서를 제출하는 일도 마크가 하겠다고 자원하는 날이 많다.

참으로 마크는 가까이할수록 기분 좋은 친구다. 남을 존중할 줄 알고 책임감도 있고 무엇보다 투철한 정직성이 돋보인다. 늘 자기 생각을 자유롭게 표현하고 감정을 숨기지 않는다. 나는 마크가 훌륭한 어른으로 성장해 자신이 원하는 인생을 행복하게 살아가리라 믿어 의심치 않는다.

한편 월터는 웹사이트 디자인 견습 덕분에 요즘 학교생활도 즐겁다. 목

요일마다 제프를 따라 조디의 사무실로 가서 조디와 함께 작업하며 오후를 보낸다. 월터는 비록 우리 학교 역사상 최연소 견습생이지만, 선배들 못지않게 아니 그보다 더 많은 것을 얻고 있다. 며칠 전 녀석은 비디오게임 소매업을 차리고 자기가 직접 홍보 웹사이트를 개발할 계획이라고 말했다. 지금까지는 각종 정부기관 사이트를 검색해서 합법적으로 사업하는 데 필요한 서류를 다운받았다. 그리고 아직 회사명을 정하지 않았지만 이름을 정하는 대로 사업자등록도 할 생각인데, 등록비 25달러는 할머니가 빌려주시기로 했단다.

그렇게 월터는 전보다 더 독립심을 키우면서 꾸준히 자기가 살고 싶은 세상을 스스로 만들어가고 있다. 월터는 상상력과 자유의지를 억제하고 대뇌 신피질 좌측의 집중범위를 좁히기 위해 독한 각성제를 먹을 필요가 없었다. 그것은 리탈린을 포함한 신경각성제를 복용하는 거의 모든 아이들에게 나타나는 두 가지 효과인데, 월터는 그런 효과를 내는 약이 아니라 자신을 믿어주는 환경이 필요했던 것이다. 최선이 무엇인지 아이 스스로 제일 잘 알 거라 믿어주고 아이가 자기 내면의 목소리를 따르게 해주는 환경, 월터에게는 그런 환경이 약이었다. 월터가 알아서 만든 자기만의 교과과정은 지구상 그 누구에게도 맞지 않을지 모르지만, 월터에게는 세상에서 가장 완벽한 교과과정이다.

솔직히 월터를 문제아로 여긴 사람이 한 명이라도 있었다는 것조차 상상하기 어렵다. 월터는 우리 학교에서 하루도 쉬지 않고 열심히 배우고 있다. 그리고 우리와 함께한 수년 동안 한 번도 다른 사람을 괴롭히거나 힘들게 한 적이 없다. 자신이 대우받고 싶은 대로 남을 대우하기 때문에 친구도 많다. 혼자서 뭔가에 몰두하는 날이 허다하지만, 우리는 녀석이 어디서 또 무슨 짓을 하고 있는지 걱정한 적이 한 번도 없다. 늘 공동체의 책임 있는 구성원으로 행동하기 때문이다.

그렇다고 우리가 월터 걱정을 하나도 하지 않는다는 말은 아니다. 하지만 우리가 걱정하는 건 월터의 정서와 신체의 건강이다. 월터네 가족에게 심심치 않게 닥치는 위기 때문에 아이는 꽤 오랜 시간 정서적 욕구를 외면당한 채 방치될 때가 많다. 그 결과 애정과 관심을 먹는 것으로 대체하는 습관이 생겨서 적정 체중보다 훨씬 더 많이 나가게 된 지 오래다. 나이가 들수록 비만 때문에 건강까지 나빠질까봐 걱정이다.

그래도 다행히 우리 학교에서는 아무도 월터가 뚱뚱하다고 놀리지 않는다. 나는 솔직히 녀석이 지금도 공립학교를 다니고 있었다면 상황은 달랐으리라 생각한다. 대부분 학교에서는 아이들이 특히 고학년으로 올라갈수록 자신의 억눌린 감정을 엉뚱하게 표출하면서 잔인하다 싶을 정도로 서로에게 분풀이를 한다. 그렇다고 프리스쿨에서는 아이들이 절대 서로 놀리지 않는다는 말은 아니다. 아이들끼리 서로 약 올리고 놀리는 건 동서고금을 막론한 자연스러운 행동이다. 하지만 프리스쿨 아이들은 그렇게 심하게 서로 놀리고 괴롭힐 필요를 못 느낀다. 내가 생각하기에는 우리가 아이들의 모든 행동을 감시하고 측정하고 재단하려들지 않기 때문인 것 같다. 뿐만 아니라 우리 아이들은 누구의 강요도 받지 않은 자기만의 방식으로 서로를 대한다. 그리고 학교 공동체가 평화롭게 굴러가려면 서로에게 기댈 수밖에 없다는 것을 잘 안다.

그래서 월터는 계속 월터답게 살아갈 자유를 누린다.

우리는 타냐 엄마 마타한테서 남편과 갈라섰다는 소식을 듣는다. 두 사람 다 타냐의 담임 미시에게 요즘 많이 싸운다고 털어놓긴 했지만, 그래

도 우리는 두 사람의 결별 소식에 충격을 받는다. 두 사람은 양육의 책임도 반씩 가르기로 했단다. 타냐는 계속 엄마랑 살기로 했고, 타냐의 남동생 비제이는 친할머니 집에서 아빠랑 살기로 했다.

또 다른 소식은 마타가 직장에서 승진하면서 교외 주택가로 이사할 만큼 경제적으로 여유로워졌다는 것이다. 평생을 도심 빈민가에서 살아온 마타는 드디어 그 소란과 혼돈에서 벗어날 생각에 들떠 있다. 이사 갈 동네는 학군이 괜찮은 곳이라 마타는 새 학기가 시작되면 동네에 있는 초등학교 1학년에 타냐를 입학시키기로 결정했다고 한다.

나는 마타에게 딸을 계속 우리 학교에 보내라고 설득해도 될 만한 핑계를 찾고 싶지만, 그건 그야말로 핑계에 불과할 테다. 타냐는 미시가 맡은 유치부 반에서 나무랄 데 없이 잘 지내고 있다. 읽기나 쓰기를 다 좋아하고, 진도도 모범적으로 나가고 있고, 이제는 집단의 일원으로 편안하게 행동할 정도로 고집을 피우거나 관심에 굶주려하지 않는다. 미시의 말에 따르면, 타냐는 이제 수업시간에도 아주 협조적이고 훈육에도 잘 반응하고 있단다.

그러므로 타냐는 공립학교를 다니더라도 아무 탈 없이 잘 적응할 것이다. 문제가 있다면 녀석을 보내기 싫은 내가 문제다. 활기찬 녀석의 빈자리가 크게 느껴질 것 같고, 내 제자였던 아이가 장성하여 낳은 자식이 성장하는 모습을 가까이서 지켜볼 수 있는 기회를 놓친 게 아쉬울 것 같다.

한편 브라이언은 렉스가 드럼 만들기 프로젝트를 제안하자 당장 하고 싶다며 호응한다. 렉스는 드럼 만드는 친구와 브라이언을 연결시켜주는 데

성공한다. 댄이라는 렉스의 친구는 본업은 목수지만 미국 선주민 보호 지역에서 많은 시간을 보내며 사슴의 가죽과 힘줄로 나무 드럼을 만드는 법을 전수받았다. 댄은 브라이언과 이렇게 합의한다. 자기도 새 드럼을 만들고 싶으니 브라이언이 드럼 두 개 만들 분량의 사슴 가죽을 손질하면 자기가 드럼 만드는 법을 가르쳐주겠다는 것이다. 댄은 이미 사냥하는 친구한테서 사슴 가죽을 얻어다 털과 피하지방이 잘 벗겨지도록 소금물에 담가두었다고 했다.

그래도 가죽에서 털과 피하지방을 긁어내는 작업은 아주 고된 노동이다. 진로 걱정에 머리는 복잡하고 참을성은 부족한 청춘에게는 더할 나위 없는 작업이 될 것이다. 댄은 사슴 가죽을 펼쳐서 고정시킬 나무틀을 만든 다음 쇠로 된 끌로 가죽에서 털과 지방을 긁어내는 방법을 브라이언에게 가르쳐준다. 그러면서 너무 세게 긁지 않도록 조심하라고 일러준다. 힘 조절을 못해 가죽이 찢어지면 드럼 가죽으로는 쓸모가 없어지기 때문이다. 장인은 견습생이 감을 잡았다고 판단하자, 가죽이 준비되면 자기를 부르라고 이른 뒤 짓고 있던 집을 계속 지으러 떠난다.

한편 렉스는 학교에서 브라이언이 자기 반 여학생들과 타협안을 찾을 수 있게 도와준다. 문집 공동편집장을 맡은 여학생들은 브라이언이 이번 수학여행 기행문을 마감시간까지 써내기만 한다면 편집회의 참석을 면제해주기로 한다.

드럼 만들기 프로젝트는 브라이언을 시험하는 계기가 된다. 계속되는 화창한 봄 날씨에 놀러 다니고 싶은 마음이 굴뚝 같으련만, 녀석은 수십 시간을 가죽에 매달려 열심히 긁는다. 그런데도 아직 털 있는 쪽은 한참 남았다. 지루하고 힘든 데다 냄새까지 고약한 작업일 텐데, 오늘도 녀석은 열심히 털과 지방을 벗겨내고 있다. 이쯤에서 다시 한 번 강조하자면,

브라이언은 전에 다니던 학교에서 과제를 제때 마치지 않아 교사들을 애먹였던 충동적인 아이고, 그런 브라이언에게 지금 프로젝트도 언제든지 그만둘 자유가 있다. 프로젝트를 마친다고 점수를 받는 것도 아니고, 마치지 않는다고 댄한테 벌을 받는 것도 아니다. 브라이언의 유일한 동기는 자기만의 드럼을 만들어 시카고 스페인계 아이들한테 배우기 시작한 드럼연주를 계속 하는 것이다.

물론 이번 프로젝트에는 또 다른 동기가 내재되어 있다. 바로 댄에 대한 브라이언의 호감과 존경심이다. 브라이언의 아빠는 아들의 인생에서 빠진 지 오래고, 엄마의 애인 짐은 아직 녀석의 인생에 등장한 지 얼마 되지 않은 데다 굉장히 바쁜 사람이다. 그래서 브라이언은 늘 남성 멘토에 목말라하고 있다. 녀석은 본능적으로 댄과 함께하는 시간을 소중히 생각하며 댄이 내준 과제를 끝까지 해내는 모습을 보여주고 싶어 한다.

그런 브라이언도 당연히 가끔 땡땡이를 치고 타이런과 농구를 하며 오후를 보낸다. 타이런은 사슴 가죽이 끈적거리고 징그럽다며 아무리 절친한 사이라도 브라이언을 돕지 못하겠다고 한다. 아무튼 브라이언은 약 일주일에 걸쳐 드디어 가죽 양면 모두 손질을 끝낸다. 그러고는 댄에게 연락해서 드럼 본체 만드는 방법을 가르쳐달라고 한다.

다음은 자작나무를 재단하고 이어서 본체를 만드는 단계다. 댄은 프리스쿨 공동체 구성원 중 목공예를 하는 사람이 빌려준 테이블쇼와 대패를 사용해서 나뭇조각을 자르고 매끄럽게 다듬는 방법을 가르쳐준다. 그러고는 둘이서 나뭇조각을 꿰고 풀로 붙인다. 댄은 브라이언이 푸에르토리코 스타일에 감명을 받았다는 점을 감안해서 작은 콩가와 비슷한 높은 원뿔 모양의 드럼을 설계해준다.

브라이언의 반 친구들은 문집을 만드느라 분주한 나날을 보낸다. 자꾸 회의를 방해하던 브라이언이 없으니 아이들도 한결 편하게 작업을 한다. 대신 브라이언은 렉스의 지도 아래 기고하기로 약속한 기행문을 완성한다. 문집을 만드는 데 다른 반 친구들만큼 노력을 쏟진 않았지만, 브라이언도 완성된 문집에 나름대로 자부심을 느껴도 될 자격은 갖춘다.

지역 복사전문점에서 무료로 인쇄를 해준 덕분에 아이들은 문집 판매로 200달러가 넘는 수익을 낸다. 아이들이 학기말 뒤풀이로 계획한 급류 래프팅 경비로는 충분하다. 벳시가 허드슨 강 상류에서 래프팅 회사를 운영하는 친구에게 부탁해 참가비를 대폭 할인받기로 했기 때문이다.

래프팅을 가기로 한 날, 렉스를 도와 아이들을 인솔하기로 했던 벳시에게 사정이 생기면서 내가 대타로 나선다. 강에 9시 반까지 도착하기로 약속이 되어 있어서 우리는 학교에서 7시에 출발한다. 다들 비몽사몽이라 오랜만에 맞는 여명의 아름다움을 감상하지도 못한 채 학교 승합차에 몸을 싣고 북쪽으로 160킬로미터 떨어진 래프팅 장소를 향해 달린다. 운전대를 잡은 나로 말할 것 같으면 래프팅이 처음인 데다 수영 실력도 자신 없어 긴장한 상태다.

나는 반쯤 감긴 눈으로 남색 뉴욕 양키즈 모자를 푹 눌러쓴 타이런의 모습을 백미러로 보며 흐뭇해한다. 이번 학기 마지막 모험에 반 친구들과 함께 하기로 마음먹은 녀석이 기특하다. 타이런은 래프팅을 가자는 아이디어가 처음 나왔을 때부터 흥분했었고, 문집 파는 일에도 아주 적극적이었다. 지금은 내 뒤에 브라이언과 함께 앉아 도란도란 얘기하고 있다.

우리는 래프팅 회사의 장비 창고에 먼저 들러 가이드가 나눠주는 잠수복과 구명조끼, 헬멧 등을 착용하고 플라스틱 패들을 받아 든다. 그리고 우리보다 더 인원이 많은 인근 고등학교 학생들과 함께 낡은 보라색 스쿨버스에 올라타고 출발지점으로 향한다. 출발지점은 댐 바로 밑에 허드슨 강으로 유입되는 작은 호수다.

버스 안에서 가이드들이 합동으로 참가자들에게 안전수칙과 패들 사용법을 가르쳐준다. 가이드의 말로는 래프팅만큼 안전한 레포츠가 없단다. 아무리 물살이 빨라도 잠수복과 구명조끼만 입으면 물에 뜬다는 것이다. 워낙 급류를 많이 타다보니 보트에서 튕겨져 나가는 일이 종종 있긴 한데, 이때는 절대 강물에서 일어서려고 하지 말고 반드시 다리를 올린 채 물 흐르는 대로 몸을 맡겨야 한다. 그러면 물살이 덜 급한 곳으로 흘러가게 되고, 거기서 보트가 오길 기다리면 된다. 익사사고는 물에 빠진 사람들이 강바닥을 딛고 일어서려다 바위틈에 다리가 끼고 급물살 때문에 계속 물을 먹다가 발생한다는 것이다.

보트에 오를 때가 되자 다들 긴장한다. 가이드는 보트 앞쪽 자리일수록 더 스릴이 넘친다고 말한다. 아니나 다를까, 브라이언과 타이런이 맨 앞에 앉겠다고 달려들고, 다른 아이들은 그런 두 녀석을 말리지 않는다. 바위틈에 다리가 끼여 급물살에 갇힐 수도 있다는 가이드의 말을 들은 터라 다들 보트에서 절대 떨어지지 않겠다고 속으로 다짐하고 있는 게 분명하다.

처음에는 물이 실망스러울 정도로 잔잔하다. 우리는 댐에서 방금 방류된 물의 흐름을 따라 좁은 지류로 진입한다. 그러다가 한 2킬로미터 조금 못 간 지점에서 갑자기 시야가 넓어지더니 보트는 허드슨 강 한가운데로 진출한다. 이곳 허드슨 강 상류는 강 너비가 90미터 정도 된다.

나는 교사로서의 버릇을 버리지 못하고 또 아이들을 가르치려든다. "이 강이 뉴욕을 지나 대서양으로 흘러가는 바로 그 강이야. 하류로 가면

강너비가 1킬로미터가 넘지."

"근데 급물살은 어디 있어요?" 브라이언이 끼어든다.

우리 가이드가 눈빛을 번득이며 대꾸한다. "걱정 마. 조금만 더 가면 거의 20킬로미터나 되는 협곡이 나온다. 그때부터 액션의 진수를 보여주지."

우리 가이드 스티브는 훤칠한 키에 군살 없는 몸매를 자랑하는 50대 사나이로, 은퇴한 산업미술 교사란다. 앞에 앉은 두 까불이를 상대하기에 완벽한 사람이라는 생각에 나는 몰래 미소를 짓는다.

스티브가 설명을 이어간다. "급물살을 만나면 다들 정신 바짝 차리고 있는 힘껏 노를 젓는 것 잊지 말도록. 안 그러면 보트를 조정할 수 없으니까. 내 지시에 따르지 않으면 진짜 큰일 난다는 거 명심하도록. 요 며칠 사이 비가 꽤 많이 와서 물이 많이 불었거든."

스티브는 노 젓는 법을 빠르게 복습시킨다. "어떤 구간에서는 내가 모두 노를 앞으로 저으라고 하거나 뒤로 저으라고 할 거야. 또 어떤 때는 이쪽 줄에 앉은 사람은 앞으로 젓고 이쪽 줄에 앉은 사람은 뒤로 저으라고 할 거고. 그리고 내가 노 저으라고 하면 진짜 미친 듯이 젓는 거다!"

물살이 더 빨라지기 전에 우리는 방향 트는 연습을 해본다. 보트는 원을 그리며 돈다. 스티브가 우리에게 반대로 저으라고 지시하자, 이번에는 보트가 아까와 반대 방향으로 돈다.

뉴욕보다 훨씬 북쪽이어서 그런지 이곳은 이제 막 봄기운이 느껴진다. 눈은 다 녹았지만 강기슭의 나무들은 이제야 생동하기 시작했다. 형형색색의 나뭇잎과 꽃들이 가을단풍을 연상시킨다. 꼬리가 빨간 매 한 마리가 우리 위로 날아오르지만, 스티브와 렉스와 내 눈에만 들어온다. 나머지 아이들은 협곡으로 떨어질 생각에 바짝 긴장한 채 강물에서 눈을 떼지 못하고 있다.

물소리가 점점 커지고 있다는 사실도 아이들은 눈치채지 못하는 것 같다.

갑자기 스티브가 큰 소리로 외치기 시작한다. "자! 다들 준비! 저 앞에 구부러진 곳을 돌자마자 협곡으로 내려가기 시작한다. 내가 어떤 지시를 하는지 잘 듣고, 이 두 가지는 꼭 기억한다. 패들을 놓쳐서 뒷사람 다치지 않게 패들 손잡이를 위에서 잡고, 발은 앞자리 밑으로 밀어 넣는다. 그럼 보트에서 떨어질 위험은 없을 테니까."

우리는 커브를 돌아 약 200미터 앞에 있는 첫 여울을 맞는다. 이제야 왜 급류 래프팅을 화이트워터 래프팅이라고 부르는지 알겠다. 급물살이 바위에 부딪히면서 하얀 거품이 되어 사방으로 튄다. 보트의 속도가 급격하게 빨라진다. 급류라는 수식어가 래프팅 앞에 괜히 붙은 건 아닌가보다.

"모두 앞으로!" 스티브가 소리 지른다. 앞에 앉은 두 녀석에게 잊지 못할 추억을 선사하려는 의도가 분명하다.

우리는 순식간에 급류에 빨려 들어간다. 이제는 패들을 사용할 필요가 없다. 스티브는 노 젓는 것을 잠시 멈추고 보트를 꽉 붙잡고 있으라고 한다. 보트가 물속에 잠긴 바위 위를 지나면서 앞쪽이 확 들린다. 동시에 브라이언과 타이런은 공중부양을 한다. 천만다행으로 두 녀석은 강물이 아닌 보트 안으로 다시 떨어진다. 아이들은 정신없이 웃어대고 목이 터져라 악을 쓴다.

갑자기 거대한 암석이 우리 앞을 가로막는다.

스티브가 급하게 소리친다. "왼쪽 줄 뒤로! 오른쪽 줄 앞으로!"

그 와중에 모두들 용케 왼쪽 오른쪽을 헷갈리지 않는다. 스티브가 더 빨리 저으라고 소리치는 가운데, 보트는 조금씩 왼쪽으로 방향을 튼다. 우리는 30센티미터도 채 안 되는 간격을 두고 암석을 피한다.

숨 막히는 스릴이 몇 분간 지속되는가 싶더니 우리는 급물살에 빨려들 때와 똑같이 아주 빠른 속도로 다시 급물살에서 벗어난다. 다행히 보트에 빈자리는 없다. 스티브는 우리에게 잘했다고 칭찬하면서도 곧바로 긴장을 풀지 말라고 경고한다. 앞으로 더 가파르게 여울로 떨어지는 구간이 나올 테니 정신을 바짝 차려야 된다는 것이다.

평평하고 잔잔한 직선코스를 미끄러지듯 지나던 중, 브라이언은 아까 버스를 같이 타고 온 고등학생 팀의 보트들을 발견한다.

녀석은 바로 스티브에게 졸라대기 시작한다. "저 사람들 쫓아가요!"

스티브는 "모두 앞으로!"를 외치고, 우리는 미친 듯이 노를 앞으로 저어 곧 고등학생 팀의 맨 뒤에 있던 보트를 따라잡는다. 보트에 가득 탄 남학생들은 우리의 작전을 눈치채자마자 역시 혼신을 다해 노를 젓기 시작한다. 그러다가 갑자기 방향을 바꿔 후진을 한다. 스티브와 똑같이 번득이는 눈빛을 한 상대 보트 가이드는 뒤에서 수동펌프를 꺼내더니 자기 앞에 앉은 남학생한테 건넨다. 이제 소방선으로 둔갑한 상대 보트는 펌프를 이용해 우리에게 차가운 물대포를 쏘아대기 시작한다. 스티브도 우리가 보복할 수 있게 비슷한 무기를 꺼내준다.

이제 전쟁이다. 두 보트 간의 간격이 금방 좁아지면서 아이들은 이제 패들로 서로에게 물을 튀기기 시작한다. 아이들이 신나게 서로에게 물세례를 퍼붓는 동안, 상대 보트 가이드는 능숙하게 보트를 후진시켜 우리 보트 앞쪽으로 댄다. 우리 보트 앞쪽에는 브라이언이 앉아 상대편 아이들을 약 올리는 중이다. 갑자기 상대편 가이드가 브라이언의 구명조끼를 낚아채더니 브라이언을 우리 보트에서 끌어내 자기 보트에 옮겨 태우려고 한다. 브라이언 뒤에 앉은 두 여자아이가 타이런과 함께 브라이언의 팔다리를 붙잡고 늘어지지만, 20대 초반의 건장한 가이드를 힘으로 당해내기엔 역부족이다.

가이드는 생포 작전을 마치자마자 자기 패들로 우리 보트를 밀어내더니 아이들에게 앞으로 노를 저으라고 지시한다. 상대편 아이들은 전리품이 된 브라이언을 끌어안고 의기양양한 해적처럼 쏜살같이 달아난다. 우리는 그들을 잡을 엄두도 못 낸다.

두 번째 만난 급물살은 스티브가 경고한 대로 정말 대단하다. 하지만 이제 베테랑이 된 우리는 스티브의 지도 아래 이번에도 무탈하게 급물살을 통과한다. 아이들 몇몇은 문집 수익금으로 대형 놀이공원에 가자고 주장했었는데, 지금 이 순간 길들여지길 거부하는 허드슨 강 상류의 급물살보다 더 흥미진진한 놀이기구가 있으리라 생각하는 아이는 한 명도 없을 것이다.

물살이 느려지고 길게 뻗은 구간이 나오자, 우리는 강기슭에 정박하고 휴식을 취하기로 한다. 가이드들은 방수 자루에서 각종 주전부리와 뜨겁고 달짝지근한 차가 든 보온병을 꺼내준다. 모두들 배가 고팠는지 음식은 눈 깜짝할 사이에 바닥난다. 대부분 사람들이 보트에서 내려 기지개를 켜고 다리 근육을 풀지만, 브라이언을 잡은 가이드는 브라이언에게 포로는 보트에 있어야 한다며 내리지 못하게 한다. 그리고 가이드도 보트에 계속 남아 포로를 지킨다. 그런데 브라이언이 가이드가 땅콩 한 줌을 먹으며 다른 가이드와 얘기를 하는 틈을 타 슬그머니 보트 뒤쪽으로 한 발짝 움직인다. 가이드는 곧 브라이언의 의도를 눈치채지만, 때는 이미 늦었다. 브라이언은 가이드의 가슴팍을 향해 몸을 날린다. 그 충격으로 가이드는 브라이언과 함께 보트에서 떨어져 물에 빠지고 만다.

브라이언은 부리나케 뭍으로 나온다. 승리의 쾌감으로 싱글벙글거리며 두 주먹을 머리 위로 치켜든다. 그리고 자신의 극적 탈출을 지켜본 반 친구들과 하이파이브를 날리며 상봉한다. 다른 가이드들은 금세 소문을 듣고 몰려와 비쩍 마른 열세 살짜리 꼬마한테 수모를 당한 동료를 놀려댄다.

우리는 다시 장비 창고로 돌아와 바비큐 파티로 하루를 마무리한다. 고기를 굽는 두 아가씨는 허기진 십대 청소년 50명과 가이드와 교사들의 왕성한 식욕을 채우느라 정신이 하나도 없다. 그런데 처음 내온 스테이크가 질기고 말라 비틀어져 있다. 아무래도 그릴을 맡은 아가씨가 채식가인 모양이다. 아가씨는 타이런과 브라이언의 애교에 넘어가 두 녀석에게 그릴을 내준다. 그때부터 나온 스테이크는 부드럽고 육즙이 풍부하다. 두 녀석의 요리솜씨에 사람들의 칭찬이 자자하다.

브라이언에게는 정말 멋진 하루였다. 모험이 끝날 무렵, 녀석은 우리 학교로 전학 온 이래 가장 차분한 모습을 보인다.

우리가 래프팅을 떠난 사이, 카알은 학교 건너편 집 지하실 창문을 깨는 사고를 친다. 녀석은 래리와 함께 오후 3시가 되자마자 밖으로 나가 야구공을 던지며 놀다 그만 공을 너무 멀리 던져 창문을 깨고 말았다. 제프는 학교 앞에서는 공놀이를 하면 안 되는 줄 뻔히 알면서도 규칙을 어긴 두 녀석한테 소리를 지르고 싶은 마음을 꾹 참고 카알한테 창문을 고칠 수 있게 도와주겠다고 한다. 카알이 유리창을 깬 건 이번이 처음이 아니다. 하지만 일부러 그런 적은 단 한 번도 없었다. 공놀이를 할 때 조심성이라고는 눈곱만큼도 없는 녀석이 유리창의 천적이라고나 할까? 우리는 창문을 깬 아이들을 벌하지 않는다. 대신 자기가 깬 창문은 자기가 비용을 부담해서 고치라고 요구한다. 이번에는 제프가 카알에게 새 유리를 살 돈을 꾸어주면서 학교에서 심부름거리를 찾아줄 테니 용돈을 벌어 빌린 돈을 갚으라고 한다.

사고를 친 후 카알이 제일 먼저 할 일은 창문이 깨진 집 초인종을 누르고 자수하는 것이다. 아이러니하게도 그 집 주인은 옛날 옛적 우리 학교 건물이 교구 부속학교였던 시절 그 학교를 다녔던 80세가 넘은 이탈리아 할머니 세 명이다. 4층짜리 다세대 주택의 1층에 사는 메리가 문을 연다. 세 할머니 중 가장 막내인 메리는 볕이 좋은 날이면 현관 밖에 앉아 동네를 굽어 살피는 게 취미다. 메리는 카알의 이름은 모르지만 우리 학교 학생인 것은 금방 알아본다.

카알은 메리에게 정중히 사과하며 내일 아침 등교하자마자 창문을 고치겠다고 약속한다. 메리는 카알에게 미소를 지으며 찾아와줘서 고맙다고 한다.

"다른 아이들 같았으면 그냥 도망갔을 텐데. 아주 착한 아이로구나."

메리를 잘 아는 제프는 유리조각을 치우고 판지로 임시 창문을 만들어 붙일 수 있게 지하실 문을 열어달라고 부탁한다. 제프는 작업을 끝낸 뒤 카알을 차로 집에 데려다 준다.

다음 날 아침, 카알과 제프는 아침식사가 끝나자마자 창문 고치기 프로젝트를 시작한다. 창틀에서 방범 창살을 일일이 뜯어내고 유리를 갈아 끼운 다음 다시 창살을 끼워 넣는 작업이라 몇 시간은 족히 걸릴 것으로 예상된다. 창문을 하도 많이 깨고 다녀 이젠 프로가 된 카알이 먼저 창문을 재고, 제프가 또 재서 이중으로 확인을 한다. 통유리로 된 창문이라 사이즈를 잘못 쟀다가는 맞지도 않은 유리를 사고 돈은 돈대로 날리기 십상이기 때문이다. 창문을 재고 나서 둘은 제프의 차에 타고 유리를 사러 간다.

카알과 제프는 점심 먹기 직전에야 작업을 마친다. 메리는 스승과 제자에게 학교 사람들과 후식으로 먹으라며 달콤한 이태리 과자를 싸주는 것으로 고마움을 표한다.

한편 렉스네 반 아이들은 어제 한 모험의 여운을 아직도 즐기고 있다. 브라이언은 학교를 돌아다니며 자기를 납치한 아저씨한테 통쾌하게 복수한 모험담을 늘어놓는다. 그러고는 댄을 만나 드럼 만들기 프로젝트 마무리에 들어간다.

유약을 세 번이나 바른 드럼 본체는 은은한 황금빛을 발한다. 이제는 북 가죽을 본체에 엮어 매는 작업만 남았다. 댄과 브라이언은 이 작업을 위해 남은 사슴가죽에서 힘줄을 잘라두었다. 댄은 브라이언에게 힘줄이 통과할 수 있도록 송곳으로 가죽 가장자리에 구멍을 내는 법을 보여준다. 본체 위에 가죽을 팽팽하게 당겨서 고정시키려면 상당한 섬세함이 요구된다. 자칫하면 가죽이 찢어질 수도 있기 때문이다.

많은 시간과 공을 들여야 하는 이 최종단계 역시 브라이언에게 또 다른 도전이 된다. 하지만 녀석은 댄의 격려와 지원에 힘입어 훌륭하게 프로젝트를 완수한다. 학교가 끝날 무렵 완성된 드럼을 들고 나타난 브라이언은 당연히 자부심에 겨워 어쩔 줄 모른다.

브라이언이 전에 다니던 학교에서 보인 것은 무슨 '행동장애'가 아니었다. 문제는 아이가 매일같이 억지로 소화해야 했던 수동적인 교과과정에 있었다. 에너지가 넘치는 아이에게는 자기를 닮은 활력 넘치는 학습 환경이 필요하다. 자기에게 남다른 의미가 내재된 과제와, 그 과제를 강요하기보다는 과제를 수행할 수 있도록 귀감이 되는 어른이 필요한 것이다.

이 대목에서 나는 토머스 암스트롱이 『주의력 결핍 아동이라는 미신 The Myth of the ADD Child』에서 제시한 ADHD에 대한 관점을 떠올리게 된다. 암스트롱은 소위 ADHD 증세를 호소하는 아이들에게 결핍된 것은 사실 주의력이 아니라 자극과 흥분이라고 피력한다. 요즘 아이들을 보면 집에서는 온갖 시청각 매체의 영향 때문에 점점 더 밖에서 뛰어놀기보다는 실내에서 생활하게 되고, 실제 체험이 아닌 가상 체험에 만족하게 된다. 그리고 학교에서는 수학능력 표준의 압박에 시달리며 모든 것을 걸고 치러야 하는 기말고사에 나올 문제만 공부하느라 바쁘다.

암스트롱의 추측에 따르면, 어떤 아이들은 집이나 학교에서 받지 못한 자극을 보충하기 위해 신경계통의 활동성이 지나치게 발달한다고 한다. 이렇게 과작동하는 신경계통은 정상적인 상황에서는 외부환경으로부터 받을 수 있는 자극을 대체할 만한 내적 자극을 만들어낸다. 그런데 이런 아이들을 흥미진진하고 활력 넘치는 환경에 데려다 놓으면 그동안 보였던 '증세'가 갑자기 사라진다는 것이다.

암스트롱의 주장은 한 세대 앞서 찰스 실버먼이 『교실의 위기Crisis in the Classroom』에서 관찰한 바를 재확인하고 있다. 아이들에게 각종 꼬리표를 달고 약물로 다스리는 방법이 제도화되기 시작할 무렵 출간되어 이제는 고전이 된 이 책에서 실버먼은 이렇게 말했다. "비형식적인 교실에서는 수업을 방해하는 아이도, 심지어 주의가 산만한 아이도 없다." 그리고 나중에 실버먼은 여기에 이렇게 덧붙였다. "파괴적인 것은 아이들이 아니라 형식에 매인 교실이다. 그런 교실은 유년기 자체를 파괴한다."

열두 번째 이야기
자율성과 공동체라는 약

데미안의 상태가 유전학적으로 미리 결정된 운명이라고 주장하는
전문가들에게, 나는 다음과 같이 질문하고 싶다.
당신은 그렇게 쉽게 한 아이에게 꼬리표를 달고 약물을 먹이라고
권고하기 전에 얼마나 그 아이와 가족의 사연을 이해하려고 노력했는가?

학기가 끝나가고 있다는 징조가 곳곳에 나타나는 요즘이다. 낮에는 다들 화창한 날씨를 핑계 삼아 밖으로 쏘다니느라 학교 건물이 한적해진다. 우리 학교 주변에는 걸어서 다닐 수 있는 거리에 놀 만한 공간이 널려 있다. 공원, 야구장, 농구장, 허드슨강, 그리고 다양한 박물관과 유적지. 게다가 승합차로 40분만 가면 학교가 소유한 250에이커의 야생지도 있다. 아이들은 그곳에서 하루 종일 자연을 벗 삼아 놀기도 하고 야영도 하곤 한다.

졸업과 방학 전에 학교 안에서 치러질 마지막 굵직한 행사는 바로 학기말 장기자랑이다. 장기자랑은 해마다 90분 이상 진행되는데, 올해도 이미 십여 팀과 개인이 참가신청을 했다. 늘 그렇듯 막판에 쏟아지는 아이디어들 때문에 참가자들은 무대에 오르기 직전까지 정신이 없다.

며칠 전부터 썰렁함으로는 둘째가라면 서러워할 월터가 인터넷을 검색해 음식에 관한 농담을 수집하고 있다. 녀석은 장기자랑 때까지 절대 공개하지 않겠다고 했지만, 내가 하도 졸랐더니 나한테만 하나 얘기해줬다. 햄버거 두루치기 만드는 방법은? 햄버거를 두루두루 데리고 다니면서 친다. 뭐 대략 이런 식이다.

브라이언은 단체공연과 단독공연을 하나씩 준비하고 있다. 단체공연을 위해서는 자기 반 친구들을 다 동원했다. 아이들은 두 팀으로 나뉘어

한 팀은 소파에 무릎을 꿇고 앉아 무릎에 신발을 신고 마치 난장이처럼 분장을 하고, 다른 팀은 커다란 담요를 치고 그 뒤에 숨어 소파에 앉은 아이들 양 옆으로 팔만 내민다. 객석에서 보면 마치 팔이 긴 난쟁이들이 나란히 서 있는 것 같다. 긴팔 난쟁이들은 코를 풀고 머리를 빗고 이를 닦으며 치약을 엉뚱한 데 묻히는 등 배꼽 잡는 몸 개그를 선보일 예정이다. 브라이언은 또한 개인공연으로 기발한 마임을 준비했다. 공연은 계단을 내려가는 시늉을 하며 막을 내릴 예정인데, 브라이언은 이를 위해 접히는 식탁을 뒤집어 놓고 한 계단 한 계단 내려갈 때마다 관객의 시야에서 조금씩 없어지는 장면을 연출할 생각이다. 녀석은 혼자서 그 기발한 아이디어를 생각해냈단다.

위층 유치부에서는 오래된 동화 '모자 사세요'를 촌극으로 꾸밀 준비가 한창이다. 한 애기엄마가 아이들이 머리에 쓸 수 있게 플라스틱 헤어밴드에 원숭이 귀를 만들어 붙이고 아이들이 허리춤에 꽂을 수 있게 긴 원숭이 꼬리도 만들어주었다. 나는 유치부에 내 방대한 야구모자 컬렉션을 빌려주었다. 촌극이 시작되면 모자장수가 "모자 사세요! 모자 사세요! 하나에 50센트!" 외치며 마을을 돌아다닌다. 모자장수 역을 맡은 사람은 유치부 교사로 새로 들어온 바윈인데, 까무잡잡한 피부와 검은 콧수염 때문에 동화책 속 모자장수가 그대로 책에서 튀어나온 것 같다.

모자를 훔친 원숭이들이 숨어 있을 나무로는 수평 사다리가 걸쳐진 정글짐이 안성맞춤이다. 다섯 살배기들 사이에서 대장 노릇을 하는 타냐가 촌극에서도 역시 대장 원숭이 역을 맡았다. 타냐는 낮잠 자는 모자장수한테 살그머니 다가가 모자를 훔쳐서 다른 원숭이들한테 나눠주는 역할을 소화할 예정이다. 물론 유치부 공연이다 보니 엉성한 데가 한둘이 아니지만, 어린이극이 다 그렇듯이, 녀석들의 귀여움 하나로 모든 게 용서된다.

데미안과 앤드류는 데미안이 연출할 연극의 대본을 마무리했다. 데미안은 연극 제목을 '어둠의 마왕'으로 정했다. 초호화 스펙터클이라 불러도 손색이 없을 만큼 야심찬 계획으로 출발한 '어둠의 마왕'을 위해 데미안은 1학년부터 6학년까지 거의 모든 학생을 끌어들였다. 연습은 이미 시작되었는데, 초반부터 삐거덕거리고 있다. 데미안이 연출자와 독재자를 구분하지 못하는 탓이다. 녀석은 연습이 진행될 때마다 최소한 출연진의 반으로부터 반감을 산다. 이탈자 명단이 갈수록 늘고 있다.

연극이 망하기 직전에 이르자, 낸시는 데미안이 어둠의 마왕 역에만 집중할 수 있도록 자기가 연출을 맡아주겠다고 제안한다. 데미안은 현명하게도 낸시의 제안을 받아들이고, 연습은 인내심 많은 낸시의 지도 아래 안정을 찾아간다. 데미안한테 정나미 떨어져 그만두었던 아이들도 모두 다시 합류해 공연 날짜에 맞춰 의상과 소품을 만들어내느라 구슬땀을 흘린다. 데미안도 성곽이나 싸움터 같은 무대 배경을 칠하는 데 정신이 팔려 더 이상 문제를 일으킬 겨를이 없다. 그렇게 다사다난했던 학기가 끝을 향해 달려간다.

학년말까지 이제 며칠 남지 않았는데, 아이린은 여전히 윌리엄을 계속 우리 학교에 보낼 생각인지 가타부타 말이 없다. 나는 윌리엄이 더 이상 우리 학교에 나오지 않을 거란 예감이 든다. 아이린은 두 아들을 데리고 최근 도심에 더 가까운 동네로 이사를 했다. 내 생각에는 그 동네에 괜찮은 공립학교가 있다는 게 아이린이 이사를 결정하게 된 중요한 이유인 것 같다.

요즘 아이린은 연락도 뜸하고 학교에도 잘 나타나지 않는다. 직장에서 출산휴가를 한 달밖에 받지 못해서 이미 아기를 영아전담 어린이집에 맡기고 출근하기 시작했단다. 최근에는 예전처럼 윌리엄과 함께 학교 안으로 들어오지 않고 학교 앞에 내려주고 간다. 그리고 우리 학교 방과 후 프로그램이 끝나는 5시 반이 되어서야 윌리엄을 데리러 온다. 낸시가 윌리엄에 대해 어떤 결정을 내릴 건지 묻기 위해 아이린에게 여러 번 전화를 했지만, 매번 자동응답기가 전화를 받고 아이린은 회신을 하지 않는다.

우리가 윌리엄에게 직접 물으면 녀석은 무안한 표정으로 "몰라요. 엄마가 아직도 생각 중이래요."라며 말을 얼버무린다.

낸시와 나는 윌리엄의 문제를 놓고 의논을 한 끝에, 아이린이 요즘 마음을 정하지 못해서 우리를 피하는 것 같다는 결론에 이른다. 아이린이 아들의 태도가 몰라보게 좋아진 것이 다 우리 덕분이라는 말을 여러 차례 했기 때문에 우리는 아이린이 우리 학교에 얼마나 고마워하는지 잘 알고 있다. 그런데 아들이 아직 글을 읽지 못한다는 사실을 도저히 용납할 수 없는 아이린의 심정 또한 잘 알고 있다. 하지만 우리가 언제쯤이면 윌리엄이 글을 깨칠 거라고 보장해줄 수는 없는 노릇이다. 그럴 수 있다면 얼마나 좋겠냐마는, 그동안 윌리엄이 자신의 행동에 책임지는 법을 배우게 된 결정적 이유는 아이에게 무엇을 언제 배울지 선택할 자유를 주었기 때문이다.

아이린이 어떤 결정을 내리든지 간에, 지금의 윌리엄은 지난해 9월 엄마한테 질질 끌려와 아침식사 중이던 우리 앞에 처음 섰던 그 아이가 아니다. 그때도 내가 예상했듯이, 윌리엄은 지난 1년 동안 대부분의 배움을 뛰어다니면서 체득했다. 안타깝게도 그 배움은 기본 수학능력 습득보다는 아이의 정서적, 지적, 신체적 발달을 위한 초석을 다지는 과정이었다.

윌리엄은 인생에서 자기가 원하는 것을 추구하는 길을 찾기 시작했다. 그 길이 인내와 끈기를 요구한다는 사실과 원하는 모든 것을 당장 가질 순 없다는 사실도 깨달았다. 또한 자신의 행동에 스스로 한계를 설정하는 걸음마 단계에 들어섰다. 이 모든 과정을 겪는 동안, 윌리엄은 모든 어른을 적으로 생각할 필요가 없다는 사실도 깨달았다. 무엇보다 윌리엄은 협동의 가치를 인식하고 협동에 참여하는 법을 어렴풋이나마 터득하기 시작했다. 물론 그 옹고집이 어디 가겠냐마는, 그래도 이제는 막무가내로 반대부터 하고보는 버릇은 없어졌다. 게다가 나는 어른으로 성장해가는 험난한 과정에서 녀석의 고집은 오히려 버팀목이 되어주리라 믿는다.

이번 학년이 윌리엄이 우리 학교에서 보내는 처음이자 마지막 학년이 된다면, 우린 녀석이 그동안 자존감과 자신감과 자제력을 충분히 배웠기를, 그래서 일반학교에서도 이제는 약물 없이 잘 적응하기를 바랄 뿐이다. 어쨌든 엄마아빠가 우연히 프리스쿨을 발견하지 못했더라면 리탈린파가 될 뻔했던 윌리엄은 자신의 충동을 다스리기 위해 신체의 생화학적 균형을 인위적으로 조작할 필요가 없다는 사실을 증명해냈다. 우리는 아이에게 학교를 마음대로 돌아다닐 권리를 자신 있게 부여했고, 아이는 잘못된 길로 들어섰을 때도 늘 바른 길로 돌아올 의지가 있음을 우리에게 보여주었다.

우리는 윌리엄에게 리탈린 대신 자율성과 자기규제와 공동체라는 약을 대량으로 투여했다. 물론 이것이 기적의 만능통치약은 아니다. 하지만 우리는 이것이야말로 자극은 넘쳐나는데 유대감은 결핍된 아이들을 대량 생산해놓고 그 아이들을 또 약물로 대량 관리하는 이 사회에 대한 최고의 해독제라 믿는다.

우리는 윌리엄이 전에 다니던 학교처럼 아예 아이를 추방하기보다는 아이가 자멸적이고 반사회적인 전략을 버릴 수 있도록 도움으로써 차차 공동체에 보탬이 되는 소중한 일원으로 성장할 수 있게 해주었다. 우리는 윌리엄을 고유한 개성과 특별한 재능을 지닌 인격체로 존중했다. 다른 아이들과 비교해서 등급을 매기거나 어떤 인위적인 발달기준에 부합하라고 강요하지 않았다. 그리고 녀석의 행동이 우리가 용인할 수 있는 한계에서 너무 많이 벗어났을 때는, 학생과 교사 모두 녀석에게 자연스러운 결과를 겪게 함으로써 다음부터는 다르게 행동하기로 스스로 마음먹게끔 유도했다. 우리는 또한 이이에게 순종을 강요하기를 거부했다. 강요된 순종은 패배와 분노와 적개심의 불씨를 은폐하여 결국 아이들을 시한폭탄으로 만든다.

학년의 마지막 날은 정말 불쑥 찾아온다. 낸시와 나는 아침식사 시간에 오늘 일정을 점검하면서 당혹감에 고개를 갸우뚱거린다. 일 년이라는 세월이 도대체 어디로 홀라당 사라졌단 말인가? 우리 학교에서 세월은 늘 이렇게 쏜살같이 지나가버린다.

다행히 하늘은 화사하면서도 후덥지근하지 않은 여름 날씨를 허락한다. 오늘 오후 장기자랑이 열릴 위층 큰방은 바깥 기온이 30도를 웃도는 날이면 찜통이 따로 없다. 그나마 우리는 북쪽 지방이라 그렇게 기온이 높은 날이 한여름이 될 때까진 별로 없다.

학교 안은 슬픔과 흥분이 교차하는 분위기다. 해마다 우리는 서로 너무 정이 들어버려 떠나는 사람이나 남는 사람이나 이별을 힘들어한다. 하지만 이런 상실감도 오늘 오후에 있을 장기자랑과 긴긴 여름방학에 대한 기대감을 억누르지 못한다. 렉스가 맡은 반에서 이번에 졸업하게 될 여학생 네 명은 모두 우리 학교를 몇 년씩 다닌 아이들이다. 녀석들은 이제 둥지를 떠나 더 넓은 세상으로 나가 더 많은 또래와 어울리고 더 많은 모험을 할 기회를 학수고대하고 있다.

역시 졸업을 앞둔 두 남학생 브라이언과 타이런은 불안한 마음으로 자문하고 있을 것이다. 예전에는 자신이 설 자리가 없었던 제도권 교육으로 돌아가면, 과연 이번에는 뭔가 달라질까 하고.

윌리엄은 방방 뛰는 평소 모습과 너무나 다른 심각한 표정으로 학교에 들어선다. 그리고 엄마가 자기 진학 문제에 대해 아직도 결정을 못했고, 회사일 때문에 오늘 장기자랑에도 안 올 거라고 말한다.

낸시와 나는 아이린의 확답을 받진 못했지만 그래도 윌리엄이 떠날 것에 대비해 제대로 이별의식을 치러주기로 한다. 낸시는 중요한 물건을 보관할 수 있는 미국 선주민 약초 주머니를 선물로 준비해서 안에 지킴이와 길라잡이를 상징하는 보석을 몇 개 넣어두었다. 프리스쿨을 떠나는 모든 아이들에게 전통적으로 주는 선물도 준비되어 있다. 학교의 모든 사람들이 떠나는 아이에게 전하고 싶은 특별한 메시지를 매직으로 쓰거나 그린 커다란 흰색 티셔츠다. 이렇게 만들어진 셔츠는 저마다 세상에 하나밖에 없는 알록달록한 기념품이 된다.

오늘은 다들 졸업식과 장기자랑 막바지 준비로 부산을 떠느라 학교가 유난히 떠들썩하고 정신이 없다. 하지만 동시에 평화롭다. 학기 마지막 날 전체회의가 소집되는 일은 거의 없다. 지금은 유치부생들을 관객삼아 최종 리허설이 한창이다. 리허설은 오전을 다 잡아먹고 점심시간이 되어서야 끝난다.

점심식사 후, 장기자랑을 준비하는 아이들을 돕느라 바쁜 교사나 인턴을 제외한 나머지 어른들은 위층 큰방을 강당으로 꾸민다. 이번에는 정글짐을 그대로 둘 예정이다. 정글짐은 오늘 저녁 꼬맹이들의 촌극 무대가 되고 또 여러 가지 공중 스턴트를 위한 세트가 될 것이다. 학교 건물이 19세기 이민자 교회였던 시절의 마지막 유물로 남은 제단이 중앙무대의 배경을 이룬다.

오후 1시가 되자 학부모, 조부모, 이웃친척을 비롯한 하객들이 큰방으로 모여들기 시작한다. 이번에 졸업하는 여학생 한 명이 고등학교 졸업학위를 위해 공부하는 젊은 엄마들이 아기를 맡기는 영아원에서 일 년 내내 일주일에 한 번씩 자원봉사를 했는데, 영아원을 운영하는 수녀님이 직원 한 명과 함께 왔다. 브라이언의 멘토 댄의 얼굴도 보인다. 곧 입추의 여지없이 객석이 채워질 것으로 보인다.

벳시가 생화가 담긴 화병 여러 개를 들고 도착한다. 꽃은 동네사람들이 가꾸는 꽃밭에서 얻은 것도 있고 시내 꽃집에서 산 것도 있다. 벳시는 금세 작은 꽃다발 여러 개를 만들어낸다. 올해도 물심양면 우리 학교를 도와준 자원봉사자들에게 감사의 뜻으로 증정할 꽃다발이다. 여기에는 물론 벳시 자신도 포함된다.

1시 반쯤 되자 중요한 손님들은 다 도착한다. 또 다른 졸업생의 엄마이자 안수 받은 목사님이 초교파적 축도로 오늘 행사를 연다. 내가 손님들을 환영하고 와주셔서 감사하다는 인사를 올린 다음, 낸시가 올 학년에 대한 간략한 평가를 한다. 그러고는 모든 교사들이 자기 반 학생들을 한 명씩 호명하면서 시상을 한다. 우리가 주는 상은 모범상 같은 경쟁적인 상이 아니라, 각 아이의 특별함을 인정하는 일종의 부적이다. 상 이름도 '용맹스러운 아이 상', '아인슈타인 비판적 사색가 상' 등 받는 아이에 따라 다 다르다. 우리는 마지막 교사회의 때 각 아이에게 가장 잘 어울리는 상 이름을 짓기 위해 한 시간 넘게 고심한다.

이제는 졸업하는 건 아니지만 학교를 떠나는 아이들과의 이별의식을 치를 차례다. 제일 먼저 타냐가 환하게 웃으며 무대에 오른다. 미시는 타냐를 위해 만든 프리스쿨 티셔츠를 펼쳐서 관객에게 보여주고는 타냐의 예쁜 여름 원피스 위에 입혀준다. 그리고 이별 선물을 준다. 커다란 스케치북, 색깔 매직 세트, 그리고 따뜻한 포옹.

다음은 낸시가 윌리엄의 이름을 부른다. 녀석은 쭈뼛거리며 억지로 자리에서 일어나더니 낸시의 재촉을 여러 번 받은 후에야 겨우 무대에 오르고, 무대 위에서도 멋쩍은 표정을 지으며 낸시한테 기대고 서 있다. 낸시는 그런 윌리엄에게 한 학년 동안 참 잘 했고, 혹시라도 오는 9월에 다른 학교로 가게 되면 많이 보고 싶을 거라고 말한다. 나는 윌리엄을 바라보며 녀석이 우리 학교를 찾아온 첫날을 떠올린다. 그때도 녀석은 엄마한테 달라붙어 떨어지지 않으려 했었다. 일 년 동안 윌리엄은 참 먼 길을 돌아왔다.

우리는 늘 졸업생을 맨 마지막 순서로 남겨둔다. 렉스가 브라이언을 호명하자, 녀석은 허드슨강에서 보낸 그날처럼 두 주먹을 머리 위로 흔들며 앞으로 돌진한다. 얼굴에는 이보다 더 환할 수 없을 미소가 가득하다. 브라이언의 유치부 팬들은 고래고래 브라이언의 이름을 연호하고, 반 친구들도 애정 어린 환호를 보낸다. 객석은 렉스가 브라이언의 졸업장에 새겨진 글귀를 읽는 동안 잠잠해졌다가 브라이언이 프리스쿨 티를 입고 다시 주먹을 머리 위로 치켜들자 또 아수라장이 된다. 나는 녀석을 보는 게 오늘이 마지막이 아닐 것 같은 예감이 든다.

무대를 정리하기 위해 잠깐 휴식을 가진 뒤, 드디어 쇼가 시작된다. 월터가 제일 먼저 바람잡이로 나와 그동안 인터넷에서 모은 농담을 연달아 열 개 넘게 들려준다. 완벽한 무표정으로 썰렁한 농담을 읽어 내리는 동안, 객석 여기저기서 괴로운 한숨이 터져 나온다.

유치부 꼬맹이들의 촌극은 예상대로 대히트다. 타냐는 쑥스럽기도 하고 재밌기도 한지, 연신 킥킥대며 모자장수가 세상 모르고 자는 동안 살금살금 다가가 머리에 높게 쌓아올린 모자를 훔쳐서 다른 원숭이들한테 나눠준다. 유일한 옥에 티는 세 살배기 마커스가 모자를 쓰다가 정글짐을 꽉 붙잡는 것을 깜빡하고 떨어진 순간이다. 마커스는 푹신한 깔개 위로 쿵 엉덩방아를 찧으며 떨어진다. 다행히 아이가 울음을 터뜨리기 전에 근처에 앉아 있던 엄마가 재빨리 가서 안아 올린다.

아이들이 공중 스턴트로 관객의 시선을 계속 정글짐에 묶어두는 동안, 7, 8학년생들이 중앙무대에 소파를 올려놓고 난쟁이 쇼를 준비한다. 역시 녀석들은 실전에 더 강하다. 난쟁이들은 머리를 빗는 건지 둥지를 짓는 건지 산발을 만들어놓고, 치약을 콧구멍이며 귓구멍으로 쑤셔 넣는다. 관객은 정신없이 웃어댄다. 특히 맨 앞줄 꼬마의자에 앉은 유치부생들은 거의 데굴데굴 구른다.

브라이언은 소파가 실려나간 후 무대에 남아 단독 마임공연을 자신 있고 매끄럽게 진행한다. 녀석이 계단을 내려가는 시늉을 하며 조금씩 모습을 감추자 관객은 신기하다는 듯이 탄성을 지른다.

마지막 순서로 배치된 데미안의 연극은 거의 20분을 차지한다. 장기자랑의 피날레를 장식하기에 더할 나위 없는 공연이다. 데미안이 이끄는 악마의 무리 세 명이 모자가 달린 검은 망토를 두르고 긴 검을 휘두르며 나타나 세상을 정복해 자기들의 사악한 지배 아래 두려고 악행을 일삼는다. 마지막 장면에서는 어둠의 마왕 승리가 임박한 가운데, 천사의 여왕으로 분한 티파니가 천국에서 천사군단을 이끌고 내려와 악당과 전투를 벌인다. 전사들은 하나 둘씩 쓰러져 가고, 결국 천사의 여왕과 어둠의 마왕만이 남는다. 둘은 필사적으로 맞서고, 대결은 실제로도 무술을 배우는 티파니가 어둠의 마왕 칼을 빼앗아 치명타를 날리면서 끝난다. 어둠의 마왕이 쓰러지자, 관객은 기립박수를 보낸다.

과연 우리는 올해 데미안의 경우 어떤 성과를 거둔 것일까? 사실 그 성과는 눈에 띄는 것도 아니고, 시험 성적이나 학점으로 측정할 수 있는 것은 더더욱 아니다. 우리가 이룬 성과는 약물의 포로가 된 아들을 보다 못한 엄마가 이끌고 온 열 살 소년이 약물에서 해방되어 생화학적으로 억눌리고 얽혀 있던 감정들을 꺼내놓고 풀어버릴 수 있도록 도와준 것이다. 우리는 현대사회가 제시하는 획일적이고 완전무결한 소년상에 데미안을 끼워 맞추기보다는 데미안 특유의 개성과 상상력 넘치는 모습을 있는 그대로 받아주고 아이가 실수를 하고 실수로부터 스스로 배울 수 있는 여건을 만들어주었다.

그리고 그 과정에서 데미안은 남들의 이목을 끄는 데도 적절하고 건설적인 방법이 있음을 깨닫게 되었다. 데미안의 이야기가 보여주다시피, 녀석의 리더십 스타일은 개선의 여지가 많다. 그런 의미에서 데미안이 다음 학기도 우리 학교에서 보낸다는 건 참 다행이다. 앞으로 데미안은 보다 효과적인 리더십을 배우고, 또 다른 아이들과 동등한 입장이나 심지어 따르는 입장에서 상호작용할 기회를 더 많이 얻게 될 것이다. 남의 지시를 따르는 데도 녀석은 아직 갈 길이 멀었다.

무엇보다 데미안은 자신의 행동을 스스로 조절하기 위해 약물의 도움을 받을 필요가 없음을 증명해보였다. 아이는 한 해 동안 자신의 충동을 다스리고 에너지와 감정을 조절하는 데 큰 진전을 보였다. 물론 여러 모로 볼 때 아이 안에는 여전히 공포와 분노가 남아 있고, 또 그럴 수밖에 없는 사연도 있지만, 이제는 보다 편안한 마음이 아이 안에 자리 잡기 시작했다. 나는 데미안이 다섯 살부터 복용을 강요당한 정신과 약물의 포로로 계속 남아 있었다면 이러한 변화가 결코 불가능했으리라 믿는다.

우리 역시 우리를 더 일찍 만나지 못해 안타까울 뿐이라던 폴라와 같은 마음이다. 폴라가 아들을 데리고 우리 학교에 처음 왔을 때, 데미안은 이미 반평생을 자신한테 낙인을 찍는 학교제도에서 보냈었다. 그 세월 동안 학교제도는 아이가 내보내는 조난신호를 무시하거나 아예 제거해버리고, 아이의 개성뿐만 아니라 인격 자체를 짓밟아버리려 했었다. 물론 교실이라는 형식에 맞춰야 하고 과다한 업무에 시달리는 제도권 교사들을 탓할 생각은 전혀 없지만, 어쨌든 아무도 데미안이 왜 그리 불안해하고 산만한지, 왜 궁지에 몰리면 그토록 적대감과 반발심을 드러내는지 묻지 않았다. 아무도 데미안에게 자화상을 그려보게 해서 아이의 정신을 가르는 깊은 균열을 살피려고 하지 않았다. 그 균열이 단지 유전적 결함 때문이라고 말하는 과학자가 있다면, 그는 냉혈한일 것이다. 데미안의 상태가 유전학적으로 미리 결정된 운명이라고 주장하는 전문가들에게, 나는 다음과 같이 질문하고 싶다. 당신은 그렇게 쉽게 한 아이에게 꼬리표를 달고 약물을 먹이라고 권고하기 전에 얼마나 그 아이와 가족의 사연을 이해하려고 노력했는가?

데미안이 일반 교실에서 '문제아'로 낙인찍힌 채 보낸 5년이란 세월은 유아기 때 겪은 혼란과 충격에 대한 반응으로, 아이한테 나타난 생각과 감정과 행동의 역기능적 패턴을 완화하기보다는 오히려 더 강화했다. 여기서 잊지 말아야 할 게 한 가지 더 있다면, 데미안이 예전에 다니던 학교에서 문제아로 전락한 이유 중 하나가 아이의 고집스럽고 개인주의적 성향이라는 점이다. 순응과 맹종을 기반으로 한 환경은 데미안에게 계속 자신을 배반하라고 강요했던 셈이다.

이 책에 등장한 다른 아이들도 마찬가지다. 이 아이들은 모두 자아가 자연스럽게 발현되는 과정에서 장애에 부딪혔다. 다른 아이들에 비해 심각한 장애와 시련을 겪은 아이도 있다. 이들 모두에게 필요했던 것은 약물로든 다른 방법으로든 외부적 통제를 더 강화하는 것이 아니라, 자신의 발달과정에 스스로 참여할 수 있는 기회였다. 이 아이들은 지식과 기술을 전수받는 수동적 피교육자가 아니라 자신의 교육을 스스로 주도하는 능동적 주체가 될 기회가 필요했던 것이다.

그리고 이 아이들이 인내심 어린 가르침과 애정 어린 지도보다 더 목말라했던 것은 바로 가장 자기답게 살아갈 자유였다.

덧붙이는 이야기

더 나은 길은 분명히 있다

고통에 시달리는 아이들에게
뇌의 생화학적 장애가 있다고 단정 짓고,
이런 아이들 수백만 명을 마치 결함 있는 상품처럼
분류하고 취급하는 것은 비겁한 선택이다.

오늘날 미국에서 우리 사회의 미래를 책임질 남자아이들 수백만 명이 한창 자랄 시기에 어마어마한 규모의 약물실험에 강제 동원되고 있다는 사실을 알면서도 우리는 일상의 희망과 행복을 말할 수 있을까? 미래의 여성들 중에도 같은 처지에 놓인 아이들이 백만 명에 달한다는 사실 또한 결코 가볍게 여길 문제가 아니다. 우리는 현재 정신과 약물이 어린 아이에게 미치는 장기적 효과에 대해 무지할 뿐만 아니라, 그 약물이 실제로 아이의 발달에 도움이 된다는 증거도 확보하지 못한 상태다. 그런데도 아이에게 정신과 약물을 처방하는 관행은 확산되고 있다.

미국정부가 교육과 정신건강에 관한 국가정책을 수립할 수 있도록 정보를 제공하는 미국국립보건원에서조차 아이에게 꼬리표를 달고 약물을 먹이는 방법을 뒷받침할 만한 확실한 과학적 근거가 없다고 마지못해 인정한 바 있다. 1998년 11월, 국립보건원은 ADHD 및 치료법에 관한 합의 도출 모임(Consensus Development Conference)을 개최함으로써 이 사안을 둘러싼 의문과 모호함에 종지부를 찍으려고 했다. 이 모임은 논란이 되는 치료법에 관한 과학적 증거를 전문가 집단이 독립적 배심원단에게 제시하고 배심원단의 판결을 받기 위해 개최된다. 배심원단은 제시된 증거를 숙지한 후 최종합의문을 작성하는데, 이 합의문은 언론에 공개되고 국립보건원의 웹사이트에도 게재된다.

과거 국립보건원에서 지원해온 연구의 절대다수가 진단과 약물처방을 지지했던 경력으로 보나, 부적응아에 대한 약물요법을 열성적으로 주창한 피터 젠슨 박사가 증거를 제시할 전문가 집단을 직접 구성했다는 사실로 보나, 배심원단이 도출한 합의는 그야말로 의외였다. 최종합의문을 잘 살펴보면, 배심원단은 놀랍게도 몇 가지를 시인하고 있다. ADHD를 논할 때 으레 나오는 용어들 속에 파묻혀 잘 드러나지 않을 뿐이다. 예를 들어 배심원단은 ADHD가 과연 '타당한 진단'인가에 대해 근본적인 문제 제기를 하면서, 그동안의 연구들이 ADHD가 뇌기능 장애에 따른 결과임을 증명할 만한 충분한 정보를 제공하는 데 실패했음을 시인한다.

배심원단은 또한 가장 중요한 문제, 즉 정신과 약물의 이른바 치료 효과에 대해서 아주 간명하게 다음과 같이 결론짓는다. "주요 증세가 개선되는 효과는 있지만, 학업성과나 사회적 기술은 거의 향상되지 않는다는 결과가 일관되게 도출되는 것은 우려할 만한 대목이라 하겠다."

합의문은 '주요 증세'에 대한 정의는 내리지 않았지만, 배심원단이 지칭하려던 증세는 집중력 결여, 산만함, 충동성, 반항심, 공격성 등등 수많은 부모와 교사의 애를 태운 각종 행동적 특징이라고 추측해도 무방할 것이다. 다시 말해 (과연 독립적인가 의심할 수밖에 없는) 독립적 배심원이 내린 결론은 내가 그동안 ADHD 아이들을 만나오면서 내린 결론과 일치한다. 한마디로 아이에게 꼬리표를 달고 약물을 먹이는 것은 오로지 하나의 목표, 곧 나대는 아이를 길들인다는 단 하나의 목표만을 위한 것이다.

합의문은 다음과 같은 절망에 가까운 결어로 끝을 맺는다. "마지막으로, 다년간 ADHD에 대한 임상 연구와 경험을 축적했음에도 불구하고, 지금까지 밝혀진 ADHD의 원인 또는 원인들은 여전히 추측 수준에 머무르고 있다. 따라서 ADHD 예방 전략은 없다."

그러니까 전국 각지에서 모인 전문가들은 원인도 예방법도 제대로 밝혀지지 않은 뇌신경 질환이 우리 아이들 사이에서 걷잡을 수 없이 퍼지고 있음을 덮어놓고 믿으라고 우리 부모와 교사들에게 주문하는 것이다. 그렇게 허술한 논리를 근거로 오늘날 자기방어도 못하는 어린아이들에게 매일같이 꼬리표가 달리고 약물이 처방되고 있다. 이보다 더 위험한 미신이 어디 있단 말인가?

아이들이 내보내는 조난신호에 생물학적 병명을 달고는 그 신호를 억제하기 위해 약을 먹이는 응급조치가 아무리 편리해 보여도 우리는 절대 그 유혹에 넘어가선 안 된다. 부모로서, 교사로서, 아이들과 함께 일하는 전문가로서, 우리는 신념을 지키며 아이들이 행복하고 온전하게 자라나도록 도울 방법을 보다 깊이 연구하고 실천해야 한다.

나는 이 책을 통해 대안적 비전을 제시하려고 했다. 독자들에게 고통 받는 아이들 몇 명의 일상생활을 소상히 들여다보게 해줌으로써, 나는 아이들이 자신을 통제하고 학생으로서 성공하기 위해 생화학적 반응을 조절할 필요가 절대 없음을 증명하고자 했다. 또한 윌리엄, 데미안, 카알, 브라이언, 월터, 마크, 무마사토, 가비, 타냐를 비롯한 수백만 명의 아이들이 어떤 장애가 있는 게 아니라는 사실을 보여주고 싶었다. 이 아이들은 약을 먹을 필요가 없었다. 병든 게 아니기 때문이다.

이 아이들이 필요한 것은 자신의 발달에 훼방을 놓지 않고, 자신의 가족을 지원해주고, 자신의 개성과 독창성을 존중해주는 사회다. 무슨 시대착오적인 스키너 식 교조주의가 아니라 실제로 뇌가 학습하는 원리를 기반으로 아이를 교육시키는 학교, 경직된 감독관이 아니라 아이를 사랑하는 안내자와 역할모델이 필요한 것이다. 병리학적 꼬리표와 정신과 약물이 아니라 통찰력과 온정으로 아이를 바라보는 심리적 지원체계, 그리고 무엇보다 어떤 표준화된 발달과정에 얼마나 미달했는지를 따지는 의학적 접근이 아니라 근본적으로 아이를 있는 그대로 받아들이는 태도가 이 아이들이 필요로 하는 것들이다.

고통 받는 아이의 사연을 생화학적 역기능으로 전락시키는 것은 정말 끔찍한 일이다. 그것은 약장수의 논리와 다름없다. 우리가 그 논리를 받아들인다면, 우리는 아이들까지 오늘과 내일의 소비자로밖에 보지 않는 경제의 족쇄에 더 꽁꽁 묶이는 셈이다.

내가 이 책을 쓰게 된 가장 중요한 목적은 모든 아이들이 자기만의 사연이 있다는 사실, 그리고 그 사연은 타고난 기질, 성별과 인종과 사회계급, 부모의 태도와 신념, 보육 및 교육 기관, 아이를 둘러싼 문화 등등 각기 다른 여러 요소로 구성된다는 사실을 알리기 위해서다. 아이가 자기를 억압하거나 자기의 욕구를 외면하는 환경에 반응하는 것이 아니라 실제로 고통을 호소하는 경우더라도, 그 고통의 원인은 어느 한 가지 요소에서 찾을 수 있는 게 아니다. 원인은 오직 그 아이의 사연을 부분이 아닌 전체로 이해해야만 보일 것이다. 무엇이 잘못됐는지, 또 무엇이 부족한지를 보여주는 신호는 마치 꿈속의 이미지처럼 아이의 사연 속에 암호화되어 있다.

바로 이런 이유 때문에 미국국립보건원의 배심원이 위의 결론에 도달한 것일지도 모른다. 전문가들은 ADHD라는 꼬리표가 붙은 여러 가지 행동적 특징들에 대해 원인도 효과적 예방책도 찾지 못했다고 실패를 인정할 수밖에 없었다. 존재하지도 않는 것을 찾으려고 했기 때문이고, 또 존재하더라도 엉뚱한 곳에서 찾으려고 했기 때문이다.

어떤 문제든지 문제를 해결하기 위해서는 우선 문제를 정확하게 파악하고 규정해야 한다. 고통 받는 아이의 경우, 일단 아이의 행동 속에 담긴 신호를 성공적으로 해석하고 나면, 기존의 문제에 대한 효과적 해결책과 앞으로의 문제에 대한 방지책도 만들어낼 수 있다. 예를 들어, 아이가 괴로워하는 이유 중 하나가 약물중독에 빠진 부모라면, 그 부모가 재활치료를 받을 수 있도록 권하거나 필요하면 법적으로 강제해야 한다. 또 다른 이유가 부부 간의 불화라면, 부부는 아이를 위해 상담을 받아야 한다. 아이가 엄마나 아빠, 또는 둘다로부터 충분한 관심을 받지 못하는 경우라면, 부모에게 아이와 더 많은 시간을 보내라고 강력히 권해야 한다. 또 과도한 텔레비전 시청이 문제 중 하나라면, 텔레비전 시청을 줄이고 그 시간을 채울 다른 활동을 찾아야 한다. 아이 개개인의 욕구를 충족시켜주지 못하는 학교 환경이 문제라면, 부모는 교실에서의 학습과정을 자기 아이한테 맞춰서 설계해달라고 학교당국에 요구하거나, 아예 그 환경에서 아이를 빼내는 방법을 고려할 수도 있다.

과학계는 인간 존재의 정서나 사회심리적 측면을 살피는 것을 극도로 회피한다. 로버트 콜스가 『마음의 운명: 정신과 전문의의 자화상The Mind's Fate: A Psychiatrist Looks at His Profession』 신판 서문에서 말했듯이, 그런 것은 "너무 복잡하고 예측불가능하다"는 이유에서다. 인간의 정서와 사회심리라는 지평은 끝없는 회색지대만 펼쳐져 있고 흑백이 거의 없다. 또한 컴퓨터로 깔끔하게 정리할 수 있는 모델이나 포괄적으로 적용할 수 있는 사회정책으로 환원되기를 거부한다.

간단하게 말하자면, 아이가 망가진 정서 또는 인지적 구조를 고칠 수 있도록 돕는 일은 결코 간단하지 않다. 알약 하나로 이룰 수 없는, 서서히 일어나는 변화다. 가다서다를 반복하고, 시간이 오래 걸린다. 게다가 문제의 일부는 아예 돌이킬 수 없을지도 모른다. 아이들이 아무리 관심을 받고 싶어 절규를 해도 경제적 사정 때문에 부모가 아이에게 충분한 관심을 쏟지 못할 수도 있다. 아이를 학대하던 부모가 계속 문제를 부정하기만 할 수도 있고, 불화를 겪는 부부가 상담을 거부할 수도 있다. 또 문제는 자기 아이가 아니라 교실 환경이라는 점을 학교당국에 이해시키지 못한 부모가 대안 찾는 것도 포기할 수 있다. 마찬가지로 교사들 역시 바투 잡은 고삐를 늦추고 보다 창조적인 교수법을 찾기를 꺼려할 수도 있다. 그러다가 교권을 상실하거나 아예 교사로서의 직업까지 위태로워질까 두렵기 때문이다. 교과과정의 표준화와 비중이 지나치게 높은 시험에 대한 의존도 때문에 교사들은 창의성을 발휘하는 것을 포기하고 정해진 진도를 나가는 데 충실할 수밖에 없다.

불행히도 왕도는 없다. 우리 프리스쿨에서도 절대로 데미안이나 윌리엄 같은 아이들을 가르치는 데 100퍼센트 성공했다고 자랑하지 못한다. 많은 아이들과 그 가족들에게 도움을 주었지만, 만나는 아이마다 다 도울 수 있었던 건 아니다. 하지만 나는 정신과 약물을 복용하면 정말 도움이 되겠다 싶은 아이를 만난 적이 여태껏 단 한 번도 없다.

이 책에 등장하는 아이들의 사연 중에는 추신을 덧붙여야 할 사연이 여럿 있다. 타냐는 우리 학교를 떠난 후에도 남동생 비제이가 우리 학교 유치부에 남은 덕분에 계속 우리와 인연을 맺고 지냈다. 비제이는 2주에 한 번 엄마 집에서 주말을 보내고 월요일 아침 학교로 바로 왔는데, 타냐는 엄마가 동생을 학교에 데리고 올 때마다 꼭 같이 왔다. 녀석은 공립학교에 아무런 문제없이 적응했다. 성적도 아주 좋고, 행동이나 태도에 대해 부정적인 평가를 받은 적도 없었다. 타냐는 선생님이 좋고 선생님도 자기를 좋아한다고 우리한테 신나게 자랑했다.

반면 브라이언의 적응기는 그리 순탄치 못했다. 처음에는 아이도 엄마도 우리 학교로 전학 오기 전에 속해 있던 학군으로 돌아가는 것을 원치 않았다. 그래서 브라이언은 농구팀이 유명한 작은 기독교 미션스쿨에 입학했다. 문제는 녀석이 농구시즌이 될 때까지 그 학교에서 버티지 못한 것이다. 그 학교의 엄격한 학칙과 보수적인 학습구조가 브라이언 같은 자유로운 영혼에는 맞지 않았던 것이다. 게다가 전교에서 백인 학생은 브라이언 말고 한 명 밖에 없었다고 한다. 아무래도 그 학교는 브라이언에게 맞지 않았고, 녀석은 추수감사절이 되기도 전에 학교를 떠났다.(학년이 9월에 시작되고 추수감사절은 11월말이니까 3개월도 채우지 못한 셈. _옮긴이)

브라이언은 자퇴와 동시에 이제는 동네에 있는 공립 고등학교에 다닐 준비가 되었다고 장담했지만, 현실은 그렇지 못했다. 녀석은 공립 고등학교에 입학하자마자 나쁜 행동과 학습 태도를 보이기 시작했고, 그 상태는 몇 달 동안 지속됐다. 하지만 녀석은 용케도 잘 버텨내더니, 드디어 적응하고 학업성과도 내기 시작했다는 소식을 우리에게 전해주었다. 그리고 이듬해 여름, 브라이언은 엄마와 함께 버몬트로 이주했고, 거기서 직업연수 프로그램을 성공적으로 수료하고 고등학교 학력 검정고시에도 합격했다.

신학기에 우리 학교로 돌아오기로 되어 있던 데미안은 개학 직전에 아빠한테 보내지게 되었다. 여름방학 동안 데미안의 반항심이 되살아났는데, 폴라는 갓난아기를 키우면서 데미안의 반항심까지 받아줄 여유가 없었던 것이다.

데미안의 아빠는 그 지역에 있는 공립학교에 아들을 입학시켰고, 데미안의 학교생활은 처음부터 삐거덕거렸다. 나는 학기가 시작된 지 얼마 지나지 않아 데미안의 담임교사라고 자신을 소개하는 여성으로부터 시외전화를 받았다. 오랜 교사경력을 지닌 그는 데미안이 수업을 방해하고 주어진 과제를 거부하는 통에 점점 지쳐가고 있다고 했다. 나는 우리가 예전에 데미안을 대하던 방법을 자세히 설명해주면서, 만약 내가 의심하는 대로 녀석이 아빠한테 억지로 보내진 거라면 담임의 노력이 헛수고가 될지 모른다고 덧붙였다. 나는 데미안한테 최대한 많은 책임과 몸을 움직일 자유를 부여하라고 조언했다. 그리고 교사와 일대일로 접촉할 기회를 만들고, 되도록 남자교사가 그 일을 맡는 게 나을 거라고 귀띔해주었다.

데미안처럼 어려운 아이를 수도 없이 다뤄본 베테랑 담임은 내가 하는 말에 속으로는 다 동의했겠지만 그에게는 선택의 여지가 별로 없을 것이다. 교실에 데미안 말고도 스무 명이 넘는 아이들이 있고, 소도시에 있는 학교이다 보니 활용할 수 있는 주변 시설도 없었을 것이다. 나는 더 이상 담임을 안심시킬 만한 말을 찾지 못했고, 시간을 내서 우리 학교에 연락할 만큼 데미안한테 관심을 가져줘서 고맙다는 말과 건투를 빈다는 말로 대화를 끝냈다. 그가 결코 쉽게 포기하지 않을 사람이라는 느낌이 들었다.

그런데 얼마 후 데미안이 느닷없이 우리 학교에 나타났다. 녀석이 이제부터 착하게 굴 테니 제발 엄마랑 살게 해달라고 사정을 했던 모양이다. 내 생각에 폴라가 데미안을 다시 받아준 결정적 이유는 학교에서 아이에게 다시 리탈린을 먹이라고 권했다는 아이아빠의 전언 때문인 것 같다. 폴라는 아들이 다시 그 길로 들어서는 것만은 막아야 한다고 생각했을 것이다.

우리는 우리 곁으로 돌아온 데미안이 상당히 퇴보한 것을 보고 억울하단 생각마저 들었지만, 사실 녀석이 겪은 일을 생각하면 그리 놀랄 일은 아니었다. 데미안은 전진과 후퇴를 거듭하며 조금씩 안정을 되찾았다. 그러던 어느 날, 우리 학교로 돌아왔던 날과 마찬가지로 녀석은 느닷없이 또 떠나겠다고 했다. 강 건너편 자기 동네에 있는 공립학교로 전학을 가겠다고 했다. 이야기를 들어보니 그 학교에 다니는 여자아이를 만났는데 그 애와 같이 학교를 다니고 싶다는 것이다.

폴라는 전학은 고려할 가치도 없는 문제라고 잘라 말했다. 폴라는 공립학교에 가면 분명히 데미안한테 또 약을 먹게 할 거라고 했다. 우리 학교로 돌아오기 전 녀석이 겪은 일에 비춰볼 때, 나 역시 폴라의 추측이 맞다고 생각했다.

하지만 데미안은 엄마가 틀렸다고 우겨댔다. 집에서는 전학시켜 달라고 악착같이 엄마를 못살게 굴었고, 학교에서는 점점 나쁜 행동을 일삼았다. 급기야 남의 물건을 훔치는 지경에 이르렀는데, 녀석은 지난 학년에는 그런 적이 한 번도 없었다. 나쁜 짓을 하다가 걸릴 때마다 녀석의 변명은 똑같았다. "나 여기 다니기 싫어요. 우리 동네에 있는 학교로 가고 싶단 말이에요."

한번은 그런 말을 하는 녀석에게 아빠가 보내준 학교에서 얼마나 불행했었는지 생각 안 나느냐고 물었더니, 녀석은 바로 쌍심지를 켜고 대꾸했다. "학교 공부 할 수 있어요. 쉽단 말이에요. 그리고 이번엔 선생님 말씀 잘 들을 거예요."

데미안을 인질처럼 우리 학교에 잡아두는 것은 전혀 가망성이 없어 보였다. 녀석이 자기 뜻을 관철시키려고 점점 더 발악을 하자, 우리는 폴라를 호출해 긴급회의를 열어 더 이상 억지로 데미안을 잡아두는 것은 불가능하고 부질없는 일이라고 말했다. 아이는 지금 어떻게 해서든 우리가 자기를 퇴학시키게 만들려고 덤벼들고 있는데, 그런 상황에서 정말로 우리가 아이를 퇴학시킨다면, 그것은 아이의 자존심에 더 큰 상처만 남길 것이 분명했다. 나는 데미안처럼 죽어도 공립학교로 돌아가겠다고 떼를 쓰는 아이들이 사실상 공립학교로 돌아가서 과도기를 잘 넘기고 성공한 사례를 들면서, 폴라에게 데미안의 말을 한 번만 믿어보라고 권했다.

하지만 폴라는 여전히 전학은 피하고 싶다고 했다. 아들이 또 꼬리표를 달고 약물을 처방받을까봐 몹시 두려웠던 것이다. 게다가 폴라는 이번에도 또 아들의 뜻에 굽히면 안 된다고 결심한 것 같았다. 나는 이번 문제는 다른 시각에서 봐야 한다고, 아이가 잠자리에 들거나 텔레비전을 끄거나 집안일을 돕는 것을 놓고 벌이는 밀고 당기기와는 차원이 다른 문제라고 여러 번 설명했다. 폴라는 결국 데미안을 계속 프리스쿨에 남게 하는 것은 불가능하다는 말에는 마지못해 동의했다. 그렇지만 아들을 절대 공립학교에는 보내지 않겠다고 했다. 그 부분은 절대 아들에게 양보하지 않을 기세였다.

낸시와 나는 폴라에게 일주일 정도 더 생각해보라고 제안했다. 그다음 월요일, 폴라는 데미안과 함께 학교로 들어오더니 남은 학년 동안 자기 언니와 친정아버지의 도움을 받아 데미안과 홈스쿨링을 하기로 결정했다고 말했다.

그 후 폴라는 아무 연락도 없다가 7월쯤 우리에게 전화를 했다. 폴라는 드디어 데미안의 뜻을 받아들여 동네 학교에서 운영하는 여름방학 학습 프로그램에 등록시켰다고 말했다. 폴라는 행복에 겨운 목소리로 아들이 전 과목 A나 B학점을 받아왔고, 오는 9월에는 그 학교 6학년에 입학할 예정이라고 말했다. 폴라는 이어서 우리가 자신과 아들을 위해 애써

준 것에 대한 고마움을 거듭 표현했고, 마지막으로 아이가 스스로 선택하고 선택한 대로 겪어보고 경험으로부터 배우게 해주는 게 얼마나 중요한지 이제는 알겠다고 말했다.

나는 기쁜 소식을 전해줘서 기분 좋은 하루를 보낼 수 있게 해준 폴라에게 오히려 내가 고맙다고 대답했다.

한편 윌리엄 역시 우리 학교에서 신학기를 맞지 않았다. 아이린은 우리가 짐작했던 대로 새로 이사 간 아파트 근처의 공립학교로 아들을 전학시켰고, 거기서 윌리엄은 2학년을 시작했다. 그리고 10월이 끝나가던 어느 날 저녁, 낸시는 윌리엄한테 직접 전화를 받았다. 녀석은 새로 들어간 학교에서 잘 지내고 있다는 소식을 낸시한테 전하고 싶었다고 했다. 뿐만 아니라 이제는 글을 깨치기 시작했고 글공부가 너무 재미있다고 했다. 녀석은 또 프리스쿨이 참 그립지만, 지금 선생님도 좋고 친구도 벌써 여러 명 생겼다고 자랑했다. 그리고 기회가 생기면 바로 우리를 보러 놀러오겠다고 약속했다.

윌리엄은 낸시와 통화를 끝내자마자 나에게도 전화를 걸었다. 녀석은 낸시에게 해준 것과 비슷한 보고를 하고는 글 읽는 게 별거 아니라는 말을 덧붙였다. 그러고 나서 우리 둘은 한참 동안 회상에 잠겼다. 윌리엄은 작년 자기 반에 있던 친구들 한 명 한 명의 안부를 물었고, 특히 자기가 제일 아꼈던 동물친구 라코타도 잘 있는지 궁금해했다. 녀석이 얼마나 말도 조리 있게 잘하고 성숙해졌는지를 느끼며 나는 속으로 감탄했다.

윌리엄이 하고 싶은 말을 다 하고 나자, 이번에는 아이린이 전화를 바꾸더니 아들을 도와줘서 고맙다는 인사를 하고 또 하기 시작했다. 아이린은 윌리엄이 현재 일반학교에서 리탈린 없이도 성공적인 학교생활을 하고 있다는 것은 기적 그 자체라고 말했다.

대화가 무르익으면서 아이린은 사실 남편과 별거를 하다가 결국 이혼에 이르렀다고 털어놓았다. 하지만 윌리엄 아빠는 계속 양육비를 보내주고 있고 두 아들과도 자주 통화를 하는 모양이었다. 아이린은 또한 아들을 다시 일반학교에 보내기로 결심하고도 우리한테 솔직하지 못했던 게 마음에 걸린다며 나에게 사과했다. 나는 아이린에게 전혀 미안해할 필요가 없다고 대꾸했다. 힘든 일을 겪고 있던 시기에 자신과 가족에만 신경 쓰는 것이 당연하다고 말이다. 그리고 아들한테 무엇이 최선인지는 엄마가 제일 잘 아는 법이라고 덧붙였다. 그 누구도 엄마의 선택을 비난해서는 안 된다. 어쨌든 윌리엄은 지금 행복하게 지내고 있고, 학교생활도 잘하고 있고, 글도 문제없이 읽기 시작하지 않았는가?

나는 아이린의 목소리가 그렇게 편안한 적이 없었다는 생각이 들었다.

아이에게 꼬리표를 달고 약물을 처방하는 관행에 대한 대중의 인식은 다행히 내가 이 책을 쓰기 시작했을 때보다는 나아지고 있다. 내가 집필을 시작할 때만 해도 이 사회가 아이들의 행동을 통제하기 위해 약물에 의존하고 있다는 사실을 인식하지도 못하는 사람들이 대부분이었다. 그러나 오늘날에는 그런 관행에 대한 우려와 반대의 목소리가 전국에서 들리기 시작했다. 텍사스, 캘리포니아, 뉴저지 등지의 연방법원에서 리탈린 제조사인 노바티스와 미국정신과협회를 상대로 집단소송이 제기되었다. 원고인단은 노바티스와 정신과협회가 리탈린 수요를 창출하고 인위적으로 증가시키려는 음모를 꾸몄다고 주장하고 있다. 한편 점점 더 많은 주에서 학교가 학부모에게 정신과 약물 복용을 권하거나 요구하지 못하게 하는 법안을 통과시키고 있다. 미네소타 주가 교육기관 및 아동보호기관이 아이에게 약물을 복용하라고 학부모에게 명령하는 것을 제일 먼저 법으로 금지시켰고, 코네티컷 주는 한걸음 더 나가 아예 교직원이 학부모와 약물요법에 대해 논하는 것을 금지시켰다. 이러한 법제정 움직임은 약물 과잉처방에 대한 대응이라고 제정 주창자들은 지적한다. 이들은 리탈린을 비롯해 경쟁사의 비슷한 의약품은 학부모로 하여금 전통적 훈육방식을 외면하게 만들 뿐만 아니라, 그 독하고 위험한 약물의 암거래까지 유발한다고 주장한다.

그러는 동안 ADHD에 관한 논쟁은 더욱 양극화 양상을 띠기 시작했다. 이 사안이 이토록 큰 논란이 되는 것은 놀라운 일이 아니다. 매우 민감하고 복잡한 사안이기 때문이다. 이 사안은 수백만 명의 아이들과 이 아이들의 발달과정, 심리학적 역학, 주변 문화와의 상호작용이 얽혀 있으며, 이 아이들의 부모와 이들의 자녀관, 교육관, 말썽 피우는 아이에 대한 반응, 가정 내의 역학관계도 얽혀 있다. 또한 학교도 얽혀 있을 수밖에 없는데, 바로 여기서 애초에 아이들을 분류하고 꼬리표를 붙이려는 움직임이 시작되었다는 사실을 우리는 기억해야 한다. 이 나라의 공교육제도는 지난 몇 십 년 동안 위기에 처해 있었다. 그리고 그 위기에서 벗어나기 위해 끊임없이 지푸라기라도 잡으려 했고, 끊임없이 희생양을 찾으려 했다. 나아가 이 사안에는 의료제도까지 관여하고 있다. 오늘날 의료제도는 사람의 몸과 마음을 기계처럼 인식하는 경향이 점점 짙어지고 있다. 한마디로 모든 불균형의 원인을 순전히 생화학적 장애에서 찾고는 이에 강력한 생화학적 약품으로 대응하고 있는 것이다.

그리고 우리가 간과해서는 안 될 또 다른 사실은 이 사안에 엄청난 경제적 이해관계가 얽혀 있다는 사실이다. 제약회사들은 세계에서 가장 영향력이 막강한 기업들로 꼽히고 있고, 그들이 제조하는 생물심리학적 의

약품의 매출액은 계속 치솟고 있다. 편의주의적 보건제도의 신세계는 '비용 효율적'이라는 이유로 이러한 의약품을 선호한다. 게다가 이제는 ADHD 진단을 받은 학생이 속한 학군뿐만 아니라 그런 자녀를 둔 부모까지 정부보조금을 받고 있다. 다시 말해 ADHD 진단은 미국 경제에 어마어마한 자금을 흐르게 하는 원동력이 되고 있는 셈이다.

나는 ADHD라는 이야기의 양면을 다 살피려고 하지 않았다. 오히려 처음부터 내 선입견을 밝히면서 출발했다. 하지만 이 선입견은 이론뿐만 아니라 온갖 부류의 아이들과 가족들을 만나온 30년 가까운 경력에 근거한 것이다. 따라서 나는 마지막으로 한 번 더 강조하면서 마치고자 한다. 고통에 시달리는 아이들에게 뇌의 생화학적 장애가 있다고 단정 짓고, 이런 아이들 수백만 명을 마치 결함 있는 상품처럼 분류하고 취급하는 것은 비겁한 선택이다. 그런 논리는 오웰주의에 불과한 사회정책을 뒷받침해주고, 이 나라 어린이의 미래와 영혼 자체를 위협한다.

더 나은 길은 분명히 있다.

옮긴이의 말

서로의 언어를 알아듣는다는 것

"제가 한국말 못해서 오히려 미안하죠."

7년 전 한국을 방문한 저자 크리스가 영어가 짧아서 미안하다는 사람들한테 했던 대꾸다. 당시 나는 크리스의 수행 통역사로 그와 인연을 맺게 되었다. 그때는 크리스가 이 책보다 먼저 쓴 『두려움과 배움은 함께 춤출 수 없다』의 한국어판이 나온 지 얼마 안 된 시점이었다. 대안교육 활동가의 필독서와도 같았던 그 책 덕분에 크리스를 만나고 싶어 하는 사람들이 끊이지 않았다. 시차 적응할 틈도 없이 전국을 돌며 빡빡한 스케줄을 소화하느라 몸도 마음도 지쳤을 텐데, 크리스는 인터뷰든 간담회든 상담 또는 싸인 요청이든 매순간 특유의 유머와 따뜻함으로 사람들을 대하며 자신의 의견과 경험을 조금이라도 더 나누기 위해 애를 썼다. 그러면서도 늘 아이처럼 이것저것 관찰하며 궁금해 했고, 통역사인 나한테까지 관심을 보이고 친해지려 했다.

그 인연 덕분에 크리스의 다음 책 『살아 있는 학교, 어떻게 만들까』를 번역하게 되었고, 이번 책의 번역도 의뢰받았다. 사실 이 책을 처음 건네받았을 때, 나는 신혼의 단꿈에 빠져 있었다. 당시 ADHD에 대해 들어본 적은 있었지만 솔직히 나와는 상관없는 일로 느껴져서인지, 임신한 후에도 책에 손이 가지 않았다. 그러다 거의 산달에 접어들어 본업인 통역 일을 잠시 쉬면서 책을 꺼내 읽기 시작했다. 그리고 크리스가 생생하게 그려낸 아홉 명의 아이들과 사랑에 빠졌다. 하지만 그 사랑도 당장 내 아기가 태어나고 보니 또 잊혀지고 말았다. 결국 번역에 착수한 건 내가 한 생명을 낳아 기른다는 사실이 조금은 실감나고, 우리 모자도 서로 조금은 익숙해진 뒤였다.

그렇게 차일피일 미루던 번역을 위해 책을 꼼꼼히 다시 읽으면서, 의도하진 않았지만 개인적으로 정말 기막힌 타이밍에 번역을 시작했다는 생각이 들었다. 어쩌면 그렇게 초보엄마인 내가 숙지해야 할 말들로 가득한지, 꼭 지금의 나를 위해 쓰인 책 같았다. 그만큼 이 책은 ADHD에 관한 책이면서 동시에 더할 나위없는 육아지침서다. 책에는 30년간 프리스쿨 교사로 대안교육을 실천하며 살아온 크리스의 인생경험이 고스란히 담겨 있다. 아이에 대한 그의 사랑과 철학, 교육자로서의 그의 연륜과 성품이 글귀마다 그대로 묻어난다. 게다가 크리스는 글재주까지 뛰어나 책에 등장하는 아이들을 살아 숨쉬게 한다. 그런 크리스의 철학과 연륜과 재치가 번역을 거치면서 빛이 바래지지 않았기를 바랄 뿐이다.

책을 번역하면서 느낀 것인데, 아이를 가장 잘 아는 사람은 아이 본인이 아닐까 생각한다. 그다음이 아이가 가장 자기답게 자랄 수 있도록 가까이서 돕는 양육자와 교육자일 것이다. 그렇다면 한 아이가 자기는 이런 사람이고 이런 걸 바란다고 주변에 알리는 시점은 언제부터일까? 나는 엄마 뱃속에 있을 때부터라고 믿는다. 나 역시 아기가 뱃속에서 발길질을 할 때마다 맞장구 쳐주려 했고, 태어난 후에는 아기의 울음소리를 들으며 배고픈지 화났는지 무서운지 아픈지 파악하려 했다. 심지어 아기의 똥을 살피며 건강 상태를 확인하려 했고, 아기가 다양한 표정을 짓고 옹알이를 시작하면서부터는 온갖 의미를 부여해가며 호들갑을 떨었다. 돌아보니 이 모든 게 아기가 내보내는 신호, 곧 내 아이의 언어를 배우려는 노력이었다고 생각한다. 하지만 세월이 흐르고 입장이 바뀌어 아이가 엄마의 언어를 배우게 되었을 때도 그런 노력이 계속될지 솔직히 자신이 없다. 아이는 여전히 신호를 열심히 내보내는데, 내가 알아차리지 못하고 넘어갈까봐 걱정이다.

크리스는 그런 아이의 신호를 읽어내야 한다고 주장한다. 그런 노력도 하지 않으면서 아이에게 꼬리표를 달고 약을 먹이는 건 비겁한 짓이라는 극언도 서슴지 않는다. 나는 내 자신부터 그 노력을 꾸준히 할 수 있기를 바라고, 설레는 마음으로 아기와 태담을 나누던 초심을 잃지 않기를 이 땅의 모든 엄마아빠들과 함께 다짐하고 싶다. 그런 마음가짐이야말로 아직도 찾지 못했다는 ADHD 예방책이 되지 않을까? 이 글 말머리에서, 크리스가 우리에게 한국말을 못해서 미안하다고 했듯이, 나는 우리가 '아이 말'을 못해서 미안해해야 한다고 생각한다. 물론 크리스는 그 후로 한국말을 배우지는 않았겠지만, 우리는 우리 아이들의 말을 알아들으려는 노력을 멈춰서는 안 될 것이다. 이 책이 그렇게 다짐하는 우리에게 든든한 길잡이가 되리라 믿는다.

데드라인을 넘기고도 '배 째라' 정신으로 무장한 불량 번역가를 한없는 인내심으로 기다려주신 민들레 식구들에게 미안하고 고맙다. 바쁜 어미를 둔 탓에 젖 주는 엄마 말고도 놀아주는 엄마, 이유식 만들어주는 엄마, 책 읽어주는 엄마, 울 때 달래주는 엄마 등등 여러 엄마를 둬야 했던 정도와, 바쁜 지어미를 둔 탓에 젖 주는 일 외의 다른 엄마 노릇을 많이 맡아준 지아비에게 미안하고 고맙고 사랑한다 말하고 싶다. 당신은 더 많은 자식을 더 고생하며 키우셔놓고, 하나 키우느라 쩔쩔 매는 이 자식에게 비빌 언덕이자 등대가 되어주시는 부모님 네 분께도 감사드린다. 마지막으로 크리스를 비롯한 이 모든 고마운 인연을 허락해주신 하나님께 감사드린다.

가만히 있지 못하는 아이들

초판 1쇄 발행 | 2009년 9월 22일
초판 5쇄 발행 | 2017년 9월 05일

지은이 | 크리스 메르코글리아노
옮긴이 | 조응주
펴낸이 | 현병호
편 집 | 권정민, 김경옥
디자인 | 조현상
펴낸곳 | 도서출판 민들레
주 소 | 서울시 마포구 성산동 209-4
전 화 | 02) 322-1603
전 송 | 02) 6008-4399
전자우편 | mindle98@empal.com
홈페이지 | www.mindle.org

ISBN | 978-89-88613-35-1 03100

값은 뒤표지에 있습니다. 잘못된 책은 바꾸어 드립니다.